딴지日報

4
(DIGITAL DDANJI 9 10 11 12호 통합권)

김어준 엮음

딴지가 걸어갈 길...

살다보면 똥침을 찔러야 할 때가 있다. 그러나 아무렇게나 막 찌를 수는 없다.

만약 급하다고 손가락 하나로 찌른다면?  손가락 부러지는 수가 있다.

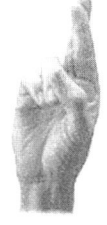 그렇다고 얍삽하게 손가락 두 개 겹쳐서 찌른다고 들어갈 똥꼬는 세상에 없다.

그럼. 도구 힘을 빌어?  도구도 방향이 맞아야지.

그럼 방향만 맞으면 OK? NO. 방향이 맞아도 경우가 있는 것이다.
똥꼬를 쇠덩이로 찌를 수는 없다. 피 난다. 그건 비겁하기 그지없다.

그럼 방향 맞고 적당한 도구 찾았다고 바로 찌르면 되나?
천만에. 찔러야 할 똥고의 깊이를 생각해야 한다.

그럼 도대체 어떻게? 역시 손을 써야 한다.
두 손을 가지런히 모아 힘차게 찌르는 거다. 딴지는 똥침 찌르고 싶은 세상의 많은 것들에
정확한 방향을 잡아, 비겁하지 않게 두 손으로, 적당한 깊이까지 푸욱... 찌른다.
설령 손 끝에 가끔 건데기가 묻어나더라도...

딴지가 갈 길이다.

― 발행인

　　　　　　　　　　　본지는 〈한국농담〉을 능가하며 B급 오락영화 수준을 지향하는 초절정 하이코메디 씨니컬 패러디 황색 싸이비 싸이버 루머 저널이며, 인류의 원초적 본능인 먹고 싸는 문제에 대한 철학적 고찰과 우끼고 자빠진 각종 사회비리에 처절한 통침을 날리는 것을 임무로 삼는다.

　　　　　　　방금 소개말에서도 눈치챌 수 있듯이, 본지의 유일한 경쟁지는 〈썬데이 서울〉. 기타 어떠한 매체와의 비교도 단호히 거부한다.

마지막으로 각종 딴지기사에 대한 여러분의 견해나 딴지일보에 대한 감상 등, 여러분의 썰은 인터넷 http//ddanji.netsgo.com의 독자투고란에 마구 풀어주시기를 바라며...

　　　　　　　　　　　　　　　　　　　　− 딴지일보 발행인 겸 딴지그룹 총수 올림 꾸벅.

딴지日報

4
(DIGITAL DDANJI 9 10 11 12호 통합권)

김 어 준 엮음

자작나무

딴지日報

4

초판 인쇄일 · 1999년 1월 25일
초판 5쇄일 · 1999년 8월 17일
펴낸곳 • 도서출판 자작나무
펴낸이 • 송인석
주소 • 121-160 서울시 마포구 상수동 21-1
전화 • 3142-9152~4
팩스 • 3142-9160
등록 • 제10-713호(1992. 7. 7)

ISBN • 89-7676-296-7
ISBN • 89-7676-287-8(세트)

값 7,800원

* 잘못된 책은 바꾸어 드립니다.
* 저자와의 협의하에 인지는 생략합니다.

본문의 합성사진 및 내용은
특정인의 명예실추와 비방을 목적으로 한 것이 아님을 미리 밝혀둠.

제 무·1ㅁ 호
1998. 11월 네째주

스포츠딴지

지나간 신문보기

전체기사/기사검색
사설/칼럼
스포츠
테마신문
English Edition

딴지 Best
설문조사
기사예고

월드 조디 컨퍼런스

독자투고
사용자등록
서비스찾기
회사소개
광고안내

DDANJI GALLERY

Caption Contest
딴지일보 캡션마당

니 이불에
오줌을 싸라!

딴지日報
광고안내 구독신청

딴나라 양육권 분쟁사건
전국 환락업계를 발칵 뒤집어 놓고 있는...

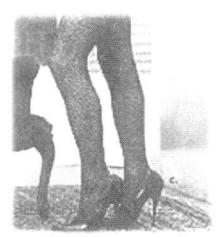

[긴급] 국민권장체위 발표
드디어 기둘리고 기둘리던 마지막 권장 체위가 발표되었다... 일어나라 한민족이여...

[체험 삶의 현장] 나는 이렇게 깠어요
이것은 시대의 아픔이다... 누가 그에게 돌을 던지랴... 아...

[규탄] 보건복지부는 각성하라!
본지는 이것을 정치적 사건으로 규정하는 바이다... 보건 복지부를 규탄한다!!

[시리즈-좃선 농썰 히떡 디비기]
텐징과 다원주의
자 이제, 틈날 때마다 히떡 디벼주마. 먼소리든 해보시라. 히떡 비비기가 들어간다!

[벤처 시리즈] 니 그래도 벤처할래?(4)
사실 벤처기업을 포함해서 이거저거 싸잡아 욕 허벌나게 했지만 그래도 우리가 기댈 곳은 벤처기업 밖에 없다.

[성역 없는 르뽀] 짬장, 이제 또 말해주께...
성역은 없다... 이제 그 누구도 밝혀내지 못한 짬장의 세계를 알려주마...

닮살...

[딴지켐페인] 치한을 박멸하자!(3)
치한은 연령별, 유형별로 구분할 수 있다. 연령별 구분은 초등학생에서 연로한 노인장까지 실로 그 분포가 다양하다.

[심층분석] 미국 화장실을 알려주마
참 알려줄 게 많다...

[뉴욕 정복] NY특파원의 스페샬리포트(4)

[레저] 그대 예루살렘을 아는가
그대는 이스라엘을 아는가... 무적의 군대를 가진 이스라엘을 아는가...

[극비실험] 헌팅 실험
21세기 명랑애정행각의 새장을 연다...

폭로! 영화속의 구라들 (3)
21세기 명랑과학입국을 이룩하기 위해
영화속 구라들을...

딴지日報

제 11 호
1998. 12월 둘째주

스포츠딴지

지나간 신문보기

전체기사/기사검색
사설/칼럼
스포츠
테마신문
English Edition

딴지 Best
설문조사
기사예고

월드 조디 컨퍼런스

독자투고
사용자등록
서비스찾기
회사소개
광고안내

DDANJI GALLERY

Caption Contest
딴지일보 캡션마당

니 이불에
오줌을 싸라!

딴지日報
광고안내 구독신청

딴나라 양육권 분쟁 사건
일명 니 베이뷔가 아니여! 사건...

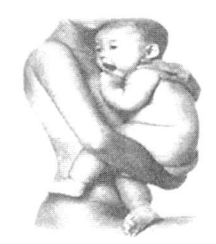

지난 1권에서 본지가 특종으로 보도했던 딴나라카바레 이혜창 당시 명예 홀 메니저의 임신소식을 기억하시는가. 그 임신으로 태어난 베이뷔의 양육권을 둘러싼 김유난과 이혜창의 공방이 치열해 지고 있어 최근 업계에 거대한 파문이 일고 있다.

[주장] 외교란 어떻게 해야 하는가...

무한경쟁시대다. 아시아적 가치로는 더 이상 자본과 시장이 지배하는 21세기를 살아남을 수 없다고도 한다. 이런 상황에서 암에푸에 한 방 먹은 우리는 과연 어떻게 해야하는가. 과연 우리가 갈 길은 무엇인가.

[특집] 정보가 무엇인지 알려주께

21세기는 정보화사회다. 그렇다면 과연 정보란 무엇인가 말이다... 그걸 알려주마...

[시리즈-좃선 농썰 히떡 디비기(2)]
조까제를 깐다

자 이제, 틈날 때마다 히떡 디벼주마. 먼소리든 해보시라. 히떡 비비기가 들어간다!

닭살...

[교육] 명랑성교육을 시켜주마!

구성애가 아우성쳤다면 본지는 울부짖으며 몸부림친다. 21세기 명랑 성교육, 딴지가 나섰다.

[규탄] 씨바 강매하지 마란 마리야

이래도 되는 건가. 회사를 살린다는 명분으로 이래도 되는건가. 씨바. 이러지들 마시라.

일본 에니를 까발려주마!
일본 에니메이션을 히떡 디비버린다!

폭로! 영화속의 구라들 (4)
21세기 명랑과학입국을 이룩하기 위해
영화속 구라들을...

제 12 호
1999. 1월 첫째주

스포츠딴지
지나간 신문보기

전체기사/기사검색
사설/칼럼
스포츠
테마신문
English Edition

딴지 Best
설문조사
기사예고

월드 조디 컨퍼런스

독자투고
사용자등록
서비스찾기
회사소개
광고안내

DDANJI GALLERY

Caption Contest
딴지일보 캡션마당
니 이불에 오줌을 싸라!

딴지日報
[광고안내] [구독신청]

거의... 새로운 밀레니움이다
새로운 천년이 열라 달려오고 있다...

[규탄] 용팔이 야 이 넘들아!
용팔이를 아시는가?

[정보] 신문 확실히 끊는 법
신문 한 번 끊을라믄 전쟁을 치뤄야한다. 이거 이래서는 안된다...

[정보] 세계의 화장실을 알려주께
왜 맨날 화장실이냐고 그러는 일부 독자들이 있다. 깊이 알려고 들지 마라...

[연재] 일본 에니를 까발려주마(2)
우리의 에니메이션은 과연 어디로 나아가야 하는가... 일본 에니를 통해 그 길을 가늠해 보자...

[속보] 박지녕 허리우드 진출하다!
박지녕이 국내 연예인 누구도 이룩하지 못한 허리우드 본격 진출을 마침내 이룩하는 쾌거를 일궈냈다...

[서평] 아쉐이들 성교육 어케 시킬래
"엄마 아빠! 나는 어디서 왔어여?"

닭살 ...

[경고] Y2K BUG를 알려줄테다!
흔히 1차원적인 넘논들은 Y2K 버그가 IBM PC의 시간칩 에러라고 단순하게 말한다...

[엽기의학] 니 똥꼬를 뚫어주마
본 기자 앞으로 명랑사회에 졸라 역행하는 얼토당토 않은 약광고나 잘못된 의학상식들을 디비볼까 한다. 오늘은 그 첫 번째로 후천성 똥꼬졸라막힘증... 변비.

[마빡 對 마빡]
대패질한 모니터의 진상을 까발려 주마!
지난 여름, 엘쥐전자에서 '쁠래프론'...이란 모니터를, 이에 맞선 삼승의 '다이나쁠랫'. 이 둘을 비교한다.

[기행문] 일본 여인의 북한 여행기(1)
여기 '하나코 고야마' 라는 한 평범한 일본 여인의 짧은 북한여행기를 싣는다.

도둑질 좀 고만하란 말이야
우리는 더 이상 장물애비가 될 수 없다

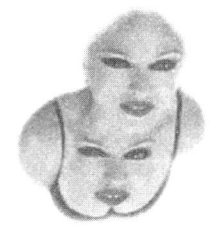

> 총수의 이야기

쪼그려 쏴 변기...

우리 선조들은 수천 년을 쪼그려 쐈다. 이순신 장군도 세종대왕도 쪼그려 쐈어야만 했다. 그러나... 수천 년을 면면히 이어 온 이 전통의 '쪼그려 쏴' 자세는 인체공학적으로 볼 때 신체에 상당한 부담을 준다. 장시간 쪼그려 쏴 자세를 유지할 경우, 장딴지 부위의 근육이 마비되는 현상은 물론 똥꼬가 과도하게 개방된 상태가 지속됨으로 해서 '똥꼬확장증'이란 무서운 후유증을 초래한다.

이 병마가 얼마나 무섭냐. 보통 사람들은 대장에서 밀려내려 오는 물체를 일정 기간 홀딩할 수 있는 조임근육이 있어, 이를 수축시켜 노도와 같이 밀려나오는 덩어리 마빡을 도로 밀어넣을 수가 있다.

그러나... 이 병에 한번 걸렸다 하믄 조임근육이 제 기능을 상실함으로 해서 신호가 와도 꼭 다물고 있을 수가 없게 되어... 기냥 흘려버리게 된다. 이는 곧 사회적 매장으로 이어질 공산이 크다.

긴 바지를 입고 있을 때 이런 경우를 당하면 그나마 낫다. 잠시 엄폐,은폐를 하다가 양말 부위까지 흘러내리면 인적이 드문 곳으로 가서 무릎을 약간 접었다가 탁 채서 관성을 이용, 발목 부위로 털어낼 수 있기 때문이다. 요즘 빤스고무줄은 인장강도가 상당해 일정시간은 담아내고 있겠으나... 남성 사각빤스... 기냥 흐른다.

자각증상으로는 그냥 멀쩡하게 서 있거나 걸어다니는 자세에서도 똥꼬가 입을 다물지 않는 듯한 느낌이 지속되며 똥꼬 주변이 불에 덴 듯 화끈거리게 되는데, 이러한 느낌을 우리 선조들은 '똥줄탄다' 라는 표현으로 정리해내셨다.

또한 화장실 문고리가 파손됐을 경우, 이 쪼그려 쏴 자세로 문고리를 잡고 있다가는 누군가 확... 잡아 당길 경우... 그 자세의 불완전함으로 인해 영락없이 온 몸이 훌러덩 딸려 나갔다... 다시 들어오는 아픈 경험을 하게 된다. 이런 경험하고나면 문화적 충격이 대단하다.

자... 그럼 이제 이 제품을 보시라.

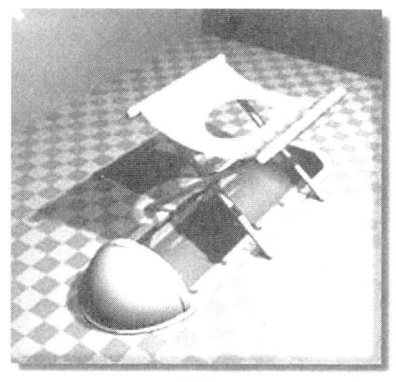
보급형

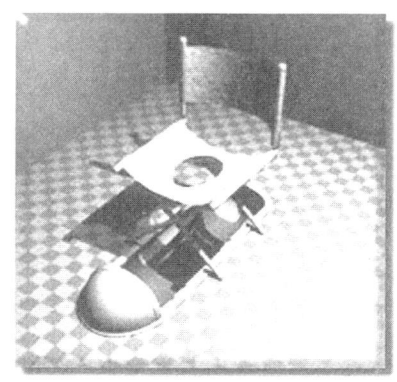
고급형

수천 년 동안 우리 겨레를 괴롭혀 온 '쪼그려 쏴' 변기의 폐해는 이런 간단한 휴대형 도구의 개발로 극복될 수 있다. 이렇게 간단한데... 이렇게 간단한 해결법이 있는데도... 왜 우린 쪼그려 쏴 변기를 그토록 오랫동안 묵묵히 써 왔던가... 바보처럼...

딴지는 이런 종류의 질문을 세상만사 모든 분야에 던진다. 사람들의 '이건 당연히 〈쪼그려 쏴〉야만 하는 거야' 하는... 고정관념을 깨뜨리는 것만으로, 딴지는 할 일을 충분히 한 것이 될 것이다.

꾸벅.

- 딴지총수

차례

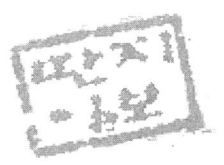

정치
딴나라 양육권 분쟁 사건 • 18   [시리즈-좆선농썰 히떡 디비기(1)] 텐징과 다원주의 • 21
[시리즈-좆선농썰 히떡 디비기(2)] 조깟제를 깐다 • 33   [주장] 외교란 어떻게 해야 하는가... • 48
[규탄] 보건복지부는 각성하라!!! • 50
만화 / 사랑으로 극복하자!(6) • 54

경제
[규탄] 씨바... 강매하지 마란 마리야! • 60   [정보] 신문 확실히 끊는 법 • 66
[규탄] 용팔이 야 이넘들아! • 73   이주의 포커스   [벤처시리즈] 니 그래도 벤처할래?(4) • 80
만물상 / 태권부이 • 88

사회
[성역 없는 르뽀] 짬장의 세계, 이제 또 말해주께... • 94   [딴지캠페인] 치한을 박멸하자!(3) • 103
[교육] 명랑 성교육을 시켜주마(1) • 113   [속보] 박지녕 허리우드 진출한다! • 121
편지 / 수습기자가 보내는 편지... • 124

국제
[뉴욕정복] NY특파원의 스페샬 리포트(4) • 130   [심층분석] 미국 화장실을 알려주마 • 139
[정보] 세계의 화장실을 알려주께 • 144
[연재] 일본 에니메이션을 까발려주마(1) • 149 / (2) • 158

문화 · 생활
[체험 삶의 현장] 나는 이렇게 깠어요... • 180
[패러디 콘테스트 우수상 수상작] My Life As 군만두(君滿頭) • 195
[고발] 도둑질 좀 고마하란 말이야! • 201   [서평] 아쉐이들 성교육 어케 시킬래 • 214
[엽기의학] 니 똥꼬를 뚫어주마 • 220
만물상 / HOTi의 하루 • 226

정보통신·과학

[폭로] 영화 속의 비과학적 구라들(3) • 232 / (4) • 241
[마빡 對 마빡] 대패질한 모니터의 진상을 까발려 주마! • 253   [경고] Y2K BUG를 알려줄 테다! • 259
이주의 특집 [극비실험] 헌팅 실험 • 269

스포츠·레저

그대 예루살렘을 아는가 • 290   [기행문] 일본 여인의 북한 방문기(1) • 304

정치

딴나라 양육권 분쟁 사건
[시리즈-좃선농썰 히떡 디비기(1)] 텐징과 다원주의
[시리즈-좃선농썰 히떡 디비기(2)] 조깟제를 깐다
[주장] 외교란 어떻게 해야 하는가...
[규탄] 보건복지부는 각성하라!!!

만화 / 사랑으로 극복하자! (6)

http://ddanji.netsgo.com

딴나라 양육권 분쟁 사건
- 일명 : 니 베이뷔가 아니여! 사건

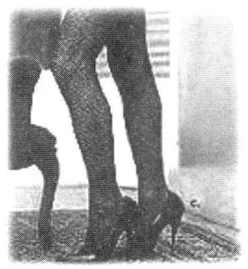

지난 1권에서 본지가 특종으로 보도해 전국 환락업소에 엄청난 충격을 던져 주었던 딴나라캬바레 이혜창 당시 명예 홀 메니저의 임신소식을 기억하시는가.

작년 12월 전국 환락업소 부킹대왕 뽑기 경연대회 때부터 이혜창과 사실혼 관계에 있던 김유난 삐까 총괄메니저의 작품이 틀림없다고 업계에선 이미 결론이 나 있었던 바로 그 임신...

그 임신으로 태어난 베이뷔의 양육권을 둘러싼 김유난과 이혜창의 공방이 치열해 지고 있어 최근 업계에 거대한 파문이 일고 있다.

딴나라캬바레를 발칵 뒤집어 놓고 있는 이 파문을 언제나 그렇듯이 본지가 독점으로 추적 보도한다.

(시리즈)
좃선농썰 히떡 디비기(1) · (2)

본지는 이번 호부터 울 동네 생활정보지 좃선벼룩이 우기는 짬뽕 농담 수준의 농썰들을 시리즈로 히떡 디비기하기로 했다. 사실 본지는 민족의 먹고 싸는 것과 관련된 중차대한 문제들을 고찰하기에도 졸라 바빠죽겠으나, 좃선벼룩이 하도 우끼고 자빠졌길래 21세기 명랑사회를 위해서 할 수 엄씨 본 작업에 착수했다. 좃선벼룩에서는 영광으로 알면 되겠다.

앞으로 시도 때도 엄씨, 본지 발행주기에 상관엄씨 문제만 발견되면 튀어나와 좃선벼룩의 농썰을 히떡 디비볼까 한다.

(규 탄)
보건복지부는 각성하라!

본지는 이 사건을 정치적 사건으로 규정하는 바이다.

본지는 이미 지난 3권에서 우리 민족의 건강과 복지가 얼마나 오랫동안 처참하게 유린되어 왔는지 자세하고도 엄정하게 밝힌 바 있다. 우리 민족을 수천 년 동안 괴롭혀 왔던 이름도 무시무시한 그 무서운 병마... 똥꼬확장증...

치명적인 조임근육 상실증을 유발하여 언제 어디서 흘리게 될지 몰라 결국 대인공포증과 자폐증으로 괴로워하는 폐쇄적인 인간유형을 양산해 내는 반민족적 병마... 똥꼬확장증...

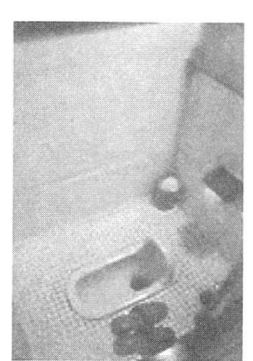
Kyoto

(주 장)
외교란 어떻게 해야 하는가...

무한경쟁시대다. 아시아적 가치로는 더 이상 자본과 시장이 지배하는 21세기를 살아남을 수 없다고도 한다. 이런 상황에서 암에푸에 한 방 먹은 우리는 과연 어떻게 해야 하는가.

과연 우리가 갈 길은 무엇인가.

정치 12월 1일 (월)

딴나라 양육권 분쟁 사건
— 일명 : 니 베이뷔가 아니여! 사건

지난 1권에서 본지가 특종으로 보도해 전국 환락업소에 엄청난 충격을 던져 주었던 딴나라캬바레 이혜창 당시 명예 홀메니저의 임신 소식을 기억하시는가.

어머.. 내 애가 아냐?

근무 중 소식을 듣고 황당해 하는 김유난...

그 임신으로 태어난 베이뷔의 양육권을 둘러싼 김유난과 이혜창의 공방이 치열해지고 있어 최근 업계에 거대한 파문이 일고 있다.

딴나라캬바레를 발칵 뒤집어 놓고 있는 이 파문을 언제나 그렇듯이 본지가 독점으로 추적 보도한다.(본지는 왜 맨날 독점, 특종, 단독 보도를 하느냐고 묻는 사람들이 있는데 너무 자세히 알려고 하지마시라... 다친다...)

사건의 진상은 이렇다.

좆순 주방장을 밀어내고 딴나라캬바레 운영권을 장악한 이혜창 홀메니저는 그동안 동거관계에 있으면서 앞뒤양면으로 그를 애무해주던 김유난 삐끼 총괄메니저의 테크닉이 예전만 못하자 고민에 빠지게 된다.

캬바레 운영권을 쥐게 되었으니 눈짓만 하면 달려와 아양을 떨어대는 신진 웨이터들이 줄줄이 서 있고 앞으로 물좋은 구역 놓고 궁민다방과 손님끌기 전쟁 치룰 일로 걱정이 태산인데, 이제 그 체위로는 베이뷔 메이킹 안 된다고 해도 맨날 지겹게 그 체위가 그 체위면서 "내 조시 보통 조신가"라며 자신이 국내 최고의 베이뷔 메이커였다는 자존심을 내세우고 있는 김유난과 헤어질 때가 왔다고 본 것이다.

　그러나 그게 어디 쉬운 일인가. 물장사에 대해선 암껏도 모리던 아다라시 이혜창과 동거하면서 갖가지 아크로바틱한 테크닉을 전수해 준 과거의 정리도 있고, 또 김유난이 직접 델꼬 있는 꼬붕삐끼들만 해도 20명이 넘으니 어설프게 헤어지자고 했다간 지 꼬붕들 모두 델꼬 사표낸다고 하면서 위자료까지 청구하면 TK지역 영업에 막대한 타격을 입게 될 것이고…

　그러다가… 일명 〈콘돔 30개 사건〉이 터진다. 지난 96년 김유난이 지역삐끼 공천헌금으로 콘돔 30개를 받아 그 중 15개를 개인용도로 낑구고 사용한 것이 드러난 것이다.

　현행 공중위생법에 의하면 특정인을 삐끼로 밀어주고 그 대가를 받으면 삐끼 자격정지 3년 이하 혹은 사타구니 진동하기 500회 이하의 가혹한 처벌을 받게 되어 있다.

　이혜창에게 드뎌 기회가 온 것이다. 손 안 대고 코풀 기회가 온 것이다. 더구나 어영부영하다간 김유난과 도매급으로 업계에서 동반퇴출될 위기…

　이혜창은 김유난 꼬붕들에게 몇 자리 주는 생색만 내고, 평소 자신을 따르던 웨이터들로 재빨리 삐끼단을 구성해 영업구역을 배분해 버렸다.

　그러니까… 한마디로 "이게 맘에 안 들면 나가부러…"이거였다.

　더구나 그는 김유난 꼬붕들 중 몇 명은 붙잡을 자신이 있었다. 어차피 물장사는

정치 12월 1일(월)

얼굴마담이 중요한 법, 이제 자기도 전국적 얼굴마담으로 부족함이 없으니 전부 떠나기야 하겠냐는 계산이 섰던 것이다.

그러자, 지난 부킹대왕 뽑기 경연대회에서부터 얼마나 극진하게 애무해 줬는데 자신의 구역도 안 챙겨주고 이렇게 배신할 수 있냐며 열받은 김유난, 꼬붕들을 모아 그 뻐끼단에 들어가지 말라고 설득을 한다. 그러면서 "내 베이뷔 내놔... 나 지방으로 내려갈 꺼야..."라고 이혜창을 협박하기에 이른다.

바로 이 때...

김유난이 지난 12월에 자기가 임신시켜 낳은 베이뷔를 내놓으라고 윽박지르자 이혜창은 별 무응답으로 대응한다. 예전같으면 버선발로 뛰어가 팔소매를 붙잡았을 것을... 별 말이 없다. 이것은 바로, "흥... 씨바야! 이 애는 이제 니 베이뷔가 아니여!"라는 선언인 것이다.

헉...
이혜창 이제 아기는 자기 혼자 키운단다...
김유난... 이렇게 골로 가고 마느냐...
아님 부활해 다시 아부지 노릇을 하느냐...
향후 추이에 귀두가 졸라 주목된다...
그건 그렇고...
좃선, 니넨 워쩐다냐...
작은 아빠, 엄마가 이렇게 싸워서...

– 딴지 정치부 기자

[시리즈 - 좃선농썰 히떡 디비기(1)] 텐징과 다원주의

본지는 이번 호부터 울 동네 생활정보지 좃선벼룩이 우기는 짬뽕 농담 수준의 농썰들을 시리즈로 히떡 디비기하기로 했다. 사실 본지는 민족의 먹고 싸는 것과 관련된 중차대한 문제들을 고찰하기에도 졸라 바빠죽겠으나, 좃선벼룩이 하도 우끼고 자빠졌길래 21세기 명랑사회를 위해서 할 수 엄씨 본 작업에 착수했다. 좃선벼룩에서는 영광으로 알면 되겠다.

앞으로 시도 때도 엄씨, 본지 발행주기에 상관엄씨 문제만 발견되면 튀어나와 좃선벼룩의 농썰을 히떡 디비볼까 한다. 그럼 오늘은 그 첫편으로 좃선 11월 5일자에 실렸던 욘대 송뽁 교수의 시론 〈공인은 검증돼야 한다〉를 함 디비보기로 하자.

좃선삐라의 빨갱이 사냥이 드디어 철퇴를 맞았다. 법원이 가처분 결정으로 최장집 교수의 손을 들어준 것이다. 그러자 좃선일보는 연일 각종 칼럼과 사설을 동원하며 빨갱이 잡는데 그까짓 명예훼손이 뭐가 중요하냐는 해괴한 논리를 펼쳐대고 있다. 꼴리는 대로 써갈기는 언론자유 보장하라며 처절하게 울부짖고 있다.

사상검증 논쟁, 무엇이 문제인가? 무엇이 좃선을 이처럼 막나가게 만들었나? 법원의 가처분 결정이 내려지기 며칠 전이지만 11월 5일 좃선에 실린 욘대 송뽁 교수의 시론, 〈공인은 검증돼야 한다〉에 그 답이 들어 있다. 함 까발려 보자.

셰르파 텐징(Tenzing)의 에베레스트 등정, 그 다층적 의미

세계 최고봉 에베레스트는 1953년에 처음으로 등정되었다. 이제

정치 11월 23일 (월)

는 인간이 달을 밟았을 때 찌찌 먹던 애가 서른이 넘은 아자씨 아줌마들이 되어 버렸기 때문에 그보다 더 고리짝 에베레스트 초등의 의미는 퇴색했을 지 모르나 당시만 해도 이것은 세기의 사건이었다.

요즘엔 등정기술도 발전되어 에베레스트 무산소 등반 같은 건 다반사로 일어나고, 숨도 제대로 안 쉬어지는 그 곳에 혼자서 텐트 들고 무산소로 올라갔다 오는 '미친넘'도 나타나고, 허영호 같은 사람은 이쪽으로 올라갔다 저쪽으로 내려가고 하는 각종 괴상한 등반까지 하고 있지만, 그때만 해도 에베레스트 정상은 인간이 감히 범접하기 어려운 곳처럼 보였다.

영국이 에베레스트에 마음을 두고 등반대를 보내기 시작한 것이 19세기 중엽부터였으니, 우리로 치면 이름도 아득한 조선 철종 때부터 시작해서 구한말과 일제를 지나 6·25 때서야 끝난 대역사였던 것이다.

텐징과 힐러리

그리고 그 100년의 염원이 달성되었을 때의 흥분은 암스트롱의 달 착륙과 비견될 만한 것이었다. 물론 우리 나라야 불행한 전쟁통이어서 그렇지 못했지만 말이다.

당시 여러 나라가 경쟁을 벌였지만 결국 영국등반대에 에베레스트 초등의 영광이 돌아갔다. 초등자는 영국인, 아니 뉴질랜드인 에드먼드 힐러리(Hillary, Edmund)와 셰르파 족의 텐징 노르게이(Tenzing Norgay) 두 사람이었다.

당시에는 소수민족 여기기를 동물과 인간의 중간 정도로 여겼으니 텐징보다는 힐러리가 모든 스포트라이트를 받았고, 에베레스트 초등자가 누구일까요… 하면 당근 "힐러리 경이요"가 정답이었다. 요즘엔 두 사람을 공동 초등자로 쳐 주지만.

텐징은 그 다음에도 에베레스트를 두 번째로 오르기도 한 철의 사나이였다. 그러나 후일 알콜 중독으로 불우하게 살다 병원에서 쓸쓸하게 죽어갔고, 죽음이 임박해서 자기의 유일한 평생 친구였던 힐러리 경을 찾았으나 그가 도착하기 전에 숨을 거두고 말았다.

말년에는 자기가 에베레스트에 올랐던 것을 후회했다는데, 그의 아들이 등반가의 길을 걸어가자 죽을 때 이렇게 말했다 한다.

"왜 에베레스트에 오르려 하느냐, 내가 널 위해서 대신 올라가 주지 않았는가."

이 아들은 요즘 세계적으로 인기 있는 아이맥스 영화 '에베레스트'에 등장, 아버지에 이어 세계적 유명인사가 되었다.

텐징, 그가 산에서 내려왔을 때 네팔에서 그는 완전 신격화되었다. 라마교도들은 세계 최고봉 정상에는 신이 살고 있다고 믿었고, 당연히 텐징은 신을 만나고 돌아 온 최초의 인간이 되었기 때문이다.

게다가 텐징은 당시 인도에 대항하는 네팔 민족주의 운동의 상징처럼 되었다.

최초의 정상 사진 - 텐징

정치 11월 23일(월)

그는 위대한 네팔인의 표상이었고, 국민적 영웅, 아니 거의 신처럼 대접받았다.

등반대가 영국으로 돌아가기 위해 인도에 도착하자, 인도 사람들도 텐징을 열렬히 환영했다. 네팔에서 텐징은 인도에 대항하는 네팔의 정신적 지주였으나, 이번에는 영국에 대항하는 인도 민족주의의 표상으로 대우받았다.

이 동네에서는 힐러리는 저 밑에 쭉 뻗어 있었고 텐징 혼자 정상에 올라갔다는 설이 그럴 듯하게 유포되기까지 했다. 네팔에서와 마찬가지로 텐징은 인도인의 우수성을 드러내 주는 귀감이자 국민적 영웅으로 추앙받았다. 이렇게 양쪽에서 영웅시된 것은 당시 네팔과 인도 사이의 경계가 불확실하고, 많은 사람들이 양쪽을 넘나들기 때문에 가능했던 일이었을 것이다.

드디어 등반대가 영국에 도착하자 이번엔 언론의 포커스는 힐러리에게만 집중되었다.

텐징은 영웅은커녕, '힘만 세고 단순 무식한 놈' 정도의 취급을 받았다. 그의 말투, 옷차림 등은 지구 한귀퉁이 소수민족의 촌스러움의 전형이 되었던 것이다.

당시 텐징은 등반대에서 받은 손목시계를 한 손에, 인도에서 선물받은 손목시계를 다른 손에 차고 다녔다. 손목시계는 하나만 차는 것이라는 서구의

영국에서의 두 사람

일반적 관념이 그에게는 없었거니와, 둘 다 중요한 거니까 하나라도 안 차면 예의가 아닌 것도 같고 해서였다.

그 사진을 실은 당시 영국 신문들은 영국인들이 텐징을 어떻게 생각했는지 잘 보여준다.

어쨌거나 간단하게 줄이면...

텐징은 박찬호나 박세리 합친 거 백 배쯤 되는 민족의 영웅으로 추앙받다가, 심지어 종교적으로도 영웅시되었다가, 불과 며칠 만에 영국인 영웅의 똘마니 신세로 전락했다. 네팔에선 인도놈들보다 우월한 네팔인으로, 인도에선 영국놈들보다 우월한 인도인으로, 그리고 영국에선 똘마니로......

이 얘기를 왜 하냐면, 한 인간의 행위는 그것을 받아들이는 사람들에 의해서 다양하게 해석된다는 것이다. 사실 이렇게 길게 이야기 할 것도 없다. 한마디로 뭐 눈엔 뭐만 보인다는 거다.

송뿍 교수와 좃선일보의 오만

좃선삐라 11월호의 기사가 왜 엉터리 구라인지는 이미 본지에서 다루어졌으므로 다루지 않기로 하겠다. 좃선이 이후에 내세우는 논리는 대충 [사상검증 하자는데 뭐가 문제냐] 그리고 [민주주의 보장하라] 이 두 가지이다. 참 세월의 무상함을 느낀다. '민주주의가 밥 먹여주냐' 던 목소리가 아직도 생생하게 귓가에 남아 있는데 그 목소리의 주인공들이 어느새 민주투사가 되었다.

요 두 가지 문제가 적나라하게 다루어진 게 송뿍 교수의 글이다. 처음부터 차근차근 보자.

> 최근 정치학회 집행부가 낸 최장집 교수에 대한 일방적 지지와, 관계 언론에 대한 일방적 매도 성명은 읽는 사람으로 하여금 심한 의구심과 분노를 자아내게 한다. 스스로 한국 '최대 학회'임을 자임하면서, 그 자부에 걸맞는 사리분별을 못하고, 재야단체에서나 함직한 류의 행동을 한다는 것은 학회의 본분을 망각한 행위나 다름없다. 더구나 당사자가 '같은 학회 동료회원'임을 내세워 학문의 자유를 주장하는 행위는 도대체 학자의 길이 무엇인지조차 망

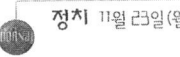 정치 11월 23일 (월)

각한 듯한 느낌마저 준다.

나는 중고등학교 다닐 때부터 별 것도 없으면서 권위 세우는 선생들을 제일 싫어했다. 지금도 뻑하면 선후배가 어쩌고 나이가 어쩌고 하면서 위계질서나 잡으려는 인간들을 제일 싫어한다. 그런데 송 교수가 그런 부류에 드는 것 같은 냄새가 난다. 뭐 그거야 내 개인 취향이니 접어두자.

송 교수는 학자란 모름지기 점잖게 목소리 깔고 거들먹거려야 한다고 생각하는 모양이다. 그래서 〈재야단체나 함직한〉 행동이 못마땅한 것 같다. 혹은, 학자는 〈일방적〉인 의견을 피력하면 경솔한 것이고 '이건 옳은 것 같지만 저것도 옳은 거 같고...' 하면서 양비양시론을 펼쳐야 학자다운 거라고 생각하는 지도 모르겠다. 하지만 좃선삐라가 오죽 심했으면 그 보수적인 정치학회가 그렇게까지 나왔겠는가.

> 개인 최장집 교수에 대해서는 그 누구도 왈가왈부 할 수 없고 해서도 안 된다. 학자에게는 학문의 자유가 있고, 사상의 자유가 있다. 그것은 신자유주의가 팽배한 지금이 아니라도, 심지어는 극한적 대치상황의 냉전시대조차도 그러했다. 그 명명백백한 사실은 비단 정치학회가 거론하지 않아도 누구나 주지하고 있는 것이다.

옳다. 한가지 덧붙이자면 학자에게만 학문과 사상의 자유가 있는 것은 아니고 누구에게나 다 있어야 한다. 학자는 대개 보통 사람보다 그 폭이 더 넓게 허용되는 것이라고 받아들여지지만 말이다. 다만 냉전시대에도 학문과 사상의 자유가 있었다는 말은 도대체 수긍이 가지 않는다. 물론 빨갱이 때려잡는 사상의 자유는 마음껏 누릴 수 있었지만 말이다.

'신자유주의가 팽배한 지금이 아니라도' 라는 귀절도 어째 좀 이상하다. 신자유주의는 자본주의 운용 방식이지 사상이 언제 구자유적이고 신자유적인 적이 있었냐? 19세기 소위 '자유방임' 시대라고 사상이 자유방임되진 않았었다. 유럽에서도 빨갱이 때려잡는 게 자유방임 국가의 주요한 임무였다. 이때의 〈자유〉란 것은 국가에 의해서 허용된 일정한 방향 내에서의 자유였지, 문자 그대로의 자유하고는 거리가 멀었다는 뜻이다.

어쨌거나, 전체 문맥과는 상관없는 얘기다. 괜히 꼬투리 한 번 잡아봤다.

문제는 주요 정책에 영향을 미치는 자리에 앉은 공인 최장집 교수이고, 그 교수의 공인으로서의 검증이다. 이 검증은 누구나 할 수 있는 것이고, 또 할 수 있어야 하는 것이다. 특히 우리처럼 주요 인사에 대한 검증제도가 없는 나라에서는 누군가가 나서 그 소임을 수행해야 한다. 그 소임을 특정 언론이 했다면 그 언론의 검증이 정확했는가 아닌가에 대한 시비는 있어도, 그 검증행위가 잘못되었다는 성토나 규탄은 절대로 해서는 안 되고 할 수도 없는 것이다. 그것이야말로 지극히 감정적이고 비지성적일 뿐 아니라, 흔히 보는 매카시 수법의 하나인 것이다.

여기서부터 조금씩 해괴해지기 시작한다. 아니, 누가 좃선일보에게 검증할 수 있다는 자격을 줬는가? 우리같이 검증기관이 없는 나라에서 검증은 국민이 한다. 여론으로 한다. 언론기관은 그 여론을 불러일으키거나 잠재우거나 하는, 일종의 '제안'을 하는 것이다. 좃선도 그렇고 똥아도 그렇고 다른 모든 언론기관이 다 그렇다. 언론기관이 아니라도 괜찮다.

김종피리 총리의 경우는 딴나라당이 검증해보자고 했다가 여론의 호응을 못 얻어서 흐지부지 되었다. 그런 점에서, 왜곡보도 문제는

정치 11월 23일(월)

차치하고, 좃선일보사가 '검증'을 해버린 것은 인정할 수 없지만, 검증 한 번 해 보자고 '제안' 한 것은 인정할 수 있다.

그런데 여기 어법을 보자. 검증을 좃선일보사가 '했다면', 검증행위가 잘못되었다는 성토나 규탄은 '절대로 해서도 안 되고 할 수도 없는' 것이라 한다. 즉 다른 사람은 좃선일보에 대해서 찬성/반대 의사표시는 할 수 있을지언정, 감히 검증하겠다고 나선 사람을 검증해 보자고 덤비는 건 싸가지 없다는 것이다. 다시 말하면, 좃선일보가 검증할 자격이 있는 집단인가 아닌가에 대해서 어쩌고 저쩌고 궁시렁 거리면 안 된다는 것이다.

입만 뻥끗하면 애매한 사람 빨갱이라고 몰아붙이는 좃선에 문제 제기하는 것은 '지극히 감성적이고 비지성적인' '매카시적인' '절대로 해서도 안 되고 할 수도 없는' 것이란다. 씨바...

좋다. 누가 지극히 감성적이고 비지성적이고 매카시적인지 함 해 보자. 최 교수를 이미 검증했다고 박박 우기는 좃선은 과연 사상검증을 할 위치에 있고 그럴 역량이 있는가. 혹 색맹이 색약 검사하겠다고 나서는 꼴 아닌가.

> 지금까지 시비가 되어온 최장집 교수의 글은 개인 학자 최장집 교수의 글이 아니라 공직자 최장집 교수의 글이다. 공직자 최 교수의 글은 많은 부분에서 수정주의자가 아닌가 하는 의구심을 불러일으킨다. 최 교수가 수정주의자인지 아닌지는 모른다. 다만 그런 의구심이 글의 행간에서 강하게 풍겨진다는 것이다. 최 교수 본인은 절대로 아니라고 말할 수 있다. 그러나 학자는 글로써 말한다. 그 글이 그런 인상을 주고, 그런 함의를 느끼게 한다면, 이는 읽는 사람 잘못이 아니라 쓴 사람 잘못인 것이다.

드디어 나왔다. 이것이 좃선식 논리의 에센스이며 정수다. 당신이 최 교수를 검증한다고 했는가. 이제부터 나는 당신을 검증한다. 나는 지금 팔 걷어 붙였다.

최 교수가 수정주의자가 아닌가 하는 의구심이 든다고 한다. 그런데 송 교수의 주장과는 반대로 최 교수는 수정주의의 한계를 극복하고 좀더 다층적으로 보자고 하는 사람이다.

간단하게 요약하면, 수정주의는 한국전쟁을 사회과학적 시각으로 보자는 점에서 장점을 가지지만 친북적으로 해석될 여지가 많았다. 최장집 교수 논문의 핵심은 수정주의를 비판하고, 사회과학적으로 분석하는 것은 옳지만 그 과정에서 김일성의 책임을 면제해 주어서는 안 된다는 것이었다. 즉, 좃선 일당들이 주장하는 '김일성 찬양'과는 완전히 정반대의 주장이었던 것이다!!

모든 학문은 논쟁의 구도 속에서 탄생한다. 사회과학적 분석이라는 수정주의의 장점을 취하고 친북적이라는 단점을 버렸기 때문에 수정주의의 냄새가 나는 건 당연하다. 그 맥락을 이해하지 못하면, 그리고 수정주의를 어설프게 알면, 아무리 꼼꼼히 논문을 읽어봤자 헛다리짚기다.

뭐 어쨌거나, 수정주의라고 해석하는 건 송 교수 자유다. 학문 자유를 인정하자. 근데 천하에 요절복통할 문장은 그 다음이다.

> 그 글이 그런 인상을 준다면 이는 읽는 사람 잘못이 아니라 쓴 사람 잘못이다.

말도 안 되는 어거지다. 그럼 나는 이렇게 말하련다. 나는 당신이 좃선의 똘마니라는 인상을 받는다. 그런 인상을 준다면 그건 내 잘못이 아니고 당신 잘못이다. 자, 반박해 보시라.

사진에서 본 지명수배자와 비슷하게 생긴 사람을 내가 지나가다 봤다. 그 인간을 쫓아가서 안 죽을 정도로만 졸라 두들겨 팼다. 근데

정치 11월 23일(월)

알고보니 엉뚱한 놈이었다. 하지만 나는 잘못이 없다. "그렇게 생긴 넘 잘못이다!!" 빨갱이 마녀사냥의 논리다. 지금까지 좃선이 써 먹어 온 수법이 그렇다.

당신 빨갱이처럼 보인다. 그럼 진짜 빨갱이임에 틀림없다. 빨갱이 같은 잘못을 했으니까 내 눈에 그렇게 보이는 거다. 요런 식으로 박박 우기면 아무나 빨갱이 만들기 쉽다.

다시 논설로 되돌아가자. 송 교수의 논리가 이거다.

"당신 수정주의처럼 보인다. 그렇게 보이니까 당신은 수정주의임에 틀림없다. 그러니까 당신 빨갱이다. 내가 이렇게 검증했으니 안 그렇다는 증거를 대라."

"김정일이 당신을 좋아하지 않는다고 나를 설득해 보라"던 어떤 할아버지의 망발이 생각나지 않는가.

텐징을 이야기한 것은 이 이야기를 하기 위함이었다. 한 인간은 사회 안에서 다면적 의미를 가진다. 어떤 사람에게 김데중은 나쁜넘이고, 또 다른 어떤 사람에게 김데중은 선생님이고 또 어떤 이에겐 별 의미가 없다. 민주사회니까 다양한 의견이 있을 수 있다는 걸 인정하자. 다양함을 인정한다는 것은, 저 사람의 생각은 내 관점에서는 틀렸지만 그래도 그런 생각이 가능하다는 것을 인정한다는 것이다.

최장집이 빨갱이라고 생각하는가. 좋다. 나는 당신의 생각이 맞다고는 하지 않겠지만 그런 생각을 할 수도 있다는 건 받아들이겠다.

하지만! 하지만!

똑같이 당신도 나를 인정하는 한에서만 그렇다. 당신 눈에 빨갱이로 보이니까 그 책임이 최 교수에게 있다고? 그런 검증을 하는 좃선의 무자격을 탓하는 것이 〈절대로 해서도 안 되고 할 수도 없는〉 거라고? 그것만은 도저히 참을 수 없다.

좃선이 언론자유와 다양성을 부르짖는가? 미안하지만 당신들은 그럴 자격이 없다. 남들의 다양성을 인정해야 자신의 목소리도 받아

들여지는 것이다. 나는 다원주의를 찬양하지만, 다원주의 자체를 부정하는 다원주의는 경멸한다.

그래서 나는 극우적 인간들을 경멸한다. 도망갈 데가 없으니까 민주적 다원주의라는 명분 뒤로 숨는 극우주의자들은 한층 더 경멸한다. 말로만 민주주의를 떠들면 민주주의자가 되는 게 아니다. 어디 가서 당신들만의 천국을 차려라. 민주주의에서 당신들은 설 곳이 없다.

흥분을 가라앉히고...
다음 문단이다.

> 더구나 [전면전이라는 역사적 결단]을 내리게 했다는 구절은 누가 읽어도 일단은 눈을 한번 멈추게 하고, 생각을 한번 가다듬게 하는 구절이다. 물론 글 전체로 봐서는 문제삼지 않아도 된다. 하지만 우리말에 [역사적 결단]이라는 말은 삼척동자도 다 아는, 그 뜻이 합의된 말이다. 그것은 [역사에 길이 남을 중요한 결정]이라는 의미이다. 그만큼 강한 긍정성을 지닌 말이다. 우리는 이완용의 행동을 역사적 결단이라 하지 않는다. 마찬가지로 김일성의 전면전 결정에도 이 용어를 갖다붙일 수가 없는 것이다.

좃선이 신주단지처럼 모시는 그놈의 '역사적 결단'이라는 문구다. 이 문제는 얘기해 봤자 입만 아프니 간단히 넘어가련다. 한 가지만 지적하면, 모든 단어의 뜻은 하늘에서 떨어진 절대적이고 불변의 의미가 있는 것이 아니라 그 단어가 쓰인 문맥이 결정한다.

'김일성은 자기 힘을 과신하고 전쟁이라는 유혹에서 헤어나오지 못해... 역사적 결단을 내렸는데... 그건 오판이었다' 유혹에서 헤어나오지 못해 위대한 결단을 내렸다는 게 말이 되는가 안 되는가. 그리고 송 교수는 자기 입으로도 〈글 전체로 보면 문제삼지 않아도 된

정치 11월 23일 (월)

다〉고 했다. 근데 왜 문제삼는가? 꼬투리 잡으려고?

칼럼의 뒷부분은 생략한다. 두 문단이 더 있지만, 최장집이 용어 선택을 잘못했다는 것과, 학회도 그러면 못 쓴다는 말의 반복이기 때문이다. 다만 나는 저 '역사적' 문구, 〈내 눈에 그렇게 보이니까 당신한테 책임이 있다〉는 말이 사상검증을 하겠다고 나선 오만함의 핵심이라고 생각한다. 무지한 것까지는 참을 수 있지만 무지한 자가 오만한 것까지는 도저히 용납이 되지 않는다.

다원주의를 떠드는 자들은 최소한 다원주의를 실천하는 인간이어야 한다. 그건 마치 골초가 금연운동하면 아무도 안 듣는 것과 마찬가지 이유다. 차라리 다원주의 어쩌고 하지 않고 당당하게 누구처럼 "지금은 북한과 대치상황이라 다원주의를 허용하지 못한다."고 나온다면 그건 인정해 주겠다. 최소한 논리의 일관성은 있으므로.

하지만 독선과 오만에 길들여져 있는 사람이 다원주의를 이야기하면, 그는 다원주의의 한 구성요소가 아니라 그 적일 뿐이다. 그런 인간들이 다른 사람을 검증하겠다고 나섰다.

좋다. 나도 당신들을 검증하겠다. 검증 될 때까지.

씨바. 함 해보자.

— 좃선싸설까기 전문위원 겸 논설우원 최내현 asever@mail.hitel.net

[시리즈 – 좃선농썰 히떡 디비기(2)] 조깟제를 깐다

그럼 오늘은 그 둘째 편으로 좃선삐라 12월호에 실린 조깟제의 기사.

조깟제... 아니 그를 흠모했던 것에 대한 예우로 그의 필명을 불러주자.

조갑제...

본 우원에게는 아련한 옛 기억으로 남아 있는, 그리운 이름이다. 80년대 중후반 그의 명저 〈사형수 오휘웅 이야기〉나 〈고문과 조작의 기술자들〉을 밤새워 읽으며 감동받던 한 고등학생이 있었으니, 바로 본 우원이었다.

사회의 어두운 곳, 소외받은 곳에 향하던 조갑제의 따뜻한 마음과 날카로운 분노는 본 우원을 감동시켰고, 나도 언젠가는 조갑제같은 훌륭한 글쟁이가 되리라는 꿈에 젖기도 했다. 적어도 본 우원에게 조갑제는 글쟁이가 누릴 수 있는 최고의 영광을 가져간 사람이다.

청소년기의 가치관은 매우 중요한가보다. 조갑제 덕택에 본 우원은 아직도 사형반대론자이며, 누가 사형선고를 받았다 하면 조갑제가 맨 먼저 머리속에 떠오르니 말이다. 본 우원은 조갑제를 좋아한다. 그래서 아무런 가책(?) 없이 마음껏 그를 씹을 수 있다.

좃선삐라 12월호 맨 앞에 나오는 그의 〈편지〉를 발기발기 찢어본다.

1 바콩, 주사파, 친북

잠시 바콩을 되돌아보자.

94년 여름의 공안정국은 우리 사회에서 대대손손 논의되어야 할 사회병리적 현상이었다. 북한을 인정하지도 않는 사노맹이 김정일의 지령을 받아 주사파를 조종한다는, 말도 안 되고 증거도 없는 일방적 주장에 근거해서 온 사회가 한바탕 열병을 앓았다.

바콩을 비판하면 학생 눈치나 보는 비겁한 지식인이 되었고, 증거를 요구하라는 건 친북옹호 세력이라는 증거가 되었다(그 한 예로... 〈증거요구는 망발〉 – 양호민, 94.7.26. 좃선일보 시론).

바콩이 증거를 들이대지 못해 난관에 처하자 대학교수라는 자들이 바콩을 '지지'하는 성명을 발표하고 나섰다. 지지할 게 따로 있지, 증거가 있냐 없냐 하는 사실관계를 지지하고 말고 하나? 바콩이 출마라도 했나?

'용기있는 지식인' 바콩은 이후 계속된 발언으로 기천만 원을 물어줘야 하게 되었고, 그때 '재수없게' 걸린 경상대의 소위 '좌경학자'들은 재판에서 승소했다. 우리가 익히 잘 아는 바이다. 그때 좃선일보는 사설에서 뭐라 했는지 살펴보자.

> 따라서 이 사회가 할 일은 진정한 대한민국적 민주주의적 진보-개혁노선과, 분명한 혁명론적 NL 및 주사파의 접속이 끊어지도록 창조적으로 노력하는 것이다. .... 그럴 수 있으려면 우리는 우리 사회의 자정으로 과감히 나가면서, 또 한편으로는 용기 있는 발언과 논리개발에 의해 진보는 결코 친북과 등식화될 수 없음을 설파하고, 참다운 진보는 자유민주주의 전면적 심화에 있지 북한식 전체주의에 있지 않음을 당당히 가르쳐주어야 할 일이다.

94년 7월 20일자 사설의 장엄한 대미부분이다. 즉, 참다운 진보는 친북에 있지 않고 자유민주주의의 심화에 있음을 좃선은 준엄히 설파하고 있다.

그로부터 4년 후. 非 친북적 진보 지식인 최장집이 등장했다(이제서야 공직을 맡았다). 무조건 친북으로 덮어씌우면 장땡이라고 생각했을 좃선일보가 이 새로운 사태에 얼마나 말이 헷갈리는지 보자. 그람시주의자 최장집을 친북이라고 몰아붙이는 건, 사자와 펭귄이 결혼했다는 것만큼이나 말이 안 된다.

2 그람시와 그의 유령

좃선삐라는 어느 틈엔가 사상지가 되어 버린 것 같다. 조갑제의 글을 필두로 해서 10개도 넘는 기사가 최장집과 사상 관련이다. 시간있으면 서점에 가서 구경이라도 해보기 바란다. 신기할 지경이다. 표지에 있는 어구 〈나라를 걱정하는 사람들이 위안과 용기를 얻는 잡지〉라는 말이 허튼 소리는 아닌 것 같다.

물론 조갑제의 글 속에 최장집이라는 이름은 한 번도 안 나오지만 그 다음부터 온통 필자들이 '최장집=그람시=좌익혁명가'라는 도식을 성립시키려고 애쓰고 있으니, 이 글도 그 시리즈의 1번타자 격이다. 야구에서 1번타자라면 가장 정교한 타자다. '한 방'은 없어도 쉽게 삼진은 당하지 않는다. 과연 얼마나 정교한지 보자.

> 칼 마르크스가 쓴 공산당 선언의 첫 문장은 이렇게 시작됩니다.
> "한 유령이 지금 유럽을 배회하고 있다. 공산주의란 유령이"
> 지금 우리 나라의 지식인 사회에서도 한 유령이 떠돌고 있습니다.
> 안토니오 그람시란 이름의 유령이 그것입니다.

멋있는 시작인 것 같지만 어째 좀 이상하다.

조갑제는 그람시 '유령'의 의미를 죽은자의 영혼(ghost)이나 허깨비(phantom), 혹은 심하게는 악령(demon) 같은 의미로 쓰고 싶어하는 것 같지만, 미안하게도 마르크스의 '유령'은 영어로는 spectre이다.

마르크스가 유령이라는 단어를 쓴 이유는, 각 국가의 기득권층이 막연하게 공포에 사로잡혀 있고 그들이 막는다 해도 결국 퍼져나갈 수밖에 없다는 의미로, 그만큼 공산주의란 '필연적'이라는 뉘앙스를 전해주려 한 것이다. 나중에 말미에서 보겠지만 조갑제가 말하려는 바와 같은 '고리짝 사상', '현실 정합성 없는 이론'이라는 뜻의 유령과는 거리가 멀어도 한참 멀다.

어쨌거나 좋다. 이건 어차피 은유적이고 문학적인 부분이니 그렇다 치자.

이 다음부터 약 6페이지(세로쓰기와 한자의 벽을 넘은 6페이지는 길기도 하다)에 걸쳐 그람시 사상에 대한 소개가 나와 있다. 조갑제 같은 글빨이면 좀 재미있게 쓸 일이지, 보고싶어도 어려워서 볼 수가 없다.

특히 요런 문장을 만났을 때 나는 그만 책을 덮어버리고 싶었다.

그람시의 사회주의 혁명이론과 전략의 핵심이 무엇인지를 알아보겠습니다.

씨바... 지금 뭐 강의하나? 표지에 나와 있는 대로 〈나라를 걱정하는 사람들〉은 우국충정에서 기꺼이 강의를 들을지도 모르겠지만, 이런 말투를 보면 우국지사들이 끼리끼리 돌려 읽는 전단 같은 느낌도 든다. 달리 본지가 그들을 '삐라'라고 부르는 것이 아닌 게다.

본 우원이 그 '삐라'를 요약해 드리겠다.

그람시는 20세기 초반 이탈리아 공산당의 발기인이자 지도자 중 한 사람인데, 무솔리니의 파시스트 정권이 들어서고 체포되어 20년 4개월 5일이라는 형량을 선고받았다. (사족이지만 20년이면 20년이지 4개월은 뭐고 5일은 또 뭐람. 아마 20년 살고, 4개월을 더 기다리고, 덤으로 5일 더 죽치면서 눈이라도 빠지라는 건지...)

어쨌거나, 그람시라는 인간은 조국 이탈리아가 말도 안 되는 군국주의자이고 민주주의의 적인 무솔리니에게 지지를 보내는 게 정말 이상했다. 이웃 독일에서도 파시즘이 대중들 사이에 지지를 얻고 있었다.

역사는 진보한다고 믿는 좌익들에게 이건 좀 헷갈리는 상황이었다. 이때 그람시가 착안한 것은 '헤게모니'라는 개념이었다. 즉 정권의 지배라는 것은 단순히 경찰이나 군대같은 총칼로 이루어지는 것이 아니라, 그것을 가능케 하는 '헤게모니'가 있어야 한다는 것이다.

그래서 그는 경제를 최우선으로 하는 마르크스주의의 도식적이고 교조적인 계급혁명론 같은 것도 말이 안 된다고 생각했다. 그는 사회변혁에서 지식인의 역할을 강조했으며 이것을 '진지전'이라고 불렀다.

그래서 그는, '어느 날 갑자기 혁명을 일으켜서 정권을 잡아야 한다'는 논리를 말도 안 된다고 생각했다. 현대의 민주주의 사회에서는 정당이나 언론 등을 통해, 즉 '시민사회'의 논의를 통해서 국민의 동의와 지지를 얻어야 한다는 것이었다.

그는 또 무솔리니나 히틀러 비슷한 군국주의자 스탈린이 모스크바에 앉아서 감놔라 배놔라 하는 걸 지독하게 싫어했다. 소련식 마르크스주의를 싫어했을 뿐 아니라, 뭣도 모르면서 간섭하는 게 하나도 도움이 안 된다고 생각했기 때문이다.

이런 등등의 내용들이 그가 옥중에서 아내, 처제 등에게 쓴 편지들에 담겨 있다. 이 편지가 무삭제로 출판된 것은 56년의 일이었으며(그람시 본인은 37년 죽었다), 폭력혁명 노선을 포기하고 선거에 의한 정권획득을 목표로 하는 서유럽 좌파정당들에게 환영을 받았다.

정치 12월 7일(월)

나도 이제 조갑제의 어투를 흉내내자.
〈그럼 다음부터 조갑제의 편지 '안토니오 그람시란 유령이 배회하고 있다'에 대해서 알아보겠습니다.〉

3 조갑제의 '편지'

아래는 8페이지 중 그람시 소개 부분을 뺀 뒷부분 나머지 약 2페이지 분량의 전문이다.

> 1980년대에 우리 나라에 소개된 그람시의 진지전 방식의 사회주의 혁명이론은 많은 사람들을 현혹시켰습니다.
> 러시아 혁명식으로 어느 날을 잡아서 폭력적으로, 또 극적으로 정권을 탈취하는 것이 아니라 우리 나라는 선진자본주의 단계에 있으므로 사회 곳곳에 진지와 참호를 파고 침투하여 그 진지와 참호 하나하나에서 사회주의 계급혁명이론을 전파시켜 그 분야의 이념적 헤게모니를 장악하는 투쟁을 한다. 그리하여 반대한민국적인 대항 헤게모니가 대세를 이룰 때는 참호에서 뛰쳐나와서 기동전으로써 결정적인 승부를 건다는 식으로 그람시의 전략을 해석하기도 했습니다.

위에서 '현혹' '침투' '전파' '장악' 등과 같은 무서운 단어들을 좀 순화시켜 읽어보자. 조갑제는 마치 헤게모니 투쟁이 좌익 불순세력의 전유물인 것처럼 이야기한다. 그리고 그람시를 들먹이는 건 체제 전복을 노리는 빨갱이들의 행태라고 단정짓고 있다.

천만의 말씀이다. 한국 농담이 왜 창간되었나? 우익도 사상적으로 무장을 하자, 우익이여 총궐기하라, 뭐 이딴 구호들은 헤게모니 투쟁이 아니고 뭐란 말인가? 좆선뻬라는 〈나라를 걱정하는 사람들이 위안과 용기를 얻는 잡지〉라고 한다. 자기들이 하는 건 건전한 것이고 남들이 하는 건 언론계에 〈진지와 참호를 파고 침투〉하는 것인가?

헤겔은 마르크스주의를 가능케 한 기반의 하나이지만, 헤겔주의자들은 극우부터 극좌까지 폭넓게 존재했다. 프랑스의 극우주의인 신우파운동(Nouvelle Droite mouvement)같은 데서도 공공연히 그람시를 들먹인다. 중요한 건 어느 사상가를 인용한다는 게 아니라 거기에서 무엇을 배우는가이다.

조갑제는 그것이 〈반대한민국〉이라고 할 것이다. 과연 그런지 보자.

> 우리 나라의 요사이 상황을 살펴볼 것 같으면 좌익 또는 좌파들이 이념적 주도권을 잡은 곳이 많다는 느낌을 받을 때가 있습니다.
> 일부 언론, 학계, 학원, 사회단체에서는 지금 반공, 보수, 우익이란 말을 나쁜 뜻으로 쓰고 있고 실제로도 많은 보수세력들이 말조심을 해야 할 만큼 기가 죽어 있습니다.
> 반면, 일부 좌익들은 자신들의 정체를 민주, 민족, 진보란 이름으로 위장합니다. 대다수 민족, 민주, 진보세력은 순수하지만 소수의 좌익들이 들어와서 이런 좋은 말들을 악용하는 경우가 있습니다.
> 반공, 보수, 우익은 자유민주주의의 세력을 말합니다. 우리 헌법이 주장하는 기본질서를 지키자는 것이 보수요 우익입니다.
> 좌익이 민주나 진보로 위장하여 대한민국을 지탱하는 세력인 보수와 우익의 기를 죽이는 데 성공하고 있다는 것은 체제를 뒷받침하는 이념적 헤게모니가 그들 손에 넘어갔다는 이야기가 될지도 모릅니다.

이상한 논리다.
① 보수, 우익이 나쁜 뜻인 것처럼 보이는 건 좌파가 이념적 주도권을 잡았기 때문이다.

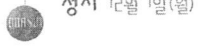 정치 12월 7일(월)

② 대다수 민주, 민족, 진보는 순수한데 〈일부 좌익〉이 이를 악용하고 있다.

이 두 가지에서 그럼 결론은 이렇게 난다.

"민주, 진보 세력은 극소수 좌익에 의해서 휘둘리고 있다."

한 걸음 더 나아가면,

"대부분의 민주, 민족, 진보는 순수하지만, 자기가 하는 말이 좌익을 이롭게하는지도 모르면서 떠든다. 즉, 보수 우익을 나쁘게 말하는 건 (의도했든 의도하지 않았든) 결국 빨갱이를 이롭게 하는 것이다."

지난 50년 동안 들었던 똑같은 얘기에 불과하다. 87년에도 기득권 언론은 국민운동본부에 '일부 좌경세력'이 참여하고 있다고 하였으나 상황이 변하자 6.29가 위대한 국민의 선택이니, 민주주의의 진일보니 하며 침이 마르게 '국민의 역량'을 칭찬하기에 바빴다. '일부 좌경세력'은 온데간데 없이...

'일부 좌경세력'이라는 말은 황금 열쇠와도 같다. 아무리 정당한 운동이라도 '일부 좌경세력'이 있을지도 모른다는 우려 때문에 〈반대한민국〉이 되어버리곤 했다. 즉, 겉으로는 그람시주의니 하면서 뭔가 새로운 상황이 전개된 것처럼 호들갑을 떨지만, 그 속을 들여다 보면 맨날 그 소리가 그 소리라는 것이다.

솔직히 말하자.

사회주의가 붕괴한 지 10년이 다 되어가고 북한은 이미 실패한 체제가 된 상황에서, 어느 좌익 사상가가 주체사상이니 혁명투쟁이니 것들을 아직도 물고 늘어지는가?

그람시의 세례를 받은 프랑스, 독일의 좌파정당들이 정권을 잡아 국가를 뒤집어 엎었는가? 좃선이 말하는 바, 보수 우익이 '말빨'이 안 서는 건 세상이 변했는데도 50년 전 그 소리를 여전히 반복하고 있기 때문이다.

똑같은 얘기라면, 차라리 변협을 빨갱이라해서 몇 억짜리 손배소송에 진 한국농담이 훨씬 순수해 보인다. 좃선이 자기네들이야말로 진짜 '우익'이라고 자처하는 건 건전 우익에 대한 모독이 아닐 수 없다.

> 지금 우리 나라의 지식인 사회에서는 이승만 대통령의 대한민국 건국과 한국전쟁 때 국군에 의한 대한민국 수호를 긍정적으로 말하는 것이 눈치 보이고 북한편에 서서 대한민국의 건국을 경멸하고 국군의 역할을 미군의 괴뢰식으로 격하시키는 주장이 오히려 힘을 얻어 진보니 양심적이니 하는 평가를 받는 지경에 이르고 있습니다.
>
> 우리 사회에서는 어느새, 북한 주민들이 당하는 인권침해나, 대한민국이 북한으로부터 당하는 수모를 거론하여 문제로 삼는 애국적인 사람들이 주눅이 들고 대한민국을 경멸하고 부정하는 목소리가 큰 흐름을 이루기 시작했습니다. 이런 현상이 일부 사회단체나 정치권, 그리고 언론으로까지 확산되고 있습니다.
>
> 이것은 좌익들이 진지전, 참호전에서 속속 이기고 있는 결과라고 해석할 수도 있을 것입니다. 그렇다면 우리는 주변에서 지금 그람시가 말한 바의 '과정으로서의 혁명'이 진행되고 있는 것이 아닌지 눈을 크게 뜨고 있어야 하는 것입니다.

마찬가지다. 이승만 정권의 기본세력이 친일지주여서 어쩌고 하는 소리는 일제를 증오하는 우익 '애국' 지사들이면 할 수 있고, 한반도의 상황이 강대국의 입김에 따라 이리저리 휘둘렸다는 건 우익 정치학자도 얼마든지 할 수 있고, 반공을 들먹이며 기득권 합리화에만 급급한 좃선일보를 욕하는 건 수많은 자유민주주의 신봉자들도 할 수 있다.

누가 당신들더러 우익을 대표하라고 위임 하였는가? 이런 다양한 목소리들이 힘을 얻는 것은 당연히 민주주의가 발전된 결과다. 자유

정치 12월 7일 (월)

민주주의의 신봉자라면 이런 현상을 오히려 반겨야지, 좌익 운운하며 부정하는 건 과연 누가 〈애국적〉인지를 의심하게 만든다.

위의 대목에서 제일 심각한 건 이런 목소리들이 〈대한민국을 경멸하고 부정하는 목소리〉로 간주되는 데 있다. 너무나 신기하다. 당신들의 자유민주주의는 무엇인가? 당신들의 대한민국은 내가 생각하는 대한민국하고 너무나 틀린 것 같은데, 그건 도대체 무엇인가?

해답이 다음에 있다.

> 아직도 국가건설기에 있는 대한민국은 지금 특정계급이 아닌 국민 전체의 공동선을 모색하면서 계층간의 갈등을 국익이란 보다 큰 가치 아래에서 통합하고 조정해가야 하는 역사적 단계에 있습니다.
>
> 이런 국가건설 단계에서 강조되어야 할 것은 국가에 대한 저항을 미화하는 것이 아니라 국가의 역할에 대한 정당한 평가에 바탕을 둔 애국심입니다. 일부 지식인들은 왜 그렇게 집요하게 국가를 비판하는 데만 열을 올립니까. 대한민국이 그동안 망나니짓만 했습니까. 역대 정권이 밉다는 이유로 정권보다 더 큰 개념인 국가를 증오, 저주합니까.

최장집이 대한민국을 증오, 저주했나? 한국전쟁의 시작은 김일성의 욕심이었지만 그 전개과정은 열강들의 국제전적 성격을 띠었다는 게 대한민국을 증오한 증거였나? 박정희 시대 경제개발이 힘없는 서민들의 희생과 피땀에서 이룩되었는데 폼이란 폼은 정치인과 재벌이 다 잡았다는 비판이 국가를 저주하는 건가? 그렇게 국가가 고마워서 좃선일보는 전두환이 단군이래 최대의 영도자라고 아부의 극치를 달렸는가?

전 문단에서 조갑제가 말한 것처럼 '좃선일보식 우익'이 대한민국을 지탱하는 게 아니고, 전체주의 봉건국가 북한에 맞서 우리를 지켜주는 건 민주주의적 이념이다. 민주주의는 건전한 '시민사회'에서 나온다.

바로 얼마 전까지 다원주의와 언론자유를 떠든 건 다름 아닌 좃선일보였다. 그런데 말빨이 딸리니까 이제와서 〈우리는 아직 국가건설단계〉이며 〈갈등보다는 통합〉이 중요하단다. 좋다. 그렇다 치자.

그러면 좃선은 왜 그리 지역갈등을 조장하는 데 열심이더냐? 왜 그렇게 옛날부터 빨간색 칠하기, 이념논쟁으로 사회분열을 부추기느냐? 앞에서는 〈선진자본주의 단계〉라서 그람시 식의 진지전이 먹혀든다고 걱정하더니, 여기서는 아직도 우리가 〈국가건설단계〉라고 왔다갔다 한다. 자기 모순이다. 만일 우리가 이미 선진사회라면 조갑제가 틀렸고, 아직 선진사회가 아니라면 아무리 좌익이 그람시 어쩌구 해봐야 틀린 이론이니까 좃선은 신경 쓸 것도 없다. 그리고 미안하지만 계층간의 공동선을 모색하는 건 선진자본주의로 갈수록 더 중요하다. 선진국일수록 민주주의가 중요한 건 그 때문이다. 좃선일보식 찍어누르기는 갈등을 조정하는 게 아니라 오히려 부추기는 것이다.

> 지난 달 인터뷰에서 소설가 이인화 씨가 말한 대로 저도 국가가 고맙습니다. 북한동포들처럼 굶어 죽지 않고, 보스니아 사람들처럼 총맞아 죽지 않고, 그래도 성실한 사람이면 누구나 안전하게 살면서 행복을 추구하도록 해주는 공동체로서의 국가가 고마운 것입니다. 저는 대한민국이 특정 계급을 위한 억압장치였다는 계급론적 국가관을 단호히 거부합니다.

어이가 없다. 나도 국가가 고맙다. 부족하나마 전체주의에 신음하지 않고 조금씩이라도 민주주의를 성취해 가는 우리 나라가 무진장 고맙다. 소위 사회지도층이(이거 웃기는 말이다) 말씀하시는 데 이렇게

정치 12월 7일 (월)

똥침을 찌를 수 있게 해 주는 국가가 고마워 죽을 지경이다. 박정희 찬양론자이자 히틀러식 영웅사관 중독자인 조갑제와 이인화가 고마워하는 국가에는 별로 안 감사하지만 말이다.

이 문단은, 음모다. 이인화, 조갑제, 이런 비슷한 무리들만이 '국가'를 독점하겠다는 것이다. 좃선일보에 동조하지 않는 무리는 모조리 국가를 저주, 증오하는 인간들로 몰려는 저의가 있다.

> 우리는 민족사의 큰 흐름 속에서 존재하는 대한민국을 우리의 눈으로 보아야 합니다. 19세기 유럽을 배회했던 유령의 눈을 빌어와서 조국의 현실과 고민을 분석하게 되면 한국인의 숨결, 한국 사회의 정신을 놓치게 될 것입니다. 외제 유령의 속삭임을 무시하고 오로지 사실에 근거하여 현실을 직시함으로써 국가의 이익을 추구하는 실사구시의 정신, 이것이 바로 주체의 철학일 것입니다.

마지막 부분이다. 나는 여기서 도대체 조갑제가 제 정신인지 묻고 싶다.

지금까지 조갑제는 3/4의 지면을 할애해서 그람시를 논했고, 나머지 1/4에서는 좌익의 그람시적 전략을 우려했다. 그런데 갑자기 웬놈의 19세기 타령인가? 스스로도 밝히고 있듯이 그람시는 20세기 사람이고, 그의 저서가 세상에 나와서 유명해진 건 20세기 후반이다.

혹시 그람시의 원조인 마르크스 할아버지가 19세기 사람이라 하는 모양인데, 그렇게 치면 자유민주주의란 건 그거보다 몇백 년은 더 오래된 사상이다(앗 잠시 깜빡... 조갑제는 자유민주주의 같은 건 안 믿는다). 19세기라니? 조갑제는 무엇에 대해서 말하는지조차 헷갈리나보다.

하지만 여기서도 이런 '헷갈림'의 효과에 주목해야 한다. 한마디로 조갑제가 욕하는 대상은 실체가 없다. 바콩 때도 그랬다.

"김정일 지령 어쩌구 하는 것의 증거를 대라." 하자 나온 반응은 대학교수들의 "나도 그렇게 믿는다."는 성명과 "안 믿으면 빨갱이." 라는 터무니없는 반응이었다. "그럼 안 그렇다는 증거를 니가 먼저 대라."는 말도 안 되는 논리도 나왔다. 즉 바콩의 빨갱이 사냥은 그 대상이 모호했던 것이다.

여기서도 마찬가지다. 아마 조갑제가 이 글을 본다면 "내가 얘기한 건 그런게 아니고 어딘가 숨어있는 골수 불순 좌경분자들이야." 할지도 모른다. 앞에 나온 〈일부 좌익〉이 그 얘기다. 중요한 건 이렇게 비판의 대상을 흐림으로써 나타나는 '효과' 다.

아무 생각없이 읽다보면 "음... 역시 좌익은 위험해. 좃선은 참 건전하고 위대하군." 할지도 모른다. 좃선의 전형적인 문법이다.

〈외제 유령의 속삭임〉 운운도 그렇다.

'한국적 민주주의' 가 결국은 민주주의가 아니었다는 것을 우리는 너무나 똑똑히 보아왔다(그 시대에 정당성을 가졌느냐 하는 건 다른 문제다). 박정희 찬양론자인 조갑제가 한국적 가치(?)를 찬양하는 건 인정할 수 있지만, 사상검증이니 뭐니 하면서 남들에게도 그 가치를 덮어 씌우려는 건 인정할 수 없다. 최장집이 아시아적 가치에 대한 비판글을 11월 30일 중앙일보에 썼는데, 아마도 조갑제의 이 말을 겨냥한 게 아닌가 싶다.

4 정리

정리해보자. 좃선일보는 비록 말로만이지만 친북적이지 않은 진보적 지식에 대해서는 그것이 민주주의의 심화라는 걸 인정했다. 그런데 최장집이라는 학자에 맞닥뜨리자 조갑제를 필두로 한 좃선일보의 논리는 이렇다.

① 좃선식 반공을 하지 않는 것은 국가를 부정하는 것이다.
② 좌익들은 선진자본주의에서 유용한 그람시주의를 도입해서 국

가부정 사상을 전파시킨다.

③ 그런데 우리는 아직 국가건설단계라 그런거 하면 안 된다.

④ 그러니까 외국인 들먹이는 학자들은 다 쓸데없다.(조갑제는 지식인 나부랭이들을 원래 혐오한다.)

위의 2번과 3번항은 상호모순임은 위에서 지적했다. 1번항은 그들이 그토록 부르짖는 자유민주주의를 왜곡하는 것이다.

최장집은 기본적으로 시민사회론자다.

기명사미 개혁이 실패한 것도 시민사회가 성숙하지 못해서 일부 언론의 충동질에 온 사회가 휩쓸려다닌 것이라고 진단하고, 이 시대의 최우선 과제도 시민사회를 발전시키는 것이라 한다.(본 우원의 말이 미심쩍으면 그 유명한 [한국민주주의의 조건과 전망]을 읽어보고 직접 판단하시기 바란다.)

조갑제와 좃선일보는 〈통합〉이 중요하다면서 이 가치를 인정하지 않기 때문에 이걸 단지 〈좌익의 침투〉 정도로밖에는 보지 않는다. 그러면서 자기들이 불리할 때는 다원주의를 내세운다.

조갑제의 세계관은 〈국가부정〉이라는 한마디에 압축되어 있다. 상식적으로 생각해서 국민의 동의를 중요시하는 그람시 사상이 북한의 전체주의, 봉건주의를 찬양하는 건 택도 없는 얘기다. 그람시가 스탈린을 무지하게 싫어했듯이 말이다. 그런데 그는 이 둘을 교묘하게 연결시킨다. 어떻게?

〈국가부정〉이라는 공통점을 지니기 때문이다. 말하자면 이렇다.

(1) 그람시=최장집

(2) 최장집=국가부정

(3) 김일성=국가부정

(4) 따라서 (2)=(3)

(1)이 맞냐는 것조차 의문시되고, (2)도 민주주의에 대한 무시에서 나온다. 좋다. 그걸 다 떠나서도 이 논리가 과연 맞나?

이렇게 얘기하면 어떨까? 최장집도 김일성을 싫어한다. 조갑제도 싫어한다. 고로 최장집과 조갑제는 똑같다.

다르게 하자. 좆선일보는 김데중에 비판적이다. '말'지도 김데중에 비판적이다. 따라서 좆선일보=말지다. 조갑제 부장, 기분 좋수? 이런 게 조갑제가 말하는 〈한국인의 숨결〉인가? 저런 엉터리 논리가 한국인의 숨결이라면 나는 한국인이 안 되고 말련다.

좆선일보는 언론으로서의 자격이 없다. 언론의 사명은 국민의 의사를 전하고 건전한 여론을 형성하는 데 있다. 그런데 민주사회의 다원적 가치조차 〈국가부정〉이라고 몰아붙이면서 자기들은 왜 국민적 합의인 개혁의 발목을 붙잡으려 하는가? 말도 안 되는 논리로 국가정책 입안자에게 이념적 색깔을 뒤집어씌우는가? 그거 혹시 국가부정 아닌가?

아, 미안하다. 조갑제는 한반도의 평화정착을 반대하고 전쟁도 불사하는 강력한 공세로 북한을 궤멸시켜 흡수통일 하자는 것이 지론이고, 이에 도움이 안 되는 민주주의고 나발이고 하는 건 헛소리에 불과하다고 주장한다는 걸 잠시 잊었다. 누가 고리짝 시대의 유령을 되살리려 하는가? 언제부터인가 조갑제가 황장엽의 팬이 되더니, 이제 공개적으로 〈이런 것이야말로 주체의 사상〉이란다.

말 잘했다. 조갑제식 반공이 주체사상의 봉건주의와 얼마나 잘 통하는지, 스스로 웅변으로 보여준다.(이 부분은 강준만의 《인물과 사상 8권》 보시기 바람.)

이거 큰일이다. 대 좆선일보가 국가를 부정하다니. 이런 국가부정 세력이 우익을 대표한다고 나서고 있다.

우익은 다 죽었는가? 우익이여 일어나라!

지금이야말로 총궐기할 때다.

— 좆선싸설까기 전문위원 겸 논설우원 최내현 asever@mail.hitel.net

[주장] 외교란 어떻게 해야 하는가...

무한경쟁시대다. 아시아적 가치로는 더 이상 자본과 시장이 지배하는 21세기에 살아남을 수 없다고도 한다. 이런 상황에서 암에푸에 한 방 먹은 우리는 과연 어떻게 해야 하는가.
과연 우리가 갈 길은 무엇인가.

배가 침몰했다. 거대한 배가... 타이타닉하고 삐까삐까할 정도로 거대한 배였다. 배 이름은 묻지 마시라. 그런 게 중요한 게 아니니까... 하여간...
선상은 아수라장이 됐다. 승객들은 저마다 살기 위해, 이미 거의 소실되고 몇 개 남지 않은 구명정에 올라타기 위해 목숨을 건 경쟁을 했다. 목숨을 걸고... 결국 진정으로 생명력 강한 자들만이 살아 남았다.

몇 개 남지 않은 구명정 중 10명이 정원임에도 15명이 탄 구명정이 한 척 있었다. 10명은 승무원의 노력으로 미리 배에 오를 수 있었던 여자와 어린애들... 나머지 다섯은 목숨을 걸고 탈출에 성공한 건장한 남자였다. 영국 사람, 이란 사람, 이태리 사람, 일본 사람 그리고 한국 사람 한 명...

구명정은 점점 가라앉고 있었다. 이대로 가다간 모두 죽고 말 것이다. 그러나 이 상황에서 어느 누구 하나 나서지 않는 것은 당연한 것... 점점 가라앉아 가는 배... 이제 물이 찰랑거리며 들어차기 시작했다...

그때...

영국 사람이 천천히 일어났다. 한참을 망설이다가 사람들을 둘러보며 "신사도는 영원하다." 고 조용히 뇌까리고는 배에서 뛰어내렸다. 명예롭고 장렬한 죽음이었다. 흐느껴 우는 여자들...

그러나... 그걸로 부족했다. 배는 여전히 가라앉고... 이때 이란 사람이 터번을 벗더니 메카를 향해 절을 하고 눈을 지긋이 감은 채 일어난다. "인샬라..."

그도 갔다. 종교는 위대했다.

야속하다...

배는 그래도 가라앉고 있었다...

이때 이태리 남자가 일어난다. 하늘을 한번 쳐다보고 속삭이듯 말했다.

"먼저 간 나의 사랑 베아뜨리체여... 이제 내가 간다..."

그는 구해내지 못한 그의 애인 곁으로 떠나갔다. 아... 사랑의 힘이여...

세 명의 남자들이 뛰어내렸음에도 불구하고 배가 여전히 가라앉고 있기 때문이기도 했지만, 모든 남자들이 여자와 어린이를 살리기 위해 장렬한 죽음을 선택한 것을 본 남은 두 남자... 이젠 그냥 있을 수가 없었다.

이 시점에서... 한국 남자가 벌떡 일어났다. 목이 터져라 외쳤다.

"대일본제국 천황폐하 만세, 만세, 만세!!"

그리고 일본 사람을 번쩍 들어 물에 던져 버렸다...

이제 배는 더 이상 가라앉지 않았다...

이게 실리외교다. 이상.

— 딴지 싸이비 외교부

http://ddanji.netsgo.com

정치 11월 23일(월)

[규탄] 보건복지부는 각성하라!!!

　　본지는 이 사건을 정치적 사건으로 규정하는 바이다.
　　본지는 이미 지난 3권에서 우리 민족의 건강과 복지가 얼마나 오랫동안 처참하게 유린되어 왔는지 자세하고도 엄정하게 밝힌 바 있다. 우리 민족을 수천 년 동안 괴롭혀 왔던 이름도 무시무시한 그 무서운 병마... 똥꼬확장증...
　　치명적인 조임근육 상실증을 유발하여 언제 어디서 흘리게 될지 몰라 결국 대인공포증과 자폐증으로 괴로워하는 폐쇄적인 인간유형을 양산해 내는 반민족적 병마... 똥꼬확장증...
　　이 민족의 아픔을 치유하기 위해 본지는 분연히 나서 세계 최초의 쪼그려 쏴 극복용품 SM5와 SM5-1을 개발한 바 있다. 이거 사실은 정부에서 했어야 하는 일이었다. 이렇게 온 국민이 아파하고 있는데도 불구하고 그 절규를 철저히 외면해 왔던 보건복지부는 각성하라!
　　하려고는 했는데... 도저히 그 대처방안이 생각이 나지 않았다면... 그랬다면 민족배변문화를 재정립하고 있는 본지에 물어라도 봤어야 하는 거 아니었던가 말이다. 본지의 분노는 여기에 기인한다. 모르면서 가만 있는 거... 이런 거 본지가 전문인 거 아직도 모리시는가. 씨바 규탄이다.
　　더구나 지난 호에서 본지는 보건복지부를 대신하여 대처 신제품을 개발하고 특허까지 출원했다고 만천하에 공개한 바 있다. 이 제품에 수많은 본지의 애독자들이 화장실 문짝에 이마를 지긋이 기대고 어깨를 들썩이며 그동안의 세월을 뒤돌아 보며 소리 죽여 흐느꼈음을 전해왔고, 또 재야에서 민족의 앞날을 걱정해 마지 않는 엽기 공돌이들은 철저히 제품의 구조를 분석하여 그 보완점까지 지적해 왔다.
　　이러한 범국민적 공감대 형성에도 불구하고 보건복지부는 단 하나의 조치도 취하지 않고 있다. 엄청난 직무유기가 아닐 수 없다. 본지가 이만큼 했으면 본지에 조사단을 파견 그 노하우를 배워가던지 아니면 본지를 전폭적으로 지원해주던지 양단간의 결정을 내려야 할 것 아닌가.

그런데도 조용하다. 이상하지 않은가. 그렇다. 이상하다.

그래서 본지는 이를 정치적 사건으로 규정한다. 민족의 배변문화를 좌지우지할 이런 중차대한 사안에 아무런 액션을 취하지 않는다는 것은 정상적 사고로는 도저히 이해할 수 없다. 그 어떤 정치적 음모가 숨어 있다고밖에 볼 수 없는 것이다.

본지의 폭발적 성장에 좌불안석인 수구 기득권 세력이 공무원 사회 내부에도 그 또아리를 틀고 있는 것이 틀림없다. 맨 윗대가리가 몇 명 바뀌면 뭐하는가. 밑에서 안 움직이면 끝이다. 맨날 개혁 개혁 해봐야 절대 움직이지 않는 무리들이 틀림없이 있다. 이 씹숑들이 움직여야 한다. 개혁이고 나발이고 이들이 안 움직이면 말짱 꽝이다. 이들을 움직이게 해야 한다.

수구기득권과 배변문화와 무슨 관계가 있냐고 묻는 넘들은 주의하기 바란다. 있다면 있는 거다.

하여간... 그건 그거고... 본지 할 일은 또 해야 하기 때문에 진도 계속 나가자. 본지는 지난 제품에서 몇 가지 문제점을 발견, 개량제품을 또 다시 개발했다.

지난 제품에 대한 본지 독자들의 요구와 지적은 두 가지로 압축되었다.

1. 남자를 위해 꼬추 구멍을 뚫어달라!
2. 십자로 교차하는 지지 다리에 낙변이 퇴적된다!

날카로븐 넘들...

본지 독자들의 평균 엽기성이 졸라 업그레이드 되었음을 피부로 느낄 수 있었다. 세계 유일의 엽기성 공인검증기관이자 배양기관인

정치 11월 23일(월)

본지를 지속적으로 접한 독자들의 눈부신 엽기성 함양에 가슴이 벅차다.
 자 이제 본지 엽기과학부의 새 작품을 보시라.

제품명 : 안락싸

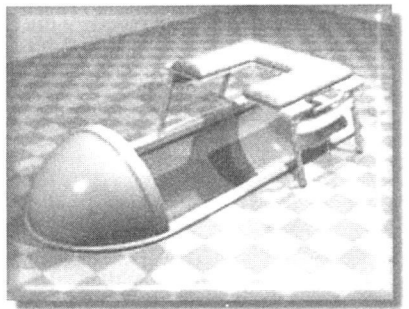

제작-엽기과학부 재재 jwon0220@chollian.net

 뭐 지난 제품과 별 크게 바뀐 것도 엄네... 하시는 분들 이 제품이 정확하게 어떻게 작동하는 지 뒤에 나오는 그림들을 자세히 보시라. 보셨는가. 본지는 이 정도다.
 한때나마 본지와의 정면대결을 꿈꾼 적이 있는 수구기득권 세력들... 포기하시라. 투항하시라. 본지는 몬 이긴다.
 구조적 결함을 모두 해결했을 뿐 아니라, 특수 개발한 신소재를 사용, 가볍고도 견고하다. 뿐만 아니라 휴대성 또한 탁월하다. 이제 똥꼬확장증의 시대는 갔다. 더불어 복지부동하는 세력들은 즉시 물러나시라!
 이제 감동적인 '국민 안락싸'의 시대다. 다함께 어깨 걸고 나가자.
 본 제품의 개발소식을 전해들은, 아직도 쪼그려 쌰의 전통이 남아 있는 일본과 구미 각국에서 주문이 쇄도하고 있다. 똥꼬확장증은 우리만의 고통이 아니었던 것이다. 본지가 세계 인류의 배변문화를 선도하고 있다는 것이 명백해지는 순간이다. 감동적이지 않은가.
  우워우워 우워어~

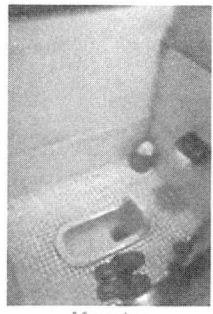
Kyoto

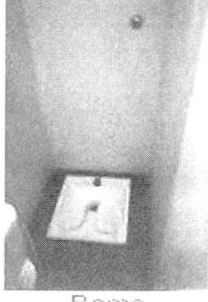
Rome

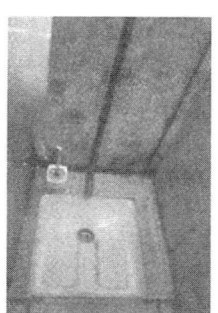
Paris

- 딴지 엽기과학부

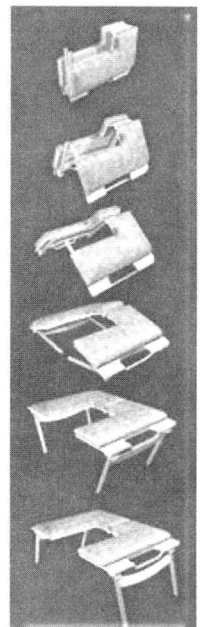

안락싸...

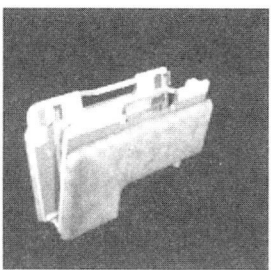

만화 12월 2일 (월)

사랑으로 극복하자!(6)

드디어 '보건 체육부 선정 국민 권장체위 10선'의 마지막 권장 체위가 발표되었다.

온 국민의 귀두가 주목된 가운데 밤낮 없이 연구에 몰두해 마침내 마지막 체위까지 개발해 낸 보건체육부 국민엽기건강증진팀에게 본지는 최상의 경의를 표하며 본지의 공식체위 승리의 V자 체위로 경례를 보내는 바이다.

말죽거리 조루증 씨(32), 대전 조지서 씨(28), 대구 나뻑가 양(26), 광주 관음중 씨(29) 등 본 권장체위를 통해 그동안의 지병도 고치고 자신감을 회복했던 수많은 분이 아쉬운 축하메시지를 보내왔다.

이 분들에게 본지는 결코 더 이상의 체위가 발표되지 않는다고 허탈해하거나 혹은 그 반대로 그동안 발표된 체위만으로도 큰 효과를 보았다고 자만하거나 방심해서는 안 되며 그저 묵묵히 수련해 나가라는 충고를 드리고 싶다. 생물의 신체기능은 쓰면(用) 발달하고, 쓰지 않으면(不用) 퇴화한다는 라마르크의 〈용불용설〉을 다들 아시지 않는가.

일어서야 할 때를 알고도 일어서지 않는 조슨 조또 아니다...

일어나라! 한민족이여!

- 제10번 "똥배 바이킹"

암에푸로 고개숙인 남성들을 재기립시키기 위해 긴급 구성된 보건복지부 예하 국민엽기건강증진팀이 특히 심혈을 기울여 개발한 이 체위는, 결혼 2년차 이상의 직장인 남성들에게 최적화되어 있다.

호흡시 허리띠 윗부분으로 삐져나와 솟았다 꺼지는 결혼 후 남성들의 신체적 특징 – 똥배를 최대한 활용하는 체위로서, 가장 적합한 작업시간은 저녁식사 직후. 예비동작 필요없이 여성이 바로 남성의 소담스럽게 솟아 있는 하복부에 승차하여 남성의 호흡에 따라 마치 바이킹을 타듯 출렁출렁 자연스럽게 움직여주면 되겠다.

남성의 복부비만치료에 탁월한 효과가 있는 것으로 알려졌으며, 또한 남성 하복부의 완만한 경사면을 타고 앉아 작업기간 내내 넘어지지 않아야 하므로 여성들의 균형감각을 길러주고, 하복부 피하지방 특유의 팽창감과 온난보습효과로 여성 냉대하 치료에도 효과가 그만이라 한다.

주의 남성 하복부 피하지방이 평균치를 상회하여 지나치게 돌출된 남성의 똥배를 승차하는 여성의 경우 각별한 주의가 요망된다. 예상외로 과도하게 융기, 침강하는 남성의 똥배 위에서 자칫 균형을 잃어 끙끙체로 앞뒤로 넘어지면 그나마 괜찮으나 좌우로 넘어질 경우 장도리로 못을 뽑듯... 치명적인 자지 골절상을 유발할 수 있다. 운이 좋아 골절까지 안 가더라도 최소한 삔다. 한 번 삔 자지는 또 삐는 수가 많다. 미리미리 주의하자. 삔 자지 없는 나라, 우리 나라 좋은 나라!

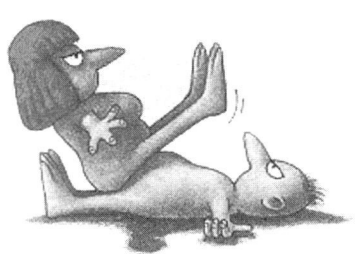

보건 체육부 권장 체위 10번 : "똥배 바이킹"

경제

[규탄] 씨바... 강매하지 마란마리야!
[정보] 신문 확실히 끊는 법
[규탄] 용팔이 야 이넘들아!

이주의 포커스
[벤처 시리즈] 니 그래도 벤처할래?(4)

만물상 / 태권부이

http://ddanji.netsgo.com

경제

규 탄

씨바... 강매하지 마란 마리야!

지난 11월 19일 공정거래위원회는 그룹계열사 사원들에게 자동차를 강매한 (주)대우자판에 대해 과징금 19억 3,300만 원을 맥였다. 또한 삼승 에스엠파이브를 구입하는 임직원에게 구입자금을 보조한 삼승그룹 4개 계열사에도 과징금 1억 1,990만 원을, 헌데 차에는 헌데자동차 협력업체의 모임인 협동회에 대해 차를 구입하면 할인혜택을 준 것과 관련해 주의를 맥였다.

그런데 같은 날 쫑앙일보의 보도에 따르면 대우자동차는 공정거래위원회에서 내린 자동차 강매에 대한 제재조치에 대해 "사원들에게 차량을 파는 과정에서 강제성은 없었다."고 주장했다 한다.

오호... 강제성이 없었다면 공정위는 엄한 벌금을 먹였네. 과연 강제성이 없었는가.

조또 자동차 강매를 한다. 그리고서는 강매가 아니라 한다. 씨바 그게 강매가 아니면 도대체 뭐가 강매인가...

경제

규탄
용팔이 야 이넘들아!

용팔이를 아시는가?
80년대에 나온 박노식 주연의 영화 "돌아온 용팔이" 말고...

정보
신문 확실히 끊는 법

신문끊기... 이거 괄약근 약한 넘이 수분함량 제로의 초건조 된똥끊기보다 힘들다.

이·주·의·포·커·스

벤처 시리즈
니 그래도 벤처할래?(4)

구렁이 담넘어가듯이 대충이지만 3권에서는 울나라 벤처산업에 대해 쪼까 알아바따. 사실 벤처기업을 포함해서 이거저거 싸잡아 욕 허벌나게 했지만 그래도 우리가 기댈 곳은 벤처기업(솔직히 말하면 중소기업을 지칭한다.)밖에 없다.

시대의 흐름을 제대로 읽지 못한 정부 고위관료들과 수익률이라는 개념없이 무작정 몸집불리기에 나섰던 죄벌들 땜에 근면하고 알뜰하기로 세계에서 유명한 애꿎은 백성들만 졸라 고생하고 있다...

경제 12월 7일 (월)

[규탄] 씨바... 강매하지 마란 마리야!

지난 11월 19일 공정거래위원회는 그룹 계열사 사원들에게 자동차를 강매한 (주)대우자판에 대해 과징금 19억 3,300만 원을 맥였다. 또한 삼승 에스엠파이브를 구입하는 임직원에게 구입자금을 보조한 삼승그룹 4개 계열사에도 과징금 1억 1,990만 원을, 헌데차에는 헌데자동차 협력업체의 모임인 협동회에 대해 차를 구입하면 할인혜택을 준 것과 관련해 주의를 맥였다.

그런데 같은 날 쭝앙일보의 보도에 따르면 대우자동차는 공정거래위원회에서 내린 자동차 강매에 대한 제재조치에 대해 "사원들에게 차량을 파는 과정에서 강제성은 없었다."고 주장했다 한다.

오호... 강제성이 없었다면 공정위는 엄한 벌금을 먹였네. 과연 강제성이 없었는가.

본지에 날아온 한 대우맨의 고발을 들어보자.

1 자동차 강매 방법

저희 회사 같은 경우는 과장 이상 연간 2대, 대졸사원 & 대리에게 1대가 할당이 되었습니다. 더 많은 경우도 있습니다.

Press 방법이 2가지가 있는데, 하나는 개인별 관리 즉, 개인별로 할당된 목표에 대해 실적을 관리하는 것이고, 둘째는 개인별로 하면 일부 배째라 대응이 있다보니 실적이 안 올라가고 해서 부서별로 목표를 정해주고 관리를 합니다.

공개장소에서 개인별 혹은 부서별 목표 대비 실적을 올리지 못하면 면박을 주기 일쑤이며 당하는 입장은 심한 자괴감에 빠집니다. 개인별 판매대수를 관리하니까 당근 인사고과에 반영됩니다, 다만 상세하게 1대 못 팔면 얼마나 영향이 미치는지는 잘 모르겠습니다.

정리하면,

사장단 회의에서 계열사별 목표 대비 실적 발표, 압력 → 계열사 사장 → 관리자 및 임원에 Press → 종업원

이런 식으로 압력을 받게 되는 것입니다.

2 강매 대상

주로 노조에 가입되지 않은 대졸사원, 대리, 과장에 해당됩니다. 왜 노조에 가입하지 않은 사람을 대상으로 하냐면 노조원에게 할당해보세요, 어떻게 되겠는가? 난리나지요.

노조원에게는 은근히 사원복지차원이라는 명목하에, 차를 사면 회사에서 무이자 몇백만 원씩(예 : 5백만 원) 무이자로 지원을 해준다고 합니다. 그리고 조건이 좋은 양 선착순 몇 명, 이런 식으로 합니다. 이런 지원금이 다 사원에게 골고루 혜택이 가던지 아니면 자체 회사의 이익금으로 남아야 할 돈인데, 결국 자동차회사를 위해 쓰여지는 결과가 됩니다.

판매 차종은 직급별로 다르게 나오고.

- 대졸사원 : 나노수 이상,
- 대리급 : 너비라 이상,
- 과장급이상 : 래감자 이상으로

하고 있으며 이것도 재고가 없으면 차종이 바뀌게 됩니다. 예를 들어 대졸사원은 나노수 급인데 재고가 없다면 너비라를 사야 합니다. 대체적으로 차량이 제작된 지 오래된 것을 판매하게 되는데, 한마디로 재고떨이죠. 요즘 잘 팔리는 마티주 같은 차는 해당 사항이 없고 주로 잘 팔리지 않는 차종이 대상이 됩니다.

경제 12월 7일(월)

3 혜택

차량을 구입하면 36개월에 걸쳐 월 10~13만 원씩 회사에서 지원을 해줍니다. 그리고 36개월 할부로 월급에서 제하게 됩니다. 그러면 매월 15~25만원이 월급에서 까지게 되죠.

4 문제점

1) 정신적, 경제적 손실 – 예를 들어 대졸사원이 너비라를 살 경우 회사지원 10만 원, 월급 100만원에서 월부금, 세금 제하면 실 수령액 70만 원, 여기서 차량 유지비 조금, 장거리일 경우 기름값 및 기타 유지비 최소한 20만 원을 제하면 50만 원, 여기서 다시 아파트에 산다면 관리비 약 10만 원 **빼면** 실 생활비는 약 40만 원입니다. 가정을 가지고 있으면 그 생활이라는 게 어떻겠습니까?

매년 할당되는 자동차로 인해 멀쩡한 차를 팔고 새 차를 떠맡게 되는 경우 또한 허다하다는 것입니다. 이럴 경우 매월 자동차 월부금으로 공제되는 돈이 40~50만 원이 됩니다. 한마디로 생활이 불가능할 지경입니다.

그리고 요즘 같아선 경차를 타도 시원치 않을 텐데 중형차를 타고 다녀야 하니 국가적으로도 엄청난 손실이 아니겠습니까? 회사에서 혜택을 준다고 하지만 요즘 중고차 얼마나 쌉니까? 그리고 몇 년은 계속 타도 되는 차를 팔아 버릴 때의 마음은 뭐라 표현할 수 없죠.

더구나 경제적 손실뿐 아니라, 집에 차 한 대씩은 다 있으며 경제마저 어려워 소비가 위축되어 있음에도 불구하고 할당된 차량을 억지로 판매해야 하기에 본인은 물론이고, 가족 친인척까지 엄청난 정신적 스트레스에 시달리게 됩니다.

2) 자동차를 1대 사면 회사지원금 36개월치에 대한 돈은 계열사에

서 일시불로 대우자동차로 빠져나가니까 실제로 계열사에서는 그에 대한 이자 부담 및 자금 부담을 고스란히 떠안게 되겠죠. 결과적으로 대우자동차를 위해 계열사라는 이유 하나만으로 종업원의 살을 깎아 먹게 되는 것입니다.

 3) 협력업체의 고통 - 협력업체가 일정 매출 이상을 올리게 되면 자동차를 한 대 사야 합니다. 업무상 관련부서에서도 실적을 올려야 하니까 협력업체에 압력을 가하게 되죠. 그러니까 협력업체는 2중으로 고통을 치르게 됩니다.

 IMF 이후 모든 기업의 설비투자가 꽁꽁 얼어붙어 있는 상황에서 고통분담 차원에서 계약금액은 엄청 깎이게 되고 또한 대금은 어음으로 받지요, 울며 겨자 먹기식으로 자동차 팔아줘야지요, 죽을 지경입니다.

5 대우맨으로서 하고픈 말

 우리 나라 재벌 자동차회사들의 자동차 강매는 IMF 전에도 그랬지만 이후에는 더욱 그 정도가 심해졌다고 봅니다. 내수가 작년의 절반으로 줄어들었고 서로 판매 1위를 해보자고 하다보니 계열사, 협력업체까지 더욱 괴롭히고 있는 것입니다. 비단 대우만의 문제는 아닙니다. 정도의 차이는 있지만 자동차 회사를 끼고 있는 그룹은 모두 마찬가지입니다.

 세계화를 부르짖으며 국내에서조차 이런 방식으로 해서 내수 1위를 한들 그것이 얼마나 오래 갈 것이며 그 의미가 무엇이겠습니까. 그룹에서 자동차 회사를 가지고 있다고 해서 그 계열사까지 고통을 강요하며 강매를 하는 것 자체가 우리 기업의 경쟁력을 오히려 떨어뜨리는 안일한 사고방식입니다.

 노동력 착취는 좋다고 합시다. 어려운 시기에 일 좀 더한다고 어떻겠습니까... (노동운동가가 들으면 미친 넘이라고 하겠지만...) 그러나 자동차 강매에 대한 금전적, 정신적 폐해는 너무나 심각하다고 봅니다. 필요없는 차를 떠맡게 되었을 때는 정말 최저 생계비로 살아가야 합니다.

대기업 회사가 있는 도, 시에 한번 가보십시오. 수원, 구미에는 에스엠파이부, 거제, 인천에는 래감자, 너비라, 울산에는 헌데 차가 꽉 차 있을 겁니다.

최근에 IMF 한파와 더불어 고통을 같이 분담하자는 명분하에 자동차를 그룹 전체에 강매하고 있다는 사실이 보도되고 있고 공정위에서 과징금도 먹였지만, 회사를 살리기 위해서는 직원들의 경제적, 정신적 희생쯤은 당연하다는 식의 경영층 마인드에 근본적인 변화가 없으면 이러한 직원에 대한 강매는 반드시 다시 고개를 들 것입니다.

강매는 없었다는 말을 한 분도 공식적으로 그렇게 말해야 하는 입장이 있었겠지요. 그러나 사람들이 바보입니까. 총이나 칼 들이대고 팔아야 강매입니까. 차라리 강매를 할 수밖에 없었던 회사 사정을 대변하십시오. 강매는 없었다는 말이 강매를 앞으로도 계속 하겠다는 말보다 더 밉습니다.

길게 두서없이 이야기했지만 하고 싶은 말은 간단합니다.
"씨바, 제발 강매하지 마란 마리야!!!"

— 어느 데우맨이

그런데 삼승은 과징금을 1억 1,990만 원만 먹었다. 데우가 19억 먹은 것에 비하면 1/10이다. 이거 왜 이런가. 공정위 말로는 삼승쪽에서도 제보는 있었는데 물증이 없단다. 그래서 삼승차에서는 이렇게 말한다고 한다.

"우리는 강매한기 아이고 판매를 권유해써요."

씨바...

이 시점에서 삼승맨의 멜이 필요하다. 과연 강매가 아니었는지. 이 글 보시는 삼승맨은 본지에 멜 때려주시라.

억울하지도 않은가, 강매가 아니라 '권유' 받았던 삼승맨들이여...

- 딴지 경제부

경제 1월 4일 (월)

[정보] 신문 확실히 끊는 법

신문끊기... 이거 괄약근 약한 넘이 수분함량 제로의 초건조 된똥 끊기보다 힘들다. 신문 보급소... 이거 조직이기 때문이다.

보라고 할 때는 온갖 아양에 서비수까지 준다고 하지만 끊으려 하면 졸라 터부하게 나오면서 조폭화해버린다. 보기 싫다는 걸 계속 넣어주며 돈 내라는 데 환장해 버린다. 요거 한두 번 안 당해 본 사람 없을 꺼다.

신문 한번 끊을라면 전쟁을 해야 한다, 전쟁을. 이거 정말 쒸바할 일이다. 신문이 무슨 마피아냐. 정의를 부르짖는 언론의 하부구조가 이따구 조직에 의해 지탱된다는 자체가 울나라 언론이 얼매나 비정상적인 구조로 돌아가는가를 반증하는 것이다.

독자가 보기 싫은 신문 안 볼 권리는 언론의 자유만큼이나 기본이다. 그러나 그냥 나 신문 안 봐요... 혹은 정말 안 본다니까... 혹은 신문사절... 이런 녹녹한 방법으론 절대 안 통한다. 특히 신문끊기 가장 힘든 곳이 바로 좃선이다. 신문 끊는 법까지 따로 알아야 하는 곳에서 우째 정론을 씨불일 수 있겠냐. 씨바.

이에 본지에서는 과학적이고도 체계적인 접근방식을 통하여 신문 보급소와 그 조직의 실태를 까발리고 신문을 끊을 수 있는 방법을 알려주고자 한다. 끊어야 할 신문은 바로 아래와 같이 끊으시라.

1 신문 보급소의 정체

최종적으로 신문을 구독자(또는 아무나)에게 배달하는 임무를 맡고 있는 주요거점으로서 하루에 3,000에서 4,000부 정도의 물량을 다루고 있다. 산하에는 비공식적으로 '총무부' '운반부' '배달부' '민원상담부' 등이 있으며 조직원의 수는 평균 2~30명 내외이다.

2 조직구조

• **지국장**(소장, 두목, 보스 등으로도 불림)

말 그대로 일개 보급소의 총책임직을 맡고 있는 사회지도층 계급으로서 업무능력이나 수완보다는 얼마나 유연하게 욕설과 협박을 할 수 있는가, 신문 끊겠다는 민원을 얼마나 잘 생깔 수 있는가가 이 지위에 오를 수 있는 주요한 능력이라고 하겠다. 개중에는 오리지날 조폭 출신도 있어 상당히 위험한 존재로 알려져 있다.

• **총무**(꼬붕, 딸딸이 등으로도 불림)

보급소 조직원들의 총괄적인 관리를 맡고 있는 계급으로서 지국장의 총애를 한몸에 받는 오른팔만이 이 지위에 오를 수 있다. 보편적으로 해당 보급소 경력이 5년 이상인 사람이나 지국장의 일가친척 등이 총무에 임명된다.

• **배달원**(딸배, 배달부, 신문팔이 소년 등으로도 불림)

실질적으로 보급소를 먹여살리는 '신문배달'의 임무를 맡고 있는 조직원. 지국장과 총무의 명령에 죽고사는 충실한 수하이긴 하지만 이 사람들은 생계를 위해 어쩔 수 없이 복종하는 경우이므로 대부분 보급소의 비리와는 상관이 없다. 따라서 신문을 끊을 때도 얘네를 족쳐서는 아무 소용이 없다. 호랑이를 잡으려면 호랑이굴로 들어가야 한다.

3 유형별 신문 끊는 방법

신문을 끊는 방법으로는 크게 공갈협박형, 애걸복걸형, 법적 대응

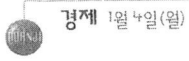

형, 기타 등이 있으며 어느 것이라도 약간의 희생은 감수해야만 한다. 거의 전쟁이나 다름없기 때문에 미리미리 얼굴에 두꺼운 철판을 깔아놔야 하겠다.

■ 공갈협박형

눈에는 눈, 이에는 이. 지국장이 협박조로 나오면 같이 맞서 협박하는 방법으로서 초반에 기선을 제압하고자 할 때 사용하면 되겠다. 먼저 해당 신문보급소에 전화를 걸어 소장을 바꿔달라고 한다.(아마도 자리에 없다고 하거나 한참 후에나 받을 것이다. 인내와 끈기를 갖고 기다리자.) 그리고 근엄한 목소리로 말을 꺼낸다.

"여기 ○○번진데 이제 당신네 신문 안 볼거요. 그만 넣으쇼."
"아니? 이 사람아. 경우라는 게 있어야지 말이야...(진짜루 이런다.) 본다고 했으면 끝까지 보는 게 좋을 거요.(협박이다)"
"당신. 내가 잠깐 빵에 들어간 사이에 멋모르는 우리 마누라 꼬셔서 신문 넣었던 것 같은데 말이야. 좋게 말할 때 그만두쇼."
"(절대 물러서지 않는다.) 뭐야? 당신 지금 협박하는거야? 내가 그런 거 무서워 할 것 같아?"
"(흥분하지 말고 근엄을 유지한다. 그리구 미리 준비해둔 과도 등으로 칼가는 소리를 내면서 조용히 말한다) 당신. 보급소 소장이라면서 신문도 안 보나보지. 나 ○○○야. (그냥 자기 이름대면 된다.) 3년 전 신문 찾아봐. 내 이름 있을 테니... 나 새로운 인생 이딴 거에 별로 관심없는 사람이야. 언제든지 맘에 안 들면 그냥 쑤시는 성격이거든. 넣고 싶으면 계속 넣어봐. 뒷일은 나도 모른다."

이러구 전화를 끊는다. 만약 담날부터 신문이 안 온다믄 다행이긴 하지만 이건 보급소 소장이 자격미달이다. 이 정도에서 꺾일 인간이면 소장이 아니다. 이후 계속해서 신문이 온다믄 다음 단계로 넘어간다.

먼저 근처 정육점에 가서 아무거나 가장 싼 고기를 한 근 정도, 돼지피 조금을 얻어온다.(혹은 팔고남은 부스러기를 좀 얻어온다.) 그 다음 신문 몇 장을 깔고 그 위에 고기를 올려놓은 후 돼지피를 여기저기에 바른다. 그 후 신문으로 고기를 잘 싸서 (가급적이면 핏물이 잘 배어나오게) 보급소를 찾아간다. 그리고 소장에게 다가가 책상 위에 고기를 던져 놓으며 차가운 미소를 잠깐 지어준다. 그리고 말한다.

"나 ○○○이오.(전에 말했던 이름을 댄다.)"

이러구 그냥 돌아서서 집에 온다. 만약 그 담날에도 신문이 온다믄...어쩔 수 엄따. 소장이 엄청난 강심장의 소유자이거나 신문보급을 목숨보다 소중히하는 경우이므로 다른 방법을 쓰는 게 좋겠다.

■ 애걸복걸형

인간미로 호소하여 맘 약하게 만드는 방법으로서 여성이나 연소자가 사용할 때 더 큰 효과를 기대할 수 있겠다. 먼저 보급소를 찾아간다. 그리고 소장을 만나자마자 갑자기 서럽게 울어버리면서 말을 꺼낸다.

"흑흑...소장님...제발 저희 사정좀 봐주세요...남편 (또는 아빠)은 직장에서 정리해고되고 얼마 전 세발자전거에 부딪혀 발톱을 다쳐 지금 병원에 있는데 수술비가 없어 그냥 방치해둔 상황이에요...지금 저희 집에서 뭐 먹고 사는줄 아세요...가락동 시장까지 걸어가 시래기 배추 주워다가 국 끓여먹고 있어요... 집도 조금 있으면 차압 당할 거고... 이런 상황에서 신문대금은 도저히 드릴 수가 없어요...제발... 소장님... 신문 그만 넣어주세요... 넘 괴로워요... 으

경제 1월 4일 (월)

흑흑."

뭐 대충 스토리 만들어 흐느껴 버리는 거다. 이래도 배째라고 신문 넣는 소장은…거의 인간이 아니라고 봐도 무방하겠다. 법적 대응이 필요하다.

■ 법적대응형(하이텔 이용진 님)
가장 효과적이며 확실하나 돈이 좀 들어가는 방법이다. 구독 거절 의사를 편지로 알리는 것인데 방법은 다음과 같다.

먼저 신문을 보지 않겠다는 내용의 편지를 작성하되 같은 편지를 3부 작성한다.(한 부 작성해서 복사해도 된다.) 그 다음 편지봉투 한 장에 받는 사람을 본사 사장이나 영업국장으로 기입한 후 편지를 편지봉투에 넣고 우체국에 가져간다. (봉투를 풀로 붙이면 안 된다) 그 다음 편지 봉투와 편지를 직원에게 내밀고 '내용증명'을 부탁한다. 요금은 3,000원 정도다. 그럼 우체국 직원은 한 장은 봉투에 담아 신문사로 보내고, 한 장은 우체국에 보관해 두며 (국가에서 편지의 내용을 확실히 증명한다는 표시이다) 한 장은 우체국 직인을 찍어 본인에게 돌려준다.

대부분 이렇게 하면 열흘 안에 보급소에서 신문을 안 넣는다. 그래도 계속 신문을 넣으면 '공짜'로 넣어 주겠다는 얘기이므로 안심하고 봐도 되겠다. 혹시라도 나중에 집으로 수금을 하러 오면 '내용증명' 한 편지를 보여주면 된다.

근데 '나는 공짜도 싫다! 보기싫은 좃선일보가 계속 들어와 피곤하다!' 이런 경우가 있다. 이럴 때는 '내용증명' 편지를 가지고 가까운 법원으로 간다. 그 다음 1000만 원 이하의 재판을 다루는 '소액재판심사'를 청구한다.

그럼 서류 두 장을 주는데 거기에 '내용 증명'에 대한 사실과 그 이후의 이야기를 간단하게 쓰고 배상을 청구한다. 이것도 수수료가 3,000원 정도다. 변호사도 필요없다. 신문사를 상대로 3~5만원쯤 손해 배상을 청구하면 되는데 이 돈은 정신적 스트레스에 대한 배상, '내용 증명' 수수료와 교통비, 오고가며 허비한 시간에 대한 배상, 재판 청구 경비 따위를 계산한 금액이다.

소액 재판 심사는 담당판사가 양쪽 당사자를 불러 단독으로 단심에 끝내주기 땜시 아주 간단하고 신속하다. 보급소에서 신문을 계속 넣다가는 돈 몇만 원을 계속 물어주어야 하기 때문에 얼마 안 가 신문은 구경조차 할 수 없을 것이다.

■ 기타

이거도 저거도 다 귀찮다는 사람들이 사용하면 되겠다.

하나는 해당 신문사의 홈페이지에 접속하여 투고란에 신문 사절에 대한 내용을 쓰는 것인데 기왕이면 잘 보이게 도배질을 해놓는 것도 좋겠다. 담날이면 자기가 쓴 글은 사라져 보이지 않지만 신문은 끊어준다. 왜냐믄 그런 내용의 글이 자사의 투고란을 이용하는 사람들에게 나쁜 인상을 심어줄 수도 있다고 생각하기 땜시 비교적 빠르게 조치해준다. 바쁘...딴지는 독투란에 신문사절 이딴거 올려놔도 암 소용 없다. 우리는 배째라다.

두 번째는 아예 문 앞에 사과박스 같은 것을 놔두고 고대로 모아놨다가 돌려주는 방법이다. 근데 이 방법은 좃선 같은 곳에는 안 통한다. 걔네는 워낙 조직이 질기다.

세 번째는 증거자료를 가지고 경찰에 신고하는 방법이다. 대문 앞에 크게 '신문사절' 이라는 글을 붙여놓고 숨어있다가 배달부가 와서 신문을 넣을 때 현장을 덮쳐서 배달부와 '신문사절' 글씨가 함께 나오게 사진을 찍어버린다. 그리구 소장한테 신고하기 전에 신문 끊으라고 말한다. 이래도 넣으면...신고해버린다.

경제 1월 4일 (월)

　이상으로 신문을 끊는 몇 가지 방법에 대해 알아봤다. 이 외에도 자기만의 독특한 방법이 있는 분들은 투고바란다. 끝으로 다시 한 번 말하지만 신문을 직접 배달하는 애들은 아무런 힘 엄따. 얘네는 쪼지 말기 바란다. 이상.

- 딴지 언론 경제부

[규탄] 용팔이 야 이넘들아!

용팔이를 아시는가?
80년대에 나온 박노식 주연의 영화 〈돌아온 용팔이〉 말고... 용산 터미널 상가나 전자랜드 둥지에서 카셋트, CD, 비디오 등의 AV 기기들을 갖다놓구 사람들이 지나갈 때마다
"아쒸! 구경하다가여!"
"학상? 모 차저?"
이런 식으로 호객을 하는 넘들. 애네가 바로 용팔이다.

평소 '가격이 싸다' 아니 보다 정확하게는 쌀 것이다... 라는 막연한 생각으로 AV 물건을 구입하러 용산을 찾아 요 용팔이들의 꼬드김에 빠져 사기를 당하는 사람들이 많다. 단언컨데 이 용팔이들 적어도 장사할 때는 거의 다 사기꾼이라고 봐도 무방하다.

아줌마나 어린 학생들을 상대로 구형 싸구려 모델을 최신형이라면서 십만 원씩 더 받아먹는 건 기본이고 카셋트를 샀다면 번들로 나오는 이어폰을 싸구려로 바꿔치기하여 이어폰만 따로 팔아 먹는다거나, 1200mA짜리 1.2V 충전지를 줘야 하는데 800mA로 바꿔치기해서 준다거나, 껍데기만 새거라거나... 암튼 제품을 사면 풀셋으로 주는 경우가 거의 없다고 보면 틀림없다. 미리 알아보지 않으면 정말 돈은 돈대로 뜯기고 사고 싶은 건 제대로 못 사고 사람 하나 완전히 붕신 만들어 버린다.

그래서 당해본 사람들은 요즘 남대문 수입상가를 많이 찾는다.
거기는 사기치는 넘들도 덜하고 '정상 밀수 유통가'(여따가 정상이란 단어를 붙이는 게 좀 거시기 하다만 우쨌든)로 풀셋을 준다. 강변 테크노 마트도 말이 많긴 하지만 그래도 용산보다는 형편이 나은 편이다.

경제 1월 4일 (월)

얼마 전에는 사기당한 걸 알고 가서 따지다가 용팔이들에게 집단 폭행을 당한 한 고등학생의 얘기가 통신가를 들끓게 한 적도 있었다.

씨바. 도대체 용팔이 얘네는 뭐하는 넘들인가. 어디서 굴러먹다 온 넘들이기에 이토록 조직적이고 치밀하면서도 떳떳하게 대국민 사기를 칠 수 있단 말인가. 이따구로 해서는 이거 명랑사회 졸라 요원하기만 하다.

사태가 이 지경인데 본지가 가만 자빠져 있을 순 엄따. 본지 또 분연히 스텐드 업 했다. 용팔이들의 정체와 사기방법에 대해 까발려 주마.

1 용팔이의 정체

고딩 졸과 동시에 바로 투입되거나 아는 사람들끼리 이리저리 통해서 취직하는 경우가 대부분. 용팔이들은 AV 기기에 대한 어느 정도의 지식을 갖고있긴 하지만 그리 전문적이지는 못하며, 소비자에게 좋은 제품을 판매하는 것보다는 '구종제품을 비싸게 받고 파는 것' 에 영업의 최대 목적을 두고 있으므로 당근 철판깔고 사기치는 법을 우선적으로 습득하게 된다.

용팔이 생활이 몇 년 정도 지나면 점주로부터 무늬만 승진인 '대리' 라는 직함을 받아 본격적인 밀수, 제품구입 등에 투입되어 실전경험을 쌓게 되며 곧 용팔이 세계의 대선배로 추앙받게 된다. 어느 정도 돈이 모이면 자신도 용산에다 점포를 차리고 경험을 바탕으로 한 사기행각을 일삼기 때문에 이 세계의 악순환은 거의 끝이 없다고 봐도 좋다.

2 용팔이들의 전형적인 사기방법

- 가격 올려 부르기

무조건 처음에 가격을 졸라 비싸게 부르는 방법이다. 자식한테 워크맨 사주려고 용산을 찾아온 아저씨나 아줌마, 앤 선물 사줄려고 찾아온 여성 등에게 잘 써먹는 방법으로서 상대방이 AV 기기에 대해 무지하다는 것을 약점으로 잡아 온갖 미사여구로 구종모델을 비싸게 팔아 먹는다.

이거 때문에 부자지간이나 앤 사이에 쌈도 많이 난다. 빙신같이 속았다고...

- 부속 따로 빼서 돈받고 팔기

대부분의 소비자들이 '알아서 챙겨 주려니...', '뭐 그런가 보다...' 이렇게 생각하기 때문에 가능한 사기방법으로서 빼먹는 부속품의 종류로는 충전기, 이어폰, 보조 충전지, AC 어댑터 등이 있으며 심지어는 케이스까지 따로 판매하고 있다.

소비자가 나중에 부속이 빠진 것을 알고 "어? 이거 안 주셨는데여?" 이러면 "그거 별매에요." 라고 하거나 아니면 "뭐요? 분명히 드렸는데? 어디서 잊어먹고 이러는거야?!" 이러면서 무섭게 노려보기 땜시 대부분의 소비자들은 찍소리도 못하고 따로 부품값을 내야 한다. 요즘엔 부속품을 빼는 대신 질이 나쁜 것으로 교체하여 양심있는 가게인양 판매하는 곳도 있다고 한다.

- 다른 모델 판매하기

소비자가 원하는 모델을 말하면 일단 가격을 싸게 부른다. 그리고 막상 사려고하면 "아! 그 모델이 지금 없는데...대신 이건 어때요? 요게 신종인데 성능이 어쩌구...손님이 찾는 거보다 뭐가 좋고 어쩌고..." 이러면서 결국엔 가격이 비싼 다른 것을 사게 한다.

이때 신종이라고 판매하는 것들을 보면 대부분 별 차이가 없는 모델이다. (본 기자도 예전에 친구와 워크맨을 사러 갔다가 디비질 뻔한 일이

경제 1월 4일(월)

있었다. 성능의 차이는 없는데 가격은 다른 것보다 7만 원이나 더 비싸서 이유를 물었더니...뭐? 내부 부품이 순금으로 되어 있다나? 씨바...누굴 바보로 아나...)

– 어디선가 이름은 들어본 것 같은 제품 판매하기

예를들면 캔우드, ATM, 더글라스 (심지어는 제네럴 모터스라는 이름도 있다. 언제부터 GM이 워크맨 만들었냐?) 뭐 이런식의 꽤 유명해 보이는 듯한 제품을 꺼내들고 "이게 요즘나온 최신형인데 미국에서도 가격이 너무 비싸 부유층 애들만 사는 건데 지난달에 겨우 우리 점포에서만 3개를 들여와서 이제 하나 남은 건데 성능이 어쩌구..." 이러면서 소비자를 유혹하는 방법이 되겠다.

워크맨을 조금 알더라도 순간적으로 혹 할 수 있는 신종 사기수법으로서 실제로 타 제품과 비교하여 들어보면 음질이 약간 차이가 나기 때문에 소비자는 멋도 모르고 음질이 좋다니까 (또는 애들한테 자랑하려구) 그냥 사버린다. 근데 위의 경우 음질을 비교해준다며 꺼내는 다른 제품을 자세히 살펴보면 스테레오를 꺼놨거나 돌비를 꺼놨거나 이런 식이다.

– 카다로그의 가격과 비교하면서 판매하기

카다로그를 꺼내서 실제 가격을 보여주며 "원가가 이 정돈데 손님한테는 싸게 파는 겁니다. 우리 진짜 남는 거 없어요..." 이런식으로 사기를 치는 방법이다.

사실, 우리 나라에 들어오는 일제 워크맨들은 거의 대부분이 중고제품이다. 일본은 중고를 깨끗이 쓰기도 하고, 중고시장이 상당히 발달해 있어서 케이스를 한 번 열었다가 닫기만 해도 중고제품으로 취급 받는다.(아끼하바라 사람들의 얘기를 들어보면 실제로 그렇다고 한다.) 이런 제품들이 우리 나라에 들어와 유통되는데 용팔이들이 카다로그에 있는 가격을 다 주고 사올 리가 없다. 철지난 상품들은 거의 반값도 안 주고 사오기 때문에 용팔이들이 남겨먹는 이익은 실로 엄청난 것이다.

- 친절한 척, 신경 써주는 척하면서 판매하기

소비자가 "무슨 모델 얼마에요?" 이렇게 물으면 "그거 10만 원인가...확실히 모르겠네...잠깐만 기다려보세요!" 이러면서 졸라 어딘가로 뛰어갔다가 땀을 뻘뻘 흘리면서 돌아와서는 "죄송해요. 알고보니 12만 원이네요..." 이런 식으로 소비자를 감동시켜서 팔아먹는 수법이다.

이들은 소비자가 뭔가를 물어보면 최대한 친절하게 알려주고 자세한 설명까지 해주기땜시 소비자로 하여금 믿을 만한 곳이라고 생각하게 만든다. 바뜨...가격 알아보겠다고 졸라 달려나간 용팔이들을 쫓아가보면 구석에서 지들끼리 모여 담배피는 경우가 대부분이다.

- 협박하기

아주 가끔 발생하는 경우로서 주로 나이 어린 중학생들이 타겟이 된다. 한참 설명듣고 구경하다가 그냥 가려고 하면 "야!! 너 이리 와봐. 참나~ 이 대가리 피도 안 마른 게 어른을 놀리네. 야, 임마! 설명을 들었으면 물건을 사야 할 것 아냐! 우리가 무슨 자원봉사자냐?!" 이렇게 위협하여 팔아먹는 수법으로 용팔이의 인상이 더러우면 더러울수록 효과가 뛰어나다.

- 아부, 아첨해서 팔아먹기

"제가 이 바닥에서 일한 지 10년이 넘는데요, 정말 저의 신용을 걸고 확실히 보장합니다. 이 제품은 어쩌구..." 이런 말로 한참 일장연설을 늘어놓아 소비자를 넋나가게 만든 후 판매하는 방법이다.

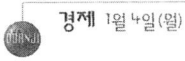 경제 1월 4일(월)

실상 파는 건 한물간 중고제품에 지나지 않으며 또 "이거 사시면요 3년간 애프터 써비스 해드리구요, 보증서도 써드리구요, 사용하시다가 맘에 안 드시면 1년 이내에 전액 환불해 드려요" 이런 식의 도저히 말도 안 되는 조건들을 내걸기도 한다. 나중에 소비자가 진짜로 AS를 받으러가면 당연히 무시한다.

3 어떻게 해야 사기당하지 않는가

- 구입하러 가기 전에 카다로그 등을 보고 미리 자신이 살 모델을 확실히 정한다. 그리고 아무리 용팔이가 떠들어대도 절대 변경하지 않는다. 용팔이의 감언이설에 넘어가면 끝장이다.
- 구입하고자 하는 모델의 출시시기, 일본 현지에서 정상 유통가격, 그리고 최근 국내 유통가 등을 미리 알아본 후 구입하도록 한다.
- 부속품이 무엇무엇인지 알아둔다. 풀셋으로 판매하는 제품인데 따로 팔려고 하면 반드시 미리 알아본 거라고 따져야 한다. 무슨 말을 하든 속지 말자.
- 가끔 일 시작한 지 얼마 안 된 용팔이들도 있다. 대충 봐도 뭔가 어색해보이고 말도 잘 못하고 버벅대는 애들인데 그들의 양심을 믿고 물건을 구입하는 방법도 있다. 단도직입적으로 "저기요. 무슨 모델 얼마까지 될까요? 가격 깎거나 하지는 않을 테니까요, 물건 좀 깨끗한 걸로 주세요" 라고 말하면... 씨바. 용팔이도 사람인데... 이상한 사람 아니면 "그러세요..." 이러면서 제대로 된 거 줄 때도 있다. 이때 중요한 것은 풀셋으로 주는지의 여부다. 만약 뭐하나 빼먹으려고 하면 다시는 가지 말고 다른 곳을 찾는 것이 좋다. 말하자면 '나는 알 거 다 안다. 그러나 절충할 의사가 있다' 는 걸 보여주면 되는 방법이라 하겠다.

용팔이들의 세계에 대해 함 까발려 봤다. 바뜨 용팔이들의 사기수법은 날이 갈수록 발전해가고 있으므로 그들의 마수를 완전히 벗어나기란 힘들다. 그나마 제대로 좋은 물건을 구입하기 위해서는 역시 미리미리 여러 가지 정보를 알아본 후 찾아가는 것이 가장 안전하다고 하겠다.

  자신이 용팔이에게 사기당한 경험이 있거나 기타 그들의 사기방법을 알고 계시는 분은 독투란에 힘차게 투고질해주기 바란다. 이상.

- 요즘 정신없이 외도하는 엽기과학부 애정행각파트
이드니아 콘체른 edenia@netsgo.com

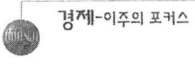

경제-이주의 포커스 11월 23일(월)

[벤처시리즈] 니 그래도 벤처할래?(4)

구렁이 담넘어가듯이 대충이지만 3권에서는 울나라 벤처산업에 대해 쪼까 알아바따. 사실 벤처기업을 포함해서 이거저거 싸잡아 욕 허벌나게 했지만 그래도 우리가 기댈 곳은 벤처기업(솔직히 말하면 중소기업을 지칭한다.) 밖에 없다.

시대의 흐름을 제대로 읽지 못한 정부 고위관료들과 수익율이라는 개념없이 무작정 몸집불리기에 나섰던 죄벌들 땜에 근면하고 알뜰하기로 세계에서 유명한 애꿎은 백성들만 졸라 고생하고 있다.

이미 굴러가는 기관차는 멈추기 힘들다. 죄벌을 위시한 대기업들은 브레이크 없는 기관차다. 눈앞의 산을 보고나서 브레이크 만들고 장착하는 사이에 많은 기관차들은 뽀개질 것이다. 한국 갱제의 희망이 중소기업에 있는 이유도 여기에 있다.

이제 막 출발한 신생기업은 관성의 법칙이 작용할 여지가 없고 운영중인 중소기업들도 워낙 갖춘 게 없기 때문에 새로운 사고와 시스템을 적용하기 용이하다. 다만 중소기업의 창업자나 경영자가 기존의 방식을 포기하고 새로운 사고로 전환할 준비가 부족하다는 것이 유일한 장애물이다.

자... 그라모 새 맘 묵고 사업해 볼 생각이 있는 놈들은 우째 해야 될까? 바로 그 해답을 주기 위해 본 기자 토욜 오후에 집에도 못 가고 손꾸락 운동하고 있다는 거 아이가.

1 지가 할 사업의 꼬라지를 먼저 파악하자

사업이라고 다 같은 게 아니다. 프리랜서와 SOHO에서 시작해서 동네 구멍가게 그리고 소위 말하는 기업체에 이르기까지 다양한 방식과 규모의 사업이 존재한다.

그럼에도 불구하고 어떻게 된 일인지 사업하면 기냥 주식회사 하나 세우고 엄마, 아부지 그리고 사돈의 팔촌 돈까지 끌어오고 좀 배운 놈 같으면 눈먼 기관투자자 돈 받아 내질르는 게 사업인 줄 알고 있다.

본 기자 주장은 단순하다. 벌릴 판이 자기 혼자서 꼼지락거려도 충분한 것 같으면 혼자서 판 벌리고 지 혼자 벌일 판이 아니다 싶으면 큰 판 짤 준비 제대로 하라는기다.

벤처기업이랍시고 일 벌려놓는 대부분 아이템은 혼자 또는 몇 명이서 모여서 잠 덜 자고 존나 일하면 먹고 사는 데는 큰 지장없는 정도의 수준이다. 이런 경우 괜히 판 크게 벌려 더 먹자는 욕심 부리느라 아는 놈 모르는 놈 돈 끌어당기면 그대로 패가망신한다. 따라서 지가 벌일 사업의 규모부터 먼저 판단하는 게 가장 우선되어야 할 일이다.

2 지 꼬라지를 알자

본 기자는 사람마다 타고난 그릇이 있다고 생각하는 놈이다.(소위 '그릇론' 인데 한 10년 뒤에 경영학 교과서에 실릴 것 같다.) 어떤 쉐이는 소주잔만하고 어떤 씹새는 도라무통만하다. 채울 수 있는 물의 양은 그릇 크기와 같다. 그릇은 존만한데 물 팍팍 부으면 그 물 어디로 가나. 다 넘쳐 흐른다.

무신 소리하는지 모르겠다고?

잘 생각해봐라, 자기 자신을. 샐러리 맹꽁이로 살다 디비지는 게 상팔자인지 그치 않음 꼴리는 대로 내 하고픈 거 하면서 사는 게 상팔자인지... 그리고 자신의 능력과 소질을 냉정하게 함 생각해봐라.

사람마다 능력은 다 다르다. 사업할 능력 없는 놈이 좋은 사업거리 있다고 해서 덤비면 뼈빠진다. 중소기업들이 또 중견기업들이 왜

경제-이주의 포커스 11월 23일 (월)

픽픽 쓰러지는 것 같은가?

　잡소리 다 빼고나면 경영자가 기업을 감당하지 못하기 땜이다. 연 100억 원 매출규모의 기업 경영자 중 연매출 500억 원 규모의 기업을 경영할 수 있는 사람 몇 될까? 그리 많지 않다.

　지금 울나라 기업들 이래저래 어려움이 많다. 작은 기업 큰 기업 할 것 없이 말이다. 정리해고도 좋지만 내가 생각하는 솔직한 해법은 사장 왕창 바까버리는 거다. 한 70% 정도는 바까야 할 필요 있다. 그 비율은 대기업에서 중견기업 그리고 벤처기업으로 갈수록 더 높아져야 한다. 벤처기업의 경영자야말로 제대로 검증되지 않은 자원이다.

　우리가 흔히 하는 말로 창업형 경영자, 수성형 경영자가 있다. 벤처기업 경영자는 기본적으로 창업형 경영자다. 백지에 데생하는 게지 일이다. 제대로 데생 끝나면 그나마 성공한 벤처기업이라는 소리 듣는다. 데생 끝난 담에 색칠하는 거는 별개의 문제다. 데생 다르고 색칠 다르다는 야기다.(원래 데생 잘 하는 놈 색칠도 잘 한다구? 씨빠... 나두 알어. 비유하다보니 잘못했다. 글치만 고칠 시간 없으니 각자 알아서 삼키자.)

　야튼 사업할 때는 지 그릇 크기에 대한 깊은 도덕적, 심리적, 물리적 성찰하라는 말이다.

3 판 벌이기 전에 최소한 수개월 준비하라

　앞뒤 안 가리고 대가리부터 처박는 거 울 배달민족의 특기이자 장점이다. 지금 국내 자동차산업이 위기니 나발이니 하지만 함 생각해 바라. 헌대가 이거저거 쪼가리 모아 자동차 맹근 지 30년 좀 지났다. 30년 만에 울나라 자동차만한 제품 딴나라에서 나온 적 있는가. 앞으로야 어찌 될지 모르지만 지금까지 우린 구명만 있음 가리지 않고 대가리 처박아서 이렇게 성장해왔다. 문제는 이제 대가리 박아 되던 시절 다 끝났다는 거다.

　벤처기업한다는 사람 만나면 진짜 허폐가 히떡 디비지는 일이 비일비재하다. 만나면 대강 이런 이야기가 오간다.

글마 : 마... 이 사업은 노다지요 노다지. 돈 태우는 놈은 땡잡은기라... (어떠카든 꼬셔야 되는데...)
나　 : 그래요? 얼마 전에 이거랑 비스무리한 거 하다 말아먹은 사람도 있는데... (이걸 사업이라고 가져왔나...)
글마 : 아따... 그거는 글마가 빙신이라서 그런거요. 내가 하면 되지... (날 믿어조...)
나　 : 사업계획서 보니까 사업을 어떻게 하겠다는 건지 모르겠네요. (아이구... 3년 뒤에 매출 3,000억 원이라고...)
글마 : 그거야 내 머리속에 있지... 함부로 노출시킬 수 있나... (알면 썼지 내가 왜 안 썼겠냐...)
나　 : 그래도 영업방법이나 자금조달방법 같은 게 있어야지 우리가 예측할 수 있지요.(지금까지 주위사람 여럿 고생시켰겠구나...)
글마 : 아이고 그런거 할 줄 알면 내가 당신자리에 있지 뭐할라고 이 고생하겠소. (임마 나도 하다하다 안 되니까 온 거 아냐...)
나　 : 자금은 얼마나 필요하죠?
글마 : 글쎄... 많으면 많을수록 존거 아뇨? 푸하하하!!!
나　 : ... (니미 뽕이다!)

　사업계획서를 작성할 줄 모르는 창업자가 의외로 많다. 사업계획서는 단순히 금융기관을 후리기 위해 만드는 게 아니다. 사업계획 없는 창업은 나침반없는 오리엔티어링과 같다. 사업계획은 사업을 원활히 수행하기 위한 내부자원의 존재와 조달여부를 체크하고 변화하는 환경에 능동적으로 적응할 수 있게 한다.

창업자는 제품을 생산할 수 있는 능력뿐만 아니라 목표시장을 파악하여 영업할 수 있는 능력과 기업의 성장과정에 따른 자금을 적시에 조달하고 운영할 수 있는 능력이 있어야 한다. 최근 벤처 창업이 엔지니어를 중심으로 활발히 탄생하고 있는데 제품개발력은 기업 경쟁력 중 극히 일부라는 점을 명심해야 한다.

결론은 회사를 창업하기 전에 사장하고 싶은 놈은 몇 개월간 재무, 인사, 마케팅 등 경영전반에 관한 공부를 하라는 거다. 그라고 아무리 취직하기 어렵더라도 졸업하자마자 혹은 대가리 피도 안 마르고 창업 좀 하지마라. 창업할 생각 있으면 월급 10만 원 받더라도 기업에서 근무경험을 쌓도록 해라.

빌 게이츠는 대학 중퇴했다고? 씨바 니가 빌 게이츠냐? 말이 되는 소릴해야지...

4 이미 일 벌려 놓은 인간들은 우짜노...

본지가 나오기 전에 나는 벌써 저질렀다라고 외치는 인간들이 있다. 이제 이 인간들을 위한 야기를 하자.

저질러놓은 거 우짤 수 있나 뭐... 제대로 정리정돈하는 수밖에 엄따.

지금 벤처기업을 경영하는 인간의 가장 큰 고민은 돈이 더럽게 안 돈다는 거다. 머니 머니해도 money가 최고고 돌고 돌아야 돈이라는데 지금 자금시장은 꽉 막혀 있다.

몇 개의 죄벌그룹을 제외하고는 어음 와리깡하는 데도 할인율 여전히 높고 그나마 쪼만한 회사건 해주지도 않는다. 매일매일 돌아오는 어음 막느라 불철주야 낑낑거린다. 단기간 내에 자금사정이 호전될 수는 없다. 이미 자금시장의 기본인 신용이 붕괴되었기 땜이다. 따라서 지금 기업을 하는 사람은 극히 보수적으로 운영할 수밖에 없다.

❶ 그 기본은 매출의 포기이다

모든 수단을 동원해서 현금을 확보하는 수밖에 없다. 불량 매출처에 대한 거래를 중지하고 매출채권기간 줄이고 매입채무기간 늘려라. 모든 경영자들이 똑같이 똘똘하지는 않다는 사실은 아직도 기회는 있다는 거다. 모든 수단을 다 동원했는 데도 안 되면 빨리 문 닫아라. 여기저기서 돈 끌어와서 막아도 며칠뿐이다. '현금이 왕이다' 라는 구호는 두산그룹만의 것이 아니다.

작금의 상황에서 현금이 나오는 곳은 정부밖에 없다. 기업의 기본적인 활동을 제외한 총력을 정부자금을 받는 데 사용하라. 공동과제를 수행하든 구조조정기금을 받든, 정부의 자금지원에 신경을 집중하고 관련기관에 수시로 방문하라. 정부자금 지원의 문제점을 별개로 한다면 그 자금은 결국 경쟁력있는 중소기업에 가게되어 있다.

저비용의 자금을 조달하는 능력은 기업의 핵심적인 능력이다. 개만도 못한 기업에 정부자금이 가고 좋은 자기회사에는 자금이 안 온다고 툴툴거리지 마라. 자금조달력도 중요한 기업능력임을 알아야 한다.

❷ 또 하나는 창업자의 과다한 기득권을 포기하라는 거다

골때리는 것 중 하나가 벤처기업이 성장하면서 창업자는 대가를 받는데(주식가치가 올라갈 뿐만 아니라 사장하면 폼나잖아~~) 직원은 대부분 개털이라는 거다. 우리 나라에서 동업하면 뽀개진다는 통설이 존재한다는 것은 그만큼 과실을 나누어 가지는 풍토가 아니라는 반증이다.

내부자에 대한 인센티브를 보다 과감하게 하고 창업자 자신의 그릇에 비해 회사 규모가 넘친다 싶을 땐 과감히 물러나라. 주주로서만 존재하라는 거다. 빼낄이처럼 안 된다 싶으니까 회사 팔고 부사장하

경제-이주의 포커스 11월 23일(월)

는 그런 거 말고 잘 되는 회사 더 잘 되게 하기 위해 물러나는 창업자를 보고 싶다.

❸ **마지막으로 제발 좀 투명한 경영을 해라**

100% 지 돈가지고 회사하는 놈은 구멍가게든 자본금 1조 원의 주식회사든 별 문제 없다. 그렇지만 금융기관에서 대출받고 직원들 주머니 쌈지돈으로 우리사주조합 만들고 외부 기관투자자나 엔젤의 투자를 받은 기업은 반드시 투명한 경영을 해야 한다.

투명경영의 첫걸음이 제대로 된 회계처리를 하는 것이다. 특히 연구개발비를 이연자산처리하는 짓 좀 하지마라. 회계기준이 바뀔 것 같은데(확정된지 모르겠다만) 연구개발비는 당기비용처리해야 한다. 연구개발비는 계속 발생하는 경상비용이다. 손익계산서의 흑자를 위해서 거액의 연구개발비를 계상하는 기업들을 보면 골이 아프다. 잘 알려진 벤처기업의 반기결산에서 매출액보다 많은 연구개발비를 올린 걸 봤는데 이건 회사가 아니다.

물론 제대로 결산해서 적자가 나면 당장 은행거래가 막힌다. 그러니 어쩔 수 없이 조금이라도 흑자를 내야 하고 그러다보니 분식할 수 밖에 없다는 것도 이해가 된다. 다행히도 무식한 울나라 금융기관들도 변하고 있으니 적어도 그 템포엔 맞추어 투명하게 하자.

직원들에게 회사의 모든 것을 공개해라. 주주 명부에서 월별 경영실적까지... 직원이 일할 수 있는 동기와 참여의식을 더욱 강화해야 한다. 내가 누구를 위해 뼈빠지게 일하나... 하는 생각이 들면 그 회사 잘 되기 어렵다.

5 다 같이 힘을 모을 때다

암에푸와 함께 우리의 약점은 이미 적나라하게 까발려졌다. 이제

11월 23일 (월) 경제-이주의 포커스

는 이를 수긍하고 고쳐나갈 때다. 미국 경제의 침체가 예상보다 느려지고 세계공황이 발생할지도 모른다는 위기감이 다소 지나가자 벌써 우리는 망각의 강을 건너려고 하고 있다.

아직도 위기는 끝나지 않았다. 우리를 둘러싼 환경이 조금만 나빠져도 다시 피를 토할지 모른다. 각자 자기의 자리에 굳건히 서자. 나를 포함한 여러분은 모두가 상품이다. 우리 모두가 최고의 상품이 된다면 우리도 부끄럽지 않은 조상이 될 수 있을 게다.

우리도 제발 명랑사회 함 만들어보자.

기사후기

과기부를 과기처라고 표기했다고 항의한 독자가 있었다. 죄송함을 표시함과 동시에 공짜신문의 한계임을 알아달라. 과기처뿐만 아니라 날림으로 기사 쓰고 제대로 수정도 못해 오타도 꽤 있었다. 그것도 공짜니까하면서 좀 봐주시라.

그동안 벤처시리즈에 관심을 가지고 멜 보내 주신 분께 감사드리고 답장 전혀 안해서 미안하다는 말씀 드린다. 나중에 시간나면 답장하겠다. (그때 되면 멜 받고 임마가 누꼬? 하겠지...) 첨 이 시리즈를 생각하면서는 많은 분들에게 피와 살이 되는 기사가 되었음하고 바랐는데 본 기자 먹고 살기에도 바쁘고 게을러서 스스로 불만족스러운 점이 많다. 시리즈는 끝났지만 단편기사로 기회가 될 때마다 울나라 벤처에 대해 기사 올리겠다. 이상.

- 노땅 샐러리맹꽁이인 모창투사 아날리스트 겸 딴지갱제부 제1호 정식기자,
욕재이 용 young@lee.mail.org

http://ddanji.netsgo.com

만물상 1월 4일(월)

漢·詩·感·想

跆勸扶理 태권부이
(권력을 멀리하고 서로 도움으로써 다스림)

達厲邏撻旅 勞補鬪也 달려라달려 로보투야
(사람들이 훈련되어 힘이 좋고 순리를 따라 더욱 힘내어 싸우니)

捏餓裸捺鴉 跆勸不肆 날아라날아 태권부이
(굶주림과 헐벗음을 이겨내어 검은빛을 누르며 노력하지 말길 권하는 자는 짓밟도다.)

正意路 朦親周穆 勞寶套太勸 정의로 몽친주목 로보투태권
(올바른 길에 있고, 또한 친함이 많아 두루 화목하니 이러한 노력의 보배로움을 큰 권력이 시새움하여)

傭減賀苦 識蝕悍 憂離義親舊 용감하고 식식한 우리의친구
(임금을 깎고 경사스러운 일에 고통을 주며 사나운 자들과 세상을 좀먹는 자들을 내버려두어 오랜 의와 친함이 멀어짐을 걱정케 하도다.)

頭捌蔚 梏偈 壓愚擄 潛頭御 두팔울 곡게 압우로 보두어
(이에 우두머리된자가 많은 자들에게 묶여 있던 강인한 족쇄를 부수고 어

1월 4일(월) 만물상

리석은 자들의 노략질을 제압하고, 그들의 우두머리된자의 무릎을 꿇리고 다스렸으며)

笛珍蔚 響海 翰乙捏遇綿 적진울 향해 한을날우면
(진정 아름다운 피리를 바다에 울리니 날개달린 새들이 하늘에서 만나 끝이없는 듯이 이어지고)

慕智多 愼難多 모지다 신난다
(뒤를 따르는 지혜로운 자가 많아, 어려운 일을 이룩함 또한 많았다)

殆勸部罹 萬巒塞 태권부이 만만새
(위해로운 권력은 근심을 불러오니 만개의 산을 넘어 떠나감에)

懋笛意 憂理親舊 무적의 우리친구
(아름다운 피리의 뜻만이 근심을 다스리고 친함을 오래케 하였으며)

跆勸扶理 태권부이
(권력을 멀리하고 서로 도움으로써 다스리더라)

사연있는 신청곡 받습다. 가사 날려주시기 바람다. 혹 세일러문 가사전문 아시는 분도 연락바람다. 꾸벅.

— 음유한시인 김홍철 muphy@netsgo.com

사회

[성역 없는 르뽀] 짬장의 세계, 이제 또 말해주께...
[딴지캠페인] 치한을 박멸하자!(3)
[교육] 명랑 성교육을 시켜주마(1)
[속보] 박지녕 허리우드 진출한다!

수습기자가 보내는 편지...

http://ddanji.netsgo.com

사회

성역 없는 르뽀
짬장의 세계, 이제 또 말해주께...

군(軍) 내부의 군기확립 이단아 짬장은 명랑군대의 파수꾼인가 아님 난봉꾼인가의 논제로 본 우원 홀로 본사사옥 37층 대회의장에서 고민을 쎄렸다. 지금껏 어둠의 세계에 대한 몸 바치는 취재를 감행하고서 다시 일반인이면 엄두도 못 낼 군조직 내 짬장의 세계를 파헤치기 위해 홀로 항문을 씻고 똥고스토밍에 돌입해 아이디어를 짜내었던 것이다.

딴지캠페인
치한을 박멸하자!(3)

본 내용은 100% 사실이고 그래도 못 믿는 넘이나 논은 인천 주안1동 파출소에 가서 함 확인하기바람.

본 수습기자는 최모로, 1998년 11월 7일 토욜날 마누라 김모 여인과 졸라 예쁜 아들 최모 주니어랑 결혼식에 갔다가 롯데월드에서 디비 놀다가 집인 인천으로 돌아가기 위해 2호선 지하철을 타고 신도림에서 1호선으로 갈아탔다...

사회

교 육
명랑 성교육을 시켜주마(1)

본 기자가 정말 암것도 모르던 시절, 어렸을 적인... 작년 겨울... 부터 지금까지 살아오면서 때론 충격적으로 때론 처연하게 깨달은 성에 대한 진실들을 그날 그날 담담하게 수기형식으로 적은 글들을 여기 공개한다.

때론 본 기자의 무지가 부끄럽기도 하나 오로지 잘못된 성지식을 가지고 오늘도 명랑사회와 동떨어진 생활을 하고 있는 민족동포들을 깨우쳐야겠다는 거룩한 마음 하나로, 구성애 씨가 아우성을 쳤다면 본 기자는 울부짖으며 이단 옆차기하는 심정으로 이렇게 본 기자 수기를 공개한다.

이 글을 보시는 독자 여러분도 자신의 성에 대한 무지를 깨닫고, 하나라도 더 알아야겠다는 의지로 일신우일신할 것을 당부드린다. 21세기 명랑사회는 건강하고 명랑한 성지식 없이는 결코 실현될 수 없다.
자 그럼 이제 드뎌 21세기 명랑사회를 홀러덩 열어제낄 역사적인 명랑 성교육을 시작한다. 되도록 받아 적기 바란다.

속 보
박지녕 허리우드에 진출한다!

박지녕이 국내 연예인 누구도 이룩하지 못한 허리우드 본격 진출을 마침내 이룩하는 쾌거를 일궈냈다...

사회 11월 23일(월)

[성역 없는 르뽀] 짬장의 세계, 이제 또 말해주께...

　군(軍) 내부의 군기확립 이단아 짬장은 명랑군대의 파수꾼인가 아님 난봉꾼인가의 논제로 본 우원 홀로 본사사옥 37층 대회의장에서 고민을 쎄렸다. 지금껏 어둠의 세계에 대한 몸 바치는 취재를 감행하고서 다시 일반인이면 엄두도 못 낼 군조직내 짬장의 세계를 파헤치기 위해 홀로 항문을 씻고 똥꼬 스토밍에 돌입해 아이디어를 짜내었던 것이다.

　그러나 역쉬 역부족인가... 아이디어 배설이 도통 되질 않고 헛방구질만이 본 우원의 맘을 어지럽히고 있었다. 그렇다고 이 대목에서 결정적인 순간마다 날라버리는 총수 및 기자단 배신자들의 도움을 받을 순 없었다. 아, 창녀촌 취재 때의 악몽이 또다시 머리를 때리는구나... 이때, 아니나 다를까 전화벨이 울렸다. 당근, 날렵하게 받아내었다.

　　안우원　　 : 명랑표정 안우원임다.
　　전화한 넘 : 초옹 성!!
　　안우원　　 : (씨바 뭐야?) 말씀하세요... 제보 바람다.
　　전화한 넘 : (크고 우렁차게) 통신보안 김상병임다.
　　안우원　　 : (아, 심봤다) 김상병님... 짬장이심까?
　　전화한 넘 : 그렇슴다. 휴가나왔슴다. 짬장, 그걸 알려줄람다.
　　안우원　　 : (드디어, 취재할 수 있다니 흥분된다.) 곧 그리로 감다. 기
　　　　　　　 둘려 주시기 바람다.

　장시간의 똥꼬 스토밍으로 확장된 항문을 포도주병에 끼겨있던 코르크를 빼서 급히 막고 김상병을 만나기 위해 그리로 달려갔다. 가

서 술 사주고 밥 사주고 청량리 588까지 보내주며 다 취재해 버렸다. 민간인 사이에서는 그냥 상병 고참급 군기반장 정도로만 알려져 있는 짬장의 세계... 자 이제 그 실체를 국민정부를 맞이하여 열라 까발려 알려주련다.

1 짬장... 그 개념과 역할을 말한다

군 현역병 기준 짬장의 계급은 상병 말호봉이다. 이 시기는 군생활 1년 6개월 이상의 생활로 눈치가 빠르고 처신에 능하여 노련한 주임상사나 인사계(현 보급행정관) 등의 중상사 계급 정도가 아니고선 이들을 감히 견제하지 못한다는 게 군 내부의 분위기다. 어설픈 중대장이나 갓 부임한 소대장들은 잘못 앵겼다간 짬장 및 그 졸개들의 무언의 개김과 따돌림으로 항문이 후벼파지는 고통을 감내해야 한다.

유일한 짬장의 배후에 대해서도 세인들의 썰이 분분했지만 그 윗계급인 병장 3,4호봉선이라는 게 작금 정설로 확립되어 있다. 즉, 짬장의 배후는 병장 3,4호봉이고 그 견제세력은 주임상사 또는 인사계가 되겠다. 짬장의 어원은 짬밥에서 나온다. 군대밥을 뜻하는 짬밥을 훈련 중 배식하고 식기세척을 담당하며 기타 배급된 주부식 관리를 도맡아 하는 위치가 고참급인 짬장이 해야 할 일인 것이다. 짬장의 역할에 대해선 각 부대별로 약간의 차이가 있으나 다음과 같은 3가지 역할이 정설로 통한다.

❶ 먹거리 관리자 썰

전방부대나 야전부대에서 자체적으로 위상을 정립한 썰이다. 짬장을 설명해주는 대표적인 썰이며 국내 다수의 군사전문가들의 지지를 받고 있는 썰이기도 하다. 훈련 중 주부식을 타오고 분배하는 과정을 통합 관리하며 맘에 드는 병장들에게 씩 웃으며 좀더 퍼주고 평

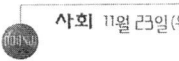

사회 11월 23일 (월)

소 졸라 고문관인 넘들에겐 건더기는 빼고 국물만 주는 엽기적인 행동도 서슴지 않는다.

식사 후 반납한 식기를 취합해 세척하며 식기세척장 출입관리의 엄격함을 강조키 위해 경례를 철저히 받고 있으며 식기세척장에 종종 쫄따구들을 집합시켜 군기를 잡고 간혹 열받을 시엔 빨래비누나 주전자를 던지거나 바가지로 호박을 쎄려 공포감을 조장하기도 한다.

❷ 시어머니 썰

며느리를 갈구는 일부 시어머니의 행태를 접목시켜 만든 썰로 여군 하사관들이 주장하는 썰이다. 짬장은 상병급 중에서도 최고참이고 병장 진급을 앞둔 위치에서 내무반의 규율을 위해 갓 상병들과 그 아래 일병들의 엄격한 군기확립을 위해 벌이는 제반의 활동을 시어머니의 활동에 빗댄 이론이다. 꼬장꼬장하게 일병들을 간섭하고 이등병들의 군기가 저조할 시엔 그 윗계급인 일병들을 집합시켜 한딱까리 한다.

내무반의 청소상태 관리 및 각종 비위생범 척결을 위해 쫄병들 빤수와 손발톱에 낑긴 때를 검사하고 대변 후 똥을 제대로 닦고 들어오는지를 감시하고, 발냄새가 어디선가 나기 시작하면 끝까지 추적해 범인을 잡아 응징하는 등의 역할을 한다.

❸ 일당 백 썰

상병 말호봉의 위치는 군대 생활의 절정기이며 노련기라는 가정에서 나온 썰로 짬장들 스스로 열라 주장하는 썰이라 신빙성이 있을까 말까 아리까리하다. 짬장의 위치에 오르기까지 숱한 난관을 극복하고 모진 기합과 군기확립으로 단련되어 더 이상 군생활에 배울 것이 없는 신의 경지에 올랐다는 주장이다.

고로 자신들이 함 삽질하면 어설픈 일이등병 수십 명이 삽질하는 것보다 더 빠르고 정확하며 자신이 빗자루 함 들면 연병장 낙엽은 단 몇 분에 싹쓰리한다는 다소 과장된 주장도 한다. 허나, 군생활 수십 년씩 한 하사관들은 이러한 썰에 대해 헛웃음치고 있는 실정이다.

이 밖에도 병장들의 주장인 '알랑방구 썰'과 장교들의 주장인 '잔대가리 썰'이 있는데 군사학계에선 지지기반이 적은 싸이비 썰로 치부하고 있어 취재할 필요가 없는 썰이라고 본 우원에게 멸공연구원의 한 관계자가 실토했다.

2 짬장... 그 권력은 어디서 나오는가

베일에 쌓인 짬장의 권력실체를 규명하고자 본 우원은 국방부와 각군 본부 및 3군사령부를 맨몸으로 뛰어다니며 취재했다. 이미 '창녀촌 취재사건'으로 가정과 친구들 사이에서 버림받은 본 우원... 더 이상의 두려움은 없었다. 다 나와라, 씨바들아! 아, 흥분했다. 진정해야쥐...

짬장 권력은 내무반에서 막강한 힘을 발휘한다. 그 한마디에 일이등병들의 항문이 벌렁거리는 긴장감을 유발하고 눈알을 상하방 45도 각도로 함씩 부라리면 내무반 청소상태 및 군기가 신속히 확고해진다. 대체 그 경외스런 힘은 어디서부터 오는 것일까. 국방대학원에서 '짬장학'을 수강생 없이 홀로 8년여 간 연구 강의하는 정재숙 교수를 통해 그 힘의 원천에 대한 비밀스런 자료의 일부를 입수할 수 있었다.

i 권력위임썰

짬장의 윗 고참들인 병장 1호봉과 제대를 앞둔 말호봉까지 세력들이 자신들의 안위를 위해 악역을 짬장에게 떠맡기는 것이라는 썰이다. 즉, 병장들에게도 짬장만한 힘과 계급이 뒷받침되지만 일일이 쫄

사회 11월 23일 (월)

병들 군기를 잡느라 제대를 앞두고 그들의 원성을 사다보면 사회에서 자칫 테러당할 수 있다는 공포심에다 제대 후 사회생활에 적응해 가야 하는 병장의 위치와 반사회적인 이단아 짬장의 역할은 배치된다는 이론이 접목되어 나온 썰로서 짬장에게 모든 권한을 위임하고 병장들은 뒷짐지고 제대 후를 설계한다는 이론이다.

권력창출썰

상병의 권력은 위임받은 것이 아니라 스스로에 의해 조직된 것이라고 주장하는 다소 진보적 이론이 되겠다. 상병 말호봉의 위치에서 그간 터득한 각종 잔대가리와 처세술을 펼쳐보이며 그 파워를 과시할 시기라는 썰이다. 병장들의 묵시적 동의하에 상병들 스스로 짬장을 추대하고 짬장의 행동에 따른 결실을 병장들에 상납해 그 권력을 이어간다는 썰로, 권력위임썰이 병장들에 의해 주도되는 수직적 위임이라면 이는 상병들 스스로의 결단에 의한 수평결단주의적 성격을 띄고 있다.

3 짬장의 하루일과를 밀착 취재해서 알려줄란다

그간 삐끼, 화장실 욕쟁이 아줌마, 창녀촌 등 사회엽기성 기사만을 취재하고자 하는 본 우원은 첨으로 특수조직인 군대조직, 그중에서도 입소문만 무성하고 그 정체를 정확히 아무로 몰라하던 짬장의 세계를 취재하고자 국내 가판대 르뽀 사상 처음으로 강원도 화천의 모사단에 홀로 진격했다.

썬데이 서울... 이젠 뉘들의 시대는 갔다. 지난번 창녀촌 기사로 인해 가판대 판매량에서 이미 썬데이 서울을 눌러버린 데서 오는 자긍심으로 본 우원의 취재사기는 한없이 드높았다. 그러나, 이게 웬일인가. 위병소 정문에서 본 우원의 출입을 통제하는 것이다.

아, 또다시 알 권리가 유린되는구나. 자괴감에 몸을 떨며 다시 서울로 와서 국방부에 정론지 딴지일보 논설우원의 신분을 공개할 수밖에 없었다. 당근, 국내 유일의 엽기정론지 딴지일보의 취재만큼은 성역없이 협조한다는 국방부 피엑수(PX) 화장실 청소부 아줌마의 3일 밤낮 계속된 휴지통 방치 및 청소거부로 관계자로부터 마침내 사단출입증을 발부받아 다시 가서 다 취재해 버렸다. 아, 내 언젠가 화장실 아줌마의 도움을 함 받을 줄 알았다. 짬장의 하루 일과... 이제 국내 최초로 그것을 알려줄란다.

❶ **기상 직후...** '빰빠라빰빠빠' 기상 나팔소리가 나면 짬장은 노련한 자세로 스무스하게 일어나 내무반 전체를 쫙 훑어본다. 일이등병들의 기상 및 침구정리 속도를 머릿속으로 함 체크하고 몇 마디 소리를 내지른다. "빨릿! 어, 동좌봐라 씹송들." 이에 군기가 잡힌 일병이 그 아래 이등병에게 발길질을 좀 하는 것을 흐뭇하게 바라보고 병장들 침구정리를 도와서 일사천리로 정리를 완료한 후 아침점호 집합에 나선다.

아침점호 때 맨 앞쪽에 먼저 나가 도열해 있는 일이등병들 뒤로 붙어서 점호 진행상태를 체크한다. 애국가나 군가 부를 때 소리가 작을 시엔 뒤에서 함 중얼거려준다. "목소리 것밖에 안 나와...씨방새들." 이렇듯 아침엔 주로 입으로 군기를 잡는 시기로 보면 되겠다.

❷ **아침식사 전후...** 식사시간에 먼저 식사를 마친 후 세면장(식기세척장)에서 짬장들(상병 말호봉과 고참급 상병들)과 말 안 듣는 '고문관 고롭게 굴기' 및 '병장들에 알랑방구꾸기' 및 '인사계 피해서 짱박히기' 등의 논제로 명랑한 토론을 함 벌이고 식기세척준비를 한다. 세척장에 들어오는 졸병들의 아래 위를 야리기도 하고 때론 소리도 버럭질러 혼을 빼놓는 시기다. 상병들은 수북히 쌓인 고참들의 식기를

사회 11월 23일 (월)

세척하고 짬장은 이를 감독, 관리한다.

❸ 일과 중… 짬장에 대한 그 어떤 연구도 일과중의 짬장의 행태에 대해선 밝혀내지 못했다. 그러나 괄약근에 박힌 똥가루들이 최후의 저항을 하며 몸을 숨겨도 찾아내고야 마는 본 우원의 정밀한 탐구정신 앞에서 성역은 없다.

일과 중의 짬장은 좀처럼 전면에 나서지 않는다. 허나, 주요 의사결정이나 매 고비고비마다 적시에 등장해 짬장의 역할을 다 한다는 게 본 우원의 레이다망에 포착되었다.

야전훈련 나가서 제일 먼저 짬장은 야외변소 건설작업을 주도한다. 똥뚝간이 서야 할 자리를 풍수지리학적 구라로 지정해주고 신속히 구덩이 파는 것을 독려하며 그 담에 야전텐트 건설을 진두지휘한다. 사격장에서는 사격장 군기를 잡는 장교들과 합세하여 군기를 배가시키는 역할을 하며 작업시에는 삽쥐는 자세에서 삽질하는 요령에 이르기까지의 제반 매뉴얼을 일이등병들에 전수하여 작업효율을 극대화하는 등의 순기능적 역할을 하기도 한다.

그러나 군기를 빙자한 잦은 집합과 기합으로 전투력을 저하시키며 짬장들끼리의 담합으로 기름진 음식이나 빵,우유 등을 독점해 장병들의 영양불량상태를 유발하기도 하는 등의 역기능적 측면도 있다고 한 일병이 야윈 갈비**뼈**를 본 우원에게 드러내며 울부짖었다.

❹ 일과 후 취침 전… 이 시기가 짬장의 파워가 빛나는 때다. 일과 후에 짬장은 내무반의 제반 군기를 장악, 확립한다. 병장들의 안락한 휴식보장과 간부들의 개입방지를 위해 내무반 곳곳을 동에 번쩍 서에 번쩍 휘젓고 다니는 시기다.

이때 주목할 군기는 내무반 청결과 TV 시청 군기로 압축할 수 있다. 내무반 청결을 위해 이등병은 쓰레기통 비우기와 걸레빨기, 일병

초봉그룹은 침상걸레질, 일병 중말호봉급은 빗자루질 및 군화닦기, 상병 초봉그룹은 관물대 및 위생상태점검을 하며 상병 중말호봉급은 식기세척 및 주부식관리 등의 역할을 하도록 세분화해주고 짬장은 이에 대한 총감독을 한다. 만일 이병이 일병이 해야 할 빗자루를 잡는 불상사가 발생하면 즉각 개입해 찐하게 한딱까리를 함으로써 시정조치한다.

TV 시청시 앞부분에 병장들이 난잡하게 드러누워 보고 그 뒷편 첫줄엔 갓 들어온 신병그룹이 그 뒤로 서열에 따라 바른자세로 도열해 시청토록 관리한다. 과거 병장들로부터 '짬장의 달인' 칭호를 받았던 모 전방사단 출신의 홍모 씨는 취재 중 본 우원과 만난 자리에서 자신의 업적으로 명절날 연휴 때마다 TV 방송순서를 신문에서 오려 TV 밑에 붙였던 점과 이병 중 날쌘넘으로 하여금 리모컨이 되도록 해 병장들의 TV 채널 선택을 편안케 했다고 자랑스레 웃었다. 조또.

4. 사회의 구석구석에도 짬장은 살아 있다

병사 중에서 최고참급인 병장으로 가기 위한 마지막 길목에서 분연히 떨쳐 일어나 몸부림치는 상병 말호봉 짬장의 암묵시적 역할에 대해 취재하던 중 본 우원은 군조직이 아닌 우리 사회 곳곳에도 이와 같은 짬장들이 설치는 것을 목격할 수 있었다. 아, 짬장은 사회에서도 살아있던 것이다.

위로부터의 그 어떤 지시도 안 받았는데 자신들이 마치 윗분의 분신인양 책임질 수 없는 말을 내뱉고 자신의 행동이 마치 윗분의 뜻인양 스스로 착각하여 오버액션하는 넘들이 그런 넘들이 되겠다. 무슨무슨 실세니, 무슨무슨 측근이니 하며 국민들을 호도하는 이와 같은 짬장들이 사회곳곳에서 설쳐대는 것을 보자니 명랑사회가 조또 쫭되겠다는 우려감이 밀려온다.

사회 11월 23일 (월)

　김데중 님은 현 정권 아래서 유독 큰 목소리를 내며 좌충우돌하는 짬장세력들을 걍 두지 말고 상병 계급장 달아주고 군대 보내 버려야 한다. 아울러 회사조직이나 기타 조직체에서도 아랫사람을 조져서 윗사람에 아부하느라 과도하게 거품무는 짬장들에게 가차없는 똥침을 쏴주셔야 할 줄로 안다.
　더불어 사는 21세기 초우량 명랑사회에선 군조직에서와 같은 짬장은 필요없다는 게 본 우원의 마지막 취재소감이다.

- 논설우원 안동헌 p7170@mail.hitel.net

[딴지캠페인] 치한을 박멸하자!(3)

　본 내용은 100% 사실이고 그래도 못 믿는 넘이나 눈은 인천 주안1동 파출소에 가서 함 확인하기 바람.
　본 수습기자는 최모로(본 기자가 사회적 명망이 있는 관계로... 또 아직도 본 기자가 총각인 줄 아는 몇몇 노인네로 말미암아 이름은 숨기기로 하겠음...), 1998년 11월 7일 토욜날 마누라 김모 여인과 졸라 예쁜 아들 최모 주니어랑 결혼식에 갔다가 롯데월드에서 디비 놀다가 집인 인천으로 돌아가기 위해 2호선 지하철을 타고 신도림에서 1호선으로 갈아탔다.
　어느 넘이 눈을 부라리며 자리를 양보하길래 아이를 안고 있던 본 기자는 그 자리에 앉았고 처인 김모 여인은 본 기자 앞에 서 있게 되었다.
　몇 정거장을 갔을까? 그 지하철은 부평행이라 사람이 별로 많지 않았다. 인천행 타는 사람은 다 안다. 인천가는 사람은 부평서 다시 인천행으로 갈아타기 때문에 기냥 담차를 기다려따가 타는 경향이 있기 때문이다. 씨바.
　그런데 부천쯤에서 어느 머리쉰 논내가 본 기자 처의 뒤에 회수권 한 장 차이로 자지를 완존히 밀착하고 다가서는 것이었다. 본 기자 똥꼬에 힘을 빡주었지만 그래도 노인네가 힘이 들어 몸이 기울었겠지 한고 생각했다. 그러나 울 마누란 긴장해서 본 기자 앞으로 한 걸음 바짝 다가섰다.
　본 기자는 그때까지도 '이건 아니다. 저 노인네가 설마...' 하는 생각이었다. 그러나... 그 논내는 다시 자지를 울 마누라의 통통한 힙에 비비는 것이었다.
　나는 순간적으로 발을 들어 그 논내를 걷어차려는 순간 내 품에 안

사회 11월 23일 (월)

기어 곤히 잠든... 내 목숨보다 소중한 아들이 놀라서 깰까 봐 발을 허공에서 그냥 내려놓았다.

그러자 그 씨방새는(앞으로 이렇게 호칭하겠다. 간혹 씨박색히라고 해도 같은 넘인 줄 알기 바란다.) 옆칸으로 황급히 도망을 갔고 나와 울 마누란 별 미친 넘이 다 있다는 야기를 했다.

아마 나랑 동행이 아닌 줄 알고 그 씨방새가 수작을 한 것이리라... 흥분을 가라앉히자 어느새 부평... 열차는 서고 모든 사람이 내렸다. 나는 미친 듯이 그 씨박색힐 찾았다. 울 마누란 그만 두라고 성화다. 그러나 본 기자 평소 본지의 치한을 척결하자는 캠페인에 적극 동감하며 그런 씨방새 걸리면 후장에 김장용 조선무우를 박아 버리리라... 라는 맹세를 해오던 바라... 그 씨방새를 끝까지 찾았다. 이런 건 포기하면 안 된다. 누군가 또 당한다.

오...! 신이시여 그 치한은 인천행 열차를 기다리는 여자의 뒤에서 또 자지를 밀착시키고 있는 것이었다. 본 기자, 그 씨방새의 지칠 줄 모르는 엽기성에 무릎 꿇고 머리를 조아리지 않을 수 없었다. 감격이 가시자 본 기자 그곳 신문가판 아씨에게 경찰서나 역무실 전화번호를 물었고 032-525-7788이라는 번호를 얻어냈다. 본 기자 잽싸게 신고를 했다. 그런데 경찰 또는 그 흔한 역무원 하나 오지 않는 것이었다. 시간은 자꾸 흐르고... 아... 내 똥꼬는 타오르기 시작했다.

결국 인천행 열차가 오고 그 치한 영감은 앞선 여인네의 궁뎅이를 따라 탔다. 본 기자 이 넘을 노칠새라 따라 타며 창 밖을 보자 씨바... 경찰 둘이 그제서야 온 것이다. 나는 문틈에 발을 넣고 "아자씨!!!"를 졸라 크게 두 번 외쳤지만 지하철은 출발해 버렸다. 졸라 열받아 존장 비싼 PCS의 리다이얼 버튼을 눌렀다.

그래서 상황을 설명하니까... 하는 말... "그럼 할 수 엄써여... 우린 못 잡아여..." 이런 천인공노할 대답이 어디 있단 말인가? 늦게 와서 못 잡았으면 '어느 역에 연락을 취하겠다. 그때까지 예의 주시하고 있어라.' 하는 것이 경찰의 임무 아닌가? 본 기자 귀를 의심하면서 울분을 삼키고 있었다.

열차는 부평 담 역인 백운에 도착하고 있었다. 본 기자 전화에 대고 "지금 백운이다. 담이 동암역이고 그 담이 간석이다... 동암은 빠듯하니까 간석 역에 사람을 보내달라..."고 경찰에 은밀한 지시를 내렸다. 씨바... 경찰에게 이런 지시를 하다니...

이런 주도면밀한 작전을 세우다니... 씨바... 가슴이 벅찼다. 전화를 끊고 그 논내를 보니 아! 넘치는 정력이여... 젊어서 뱀, 자라, 해구신으로 무장을 했는지 여기 저기를 돌아다니며 마냥 비벼대느라 나의 눈초리는 전혀 의식하지 못하고 있었다.

드여 간석역! 본 기자 출구를 몸으로 막고 밖을 보니 쓰벌... 아무도 엄써따... 그 절망감... 본 기자 분루를 삼키는데 계단을 허겁지겁 내려오는 두 역무원...

본 기자... "아자씨~ 났어요! 여기요, 여기!"라고 졸라 외쳤다.

졸라 힘들게 자초지정을 설명한 본 기자는 완강히 저항하는 치한과 함께 주안역에서 내렸다. 그제서야 본 기자 안도의 한숨을 쉬었다. '아! 내 손으로 치한 하나를 박멸하게 되었구나...'

그러나 진짜 사건은 그때부터였다. 경찰이 민중의 지팡이라고? 어느 씹송이 그랬던가? 내 눈앞에서 내 처를 추행한 현행범이 과연 어떠한 식으로 다루어졌는지 여러분은 상상도 못할 것이다.

아, 씨바! 대한민국의 경찰이여!

주안역사에서 우리 부부는 기가 막힌 광경을 목격하게 된다. 간석역에서 온 역무원은 주안역 직원의 극진한 대접을 받으면서 캔커피를 마시면서 담배를 피우고 좋다고 낄낄대고 있었다. 여기까진 좋다. 그런데 그 치한이 도망을 가려고 하는데 전혀 관심이 없는 것이다.

우리 부부는 4~5차례나 "저 사람 도망가요!"를 외치며 문앞까지 도망가는 그 노치한을 잡아두었다. 10분이 지나고 20분이 다 되간

사회 11월 23일(월)

다. 아직도 경찰은 오지 않는다.

"아마 파출소가 먼가 봐..." 나는 무슨 경찰이 이렇게 늦게 오냐며 다시 전화를 해보라는 처의 짜증을 이렇게 달랬다. 얼마가 더 지났을까? 두 명의 폴리스가 어슬렁 나타났다. 여전히 소리를 치며 우리를 협박하던? 그 치한은 여전히 너희 사는 곳이 어디냐, 이러면 좋을 것 없다...며 으름장을 놓고 있었다... 밖으로 나온 우리는 대기한 빽차에 올라탔고 탄 지 20여 초 만에 내리라는 소릴 듣고 소스라치게 놀랐다.

"오잉?" 아! 파출소는 걸어서 2분도 채 안 되는 거리에 있었건만 우리의 경찰 아자씨들은 뭐하다 20여 분이나 걸렸단 말인가? 사실 나는 인내심이 꽤 많은 편이지만 불과 100미터도 안 되는 거리에서 20여 분만에 출동한 경찰의 작태에 울분을 금할 수 없었다.

이건 분명한 직무유기다. 조또...!

드뎌 여긴 주안1동 파출소다. 한 경찰이 사건의 경위를 듣자고 했다. 나는 주저리 주저리 까발겼고 이제 되쩌여? 하며 물어보자,

경찰 : "그게 무슨 역이라구요?"
나   : 에?
경찰 : 아니 아저씨 부인에게 비벼댄 것이 무슨 역이냐구요?
나   : 그게... 부천역인가? 소사역이었나? 아마 부천역이었을 꺼
       예요...
경찰 : (더 짬밥 많아 보이는 경찰을 보면서)... 그럼 구역이 아닌데요?
나   : ...! 말없이 그 둘을 갈구고 있음...
짬밥많아 보이는 경찰 : (나를 보더니...) 아니... 그냥 입건해...!

자... 그 말많고 탈많던 관할권... 달리는 지하철에서 잡은 범인을 관할권 탓하는 우리의 대한민국 경찰... 그들은 너무도 위대했다. 정말 법대로 하는 사람들이었다. 세상 어느 나라 경찰이 달리는 지하철

안에서 잡은 범인을 가지고 관할권을 논한단 말인가? 우리는 이 사람들이 우리의 안전을 지켜줄 것이라고 알고 있다. 눈물이 난다...

　허탈함에 사로잡힌 나와 내 처에게 그 경찰이 질문을 한다.
　"그런데 그때 이 사람(그 치한을 말함)이 자지를 꺼내고 비벼댔나요?" "에?" 나는 순간 눈앞이 깜깜하고 귀가 멍해졌다. "뭐라구요?" 내가 기가 막혀하자 그 우리의 경찰은 다시 한 번 물었다. "꺼내고 비볐냐고요...?" "아뇨..." 아내는 얼굴이 붉어지고 눈물까지 나오려고 했다.
　그 상황에서 늙은이의 자지를 꺼내고 말고가 무슨 상관이 있나? 집사람은 유부녀에 애까지 낳았다고는 하지만 아주 곱게 자란 여자다. 즉 외간남자가 그런 외설스런 말을 꺼내면 대답조차 하기 어려워하는 그런 평범한 여자에게 어떻게 그런 말을 씨부릴 수가 있단 말인가? 그것도 경찰이...
　내가 흥분해서 그게 중요하냐고 하자 그때 파출소 소장인 듯한 늙수그래 한 경찰이 다정한 눈빛으로 나를 보잔다... 나는 눈만 껌벅거리면서 그를 따라 파출소를 나왔다.

　　늙수그래 : 기분 나쁘지요?
　　나　　　 : 당근이져...
　　늙수그래 : 나이도 많이 드셨던데...
　　나　　　 : 근데여...?
　　늙수그래 : 술도 한잔 한 것 같은데...
　　나　　　 : 그래서 우짜자구요?
　　늙수그래 : 이쯤에서...(말끝을 흐리면서 결정적인 말은 피한다...)
　　나　　　 : 나는 저 사람을 처벌하려고 경찰에 전화를 해대면서 부천에서 주안역까지 따라온 사람입니다. 그런데 무슨 소립니까?

사회 11월 23일 (월)

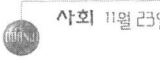

늙수그래 : 으흠... 알았습니다...

이거... 대학물 안 먹고 고등학교 졸업장 없어도... 사람이면... 글만 읽을 줄 안다면 경찰이 무슨 말 하는지 다 안다... 씨바... 나는 이 대목에서 할 말을 잃었다.

어떻게 경찰이 나서서 잡아야 하는 범인을 현장에서 적발한 시민이 파출소까지 데려왔는데 그만 보내주라는 말이 나오는가? 이것이 민중의 지팡이란 말인가? 이제 우리는 누굴 믿고 살아가야 하는가?

며칠 전 뉴스에서 어느 경찰서에서 체포된 깡패의 두목과 경찰서 형사들이 같이 술을 마셨다는 보도가 있었지만 사실 나는 내 피부에 와닿지 않았다. 그런데 내 눈앞에서 내 처를 추행한 치한을 넘겼는데도 나에게 없던 일로 하자는 경찰의 얼굴을 보자... 마치 그 경찰의 얼굴에 토하고 말 것 같은 역겨움을 느끼지 않을 수 없었다.

이것이 내가 본 1998년 11월 어느 날의 우리 대한민국 경찰의 참 모습이었다. 다시 파출소로 들어온 나는 조서를 꾸미고 가려고 했다. 그런데 경찰이 이상하게 조서를 꾸미는 것을 미기적거리며 미루는 것이다. 조서는 그냥 쓰면 되는 것 아닌가? 자꾸 우리에게 묻는다. 이거 쓰실 거예요?

"당근이죠..." 그 사이 치한이 또 소리친다... "이 아줌마 이상하네... 내가 언제..." 한바탕 소란이 진정되자... "이거 쓰실 거죠?" 참 이상하다. 왜 그럴까? 나는 순간 내 귀를 의심할 수밖에 없었다. 도데체 왜 경찰이 사건을 접수하는 것을 미루려고 하는 것인지... 이것은 아직도 모르겠다.

이때 집사람이 눈물을 글썽이며 말했다. "아저씨, 제가 만약 혼자였고 저를 추행한 치한이 저 사람보다 젊은 사람이었다면 제가 여기에 이렇게 있을 수 있겠어요? 제가 여자 몸으로 치한을 신고하고 이렇게 파출소에서 자초지종을 얘기할 수 있다고 생각하세요?"

경찰은 묵묵부답이었다. 내가 이토록 답답한데 당사자인 집사람은 얼마나 절망감을 느꼈을 것인가? 정말 통탄할 일이다. 집사람은 모든 것을 포기한 채 그냥 가자고 했다. 여기서 신고해봤자 저 사람들 태도로 봐서 뭐가 되겠냐고... 그러나 그 치한에게 사실을 인정하고 정식으로 사과를 받아야 겠다고 했다.

순간 경찰의 눈이 번뜩였다. 그 치한에게 말하길 정식으로 사과하고 끝내라고... 나는 집사람의 의사를 존중했다. 그런데 그 치한은 끝까지 기억나지 않는다는 것이다. 씨바... 그냥 가려니까... 몇몇 번의 큰소리가 오가는 중 집사람이 "무릎을 꿇고 빌면 그냥 보내주려고 했는데... 어쩌구 저쩌구..." 하는 말을 하자 그 치한은 갑자기 무릎을 꿇고 비굴하게 싹싹 비는 것이다.

"내가 기억은 나지 않지만 용서해 주세여..." 정말 오바이트 할 것 같은 상황이었다. 그 비굴함이란... 하지만 끝까지 인정을 해야 한다는 집사람의 말에 그 치한은 결국, "제가 그랬습니다. 다시는 안 그러겠습니다. 한 번만 용서해 주세요..."라는 추행의 인정과 사과를 했고 우리는 연락처를 남긴 뒤 총총 빠져나왔다. 그 민중의 지팡이가 있는 곳을...

나오기 전에 본 그 치한의 주민등록증에는 이렇게 써 있었다. 1938년생 이름 박요한... "나는 모태신앙인데 어떻게 그럴 수 있나." 며 고함치던 치한... 경찰 중 한 명이 그랬다. 이런 늙은 치한은 처음이라고... 내가 그랬다(속으로) '너희 같은 경찰도 처음이다...'

나는 이제부터 절대 경찰을 신뢰하지 않을 작정이다. 그들을 보면 바퀴벌레처럼 볼 것이다. 내 자유니까... 또한 누가 지하철 또는 버스에서 추행을 당하면 절대 신고하지 말라고 할 것이다.

이유는,

첫째, 연약한 여자가 치한에게 맞을 위험이 있고(실제 그런 경우가 있다고 한다.)

사회 11월 23일(월)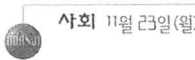

둘째, 경찰이 제때 와서 치한을 잡는다는 보장도 없고

셋째, 관할권 문제가 필연코 발생한다. 북의정부에서 출발하는 1호선 지하철을 탄 여자가 성추행을 당해서 인천역에서 범인을 잡았다면 우리는 도봉구, 노원구, 동대문구, 종로구... 수없이 많은 지역의 관할권 싸움에 들어간다...

넷째, 경찰서에서 여자가 말하기 힘든 이상한 질문을 받을 수 있고, (자지를 꺼냈냐... 어쩌면 이런 질문도 가능할지 모른다. 섯나요...? 섯다면 굵기는 비비빅? 길이는 ... 쭈쭈바?... 어쩌면 우리의 누이, 처, 옆집 아줌만 이렇게 조서를 꾸밀지도 모른다. "저기요... 도봉에서 뒤에서 비볐구요, 월계역에서 손으로 더듬었어요... 회기까지... 글구 동대문까진 가슴을 쿡쿡 건드렸구요... 신도림에서 싼 것 같아요... 줄어들드라구요... 참, 자진 안 꺼냈어요...")

다섯째, 자꾸 소 취하를 종용한다.(이해되지 않는 부분이다.)

담달 월급 타면 나는 올 마누라에게 선물할 것이 하나 있다. 바로 3만 볼트로 지지는 거... 국내서 사기 힘들면 인터넷에서 주문할 거다. 꼭!

경찰을 믿는 것보다 낫다고 확신한다. 이제부터 내 마누라는 안심하고 지하철을 탈 수 있을 거다. 치한이 오면? 확실하게 즉결심판을 하게 될 거다. 내 마누라는... 3만 볼트...! 빠지직!

기다려라 치한들... 올 마누라만 건드려봐 씨바...

전기충격기가 없는 요성분들을 위해 독자투고란을 통해 제보하신 '강심장' 씨의 투고를 게재한다. 요성들이여 건들면 쥑이뻐라.

• Date : 7 Nov 1998 14:40:36 +0900

지난 3월이었어요. 친구년 결혼한다고 함 받으러 지하철을 타고 졸라 머리 찍어가며 졸다가 문득 고개를 들어보니 2명의 넘들이

11월 23일 (월) 사회

타더군. 그중 한 넘과 눈이 마주쳤는데 어허~이거 눈빛이 장난이 아녀! 어떻게 아느냐고? 치한들 아작내기 30년... 어찌 모를 수가 있나... (참고로 저는 3년차 아줌마, 나이는 30세임＋왕비암 말기... 호호)

글쎄 이넘이 3월인데 졸라 긴 롱코트를 입었어. 내 앞에 탁 스더군. 필이 오더군. 이 넘과 나머지 한 넘을 제외한 모든 승객은 앉았어. 속으로 카운트다운을 시작했지. 10부터.

5를 셀쯤 이 넘이 물건을 나에게 전시를 했어. 순간 강심장인 본인도 쬐금 떨리던 걸...왜냐? 남편 것 빼구 넘의 것은 첨 보니까...호호 내가 통박을 굴리는 동안 이 넘은 내가 좋아하는 줄 알고 1분 간격으로 보여주더군. 아쉽게도 옆자리 아줌마들 왜 다 자빠져 자는 것이지?

3회가 지난 후 난 이 넘말고 딴 넘에게 말을 하였어. "아저씨 라이타 있어요?" 딴 넘에게 라이터를 빌린 후 이 노출 넘에게 말했지. 뭐라 캤을까? (라이터를 착착 키면서-아주 위협적으로 잘 켜야 함.)

"야, 너 또 해봐. 또 해봐. 내가 확 불을 쏴질러 버릴 테니까 또 해봐!!"

이 때 나의 목소리가 하늘을 찔렀던 관계로 자빠져 자던 아줌마 포함 모두 기상해서 이 상황을 지켜봄. 순간 치한님 얼굴 졸라 벌개져 다음역에서 도망쳐 내림. 그후 그 넘과 같이 탔던(나에게 라이터를 빌려준 넘) 넘이 충격으로 커진 눈으로 날 보더니 "죄송합니다. 저 사람 신문사 동료인데 저도 저런 사람인 줄 몰랐습다..."라고 하대. 전혀 할 필요없는 얘길 하더군. 집에 와서 내 남편에게 좌악 읊어주니 내 남편이 하는 말이... "불쌍하다. 왜 너한테 걸렸냐?"

"세상 모든 여자들! 소리쳐라, 소리 안 치면 그 넘들 우리가 좋

사회 11월 23일 (월)

아하는 걸로 착각한다. 그리고 치한넘 개 상노무 색히들아. 그러다가 반드시 짤릴 날이 도래할 것이다.

잘 살아보세...

인터넷을 서핑하면서 그... 스턴마스터(전기 충격기:일명 빠지직)... 를 찾아 헤메이다 가장 다양하면서 강력한 제품을 욜라 싸게 파는 곳을 찾았음. 필요한 여성분들과 가뭄에 콩나듯이 어처구니 없이 호모에게 당하는 일부 선택받은 남자분들은 주문해버리시길.

20만 볼트짜리도 있음. 참고로 3만 볼트건 20만 볼트건 사람의 생명엔 전혀 지장이 엄따고 함. 체내에 흐르는 감마파래나 베타파래라... 전에 함 들었는데 본 기자 머리가 나쁜 관계로 잊었음. 하튼 그 파장과 동일하기 땜시로 사람은 안 죽으니까 만약에 사태가 발생하면 그냥 지지면 된다꼬 사료됨.

근디... 조또 통신판매가 안 되는 갑네...

필요한 사람은 미국에 아는 사람한테 보내달라고 하던지... 만약 사려고 하는 사람 많으면 사람 모아서 주문 함 해볼까도 생각 중임.

특히 스턴마스터(전기충격기)를 어디서 살 수 있느냐는 분들이 있어서 사진을 첨부함.

http://www.3wmguns.com/tribune.html 에 가면 많은 사진을 볼 수 있음. 이상.

— 사회부 최모 수습기자 kokio@hanimail.com

[교육] 명랑 성교육을 시켜주마(1)

본 기자가 정말 암껏도 모르던 시절, 어렸을 적인... 작년 겨울... 부터 지금까지 살아오면서 때론 충격적으로 때론 처연하게 깨달은 성에 대한 진실들을 그날 그날 담담하게 수기형식으로 적은 글들을 여기 공개한다.

때론 본 기자의 무지가 부끄럽기도 하나 오로지 잘못된 성지식을 가지고 오늘도 명랑사회와 동떨어진 생활을 하고 있는 민족동포들을 깨우쳐야겠다는 거룩한 마음 하나로, 구성애 씨가 아우성을 쳤다면 본 기자는 울부짖으며 이단 옆차기하는 심정으로 이렇게 본 기자 수기를 공개한다.

이 글을 보시는 독자 여러분도 자신의 성에 대한 무지를 깨닫고, 하나라도 더 알아야겠다는 의지로 일신우일신할 것을 당부드린다. 21세기 명랑사회는 건강하고 명랑한 성지식 없이는 결코 실현될 수 없다.

자 그럼 이제 드디어 21세기 명랑사회를 홀러덩 열어제낄 역사적인 명랑 성교육을 시작한다. 되도록 받아 적기 바란다.

제1편 – 나는 속고 살았다

본 기자에게는 가끔씩 "너 어른이지?"라는 야리꾸리한, 그러나 정곡을 찌르는 질문을 하는 넘이 한 명 있다.

어느 날 밤, 그 넘은 그 날도 어김없이 나에게 "너 어른이지?"라고 물었다.

본 기자 : 그래, 어른이다...이 종만한 게...

사회 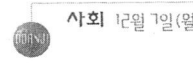 12월 7일(월)

그 넘 : 그럼, 너 아줌마겠네??? …

본 기자 다급히 진실을 은폐해야 했다.
"그래 아줌마다. 암껏도 모르는 게 증말…"이라며 오바를 했다…
사람 사는 게 다 그렇듯 그런 얘기를 하면, 찐득찐득한 쪽으로 대화가 흐르는 게 당연지사. 이야기는 물이 익을 대로 익어서 7인의 남녀는 원초적이고도 선정성 시비에 휘말릴, 온갖 얘길 다하며 밤길을 가고 있었다.
나도 왜 입에서 그런 얘기가 나왔는지는 모르겠으나, 어디서 줏어들은 적이 있는 '7초의 승부'라는 말을 불쑥 내뱉고 말았다. 그러자 사내넘들… 화들짝 놀라며, "그게 무슨 뜻인 줄이나 알고 그런 말 하냐?" 그러는 것이었다.
사실, 그게 무슨 뜻인 줄도 모르고 그냥 분위기에 취해서… 했던 말이었기에 본인은 고개를 살래살래 흔들었다.(본 사건 발생 당시까지만해도 본 기자 순진했다…)
그러자 어느 대범한 넘이 그랬다.

"조루라고 하는 거시다…"
"조루라고라고라??"

더 못 알아들을 말이었다. 같이 있던 눈들은 아는 말인지… 괜히 부끄러운 척을 하며 가증스럽게 굴었다.

아까 그넘 : 야… 것두 모름서 니가 무슨 어른이야…
본 기자   : 쳇… 그런 거 몰라도 나는 실전에 강해…

그러자 한 넘이 정확히 설명해주겠다고 발벗고 나섰다. 본 기자는

침을 꿀꺽 삼키며 들었다. 그런데 그 넘이,
"미국에 '쾌걸 조로'라고 있잖아... 그 쉐이가 한국에 건너와서 조루가 된 거야."
라며 진지하게 말하는 것이었다.

토·막·상·식

'쾌걸 조루'는 과연 어떤 영화인가

이 영화는 조루라는 치명적인 병마에 시달리던 한 남자가 그 사실을 숨기고 한 여자와 결혼하게 되고, 이후 사실을 알게 된 여자는 '불치병'이라며 그를 떠나는 데서부터 시작된다.

그녀를 진정으로 사랑했기에 잊지 못해 몸부림쳤던 그 남자는 결국 복면을 쓰고 조루를 우습게 여기는 잘못된 사회분위기에 정면으로 맞서며 그 잘못된 인식을 바꾸기 위해 처절한 사투를 벌인다는 내용을 담고 있는 〈러브로망 어드벤쳐 휴먼 메디컬 드라마〉.

그는 조루를 우습게 여기는 사람들을 찾아다니며 그들을 처단하고 그 자리를 떠나기 전 항상 조루를 우습게 보지말라는 경고로, 자신을 결국 그렇게 복면쓰게 만든 자신의 자지 첫 글짜를 딴 그 유명한 'Z' 사인을 남긴다...

쾌걸 조루... 무서운 넘...

여보... 진정으로 사랑해...
여보... 이제 돌아와 줘...

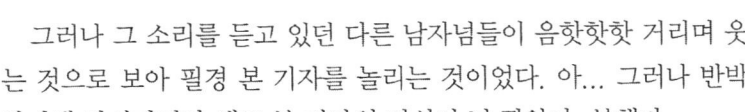

그러나 그 소리를 듣고 있던 다른 남자넘들이 음핫핫핫 거리며 웃는 것으로 보아 필경 본 기자를 놀리는 것이었다. 아… 그러나 반박하기엔 당시까지만 해도 본 기자의 지식이 넘 짧았다. 분했다.

곧 이어 당도한 친구 자취방. 거기에서 뒹굴고 있던 89학번 선배한테 가서 이 원통함을 알렸다.

"선배! 이 넘들이 나한테 쾌걸 조로 어쩌고 하며 놀려여."

그러자 선배는 그 특유의 갱상도 사투리로 소리쳤다.

"이 쉐이들!~ 야~가 모르는 게 있으면 자세히 가르쳐 줘야 될 거 아이가!"

그 선배 본 기자를 앞혀 놓고 진리를 설파하기 시작했다.

"남자는 말이지… 흥분을 하게 되몬 사정을 하고 싶어해. 그런데 그 사정 시간이 짧은 걸 조루라고 하지…"

오호라… 본 기자 그제서야 알게 되었다. 남자의 오묘하고 신비로운 인체에 대해서… 더욱 궁금해진 본 기자,

"그럼, 선배… '조' 자는 새 '조' 예여? 이를 '조' 예여? 아침 '조' 예여? 글구 '로' 자는 길 '로' 예여? 이슬 '로' 예여?"

그때까지만 해도 조루와 조로 사이를 헤매고 있었다. 본 기자는 알고 있는 한자는 다 동원해서 경건한 마음가짐으로 물어 봤다.

선배는,

"음… 그건 말이지… 그렇게 한자로 단순히 풀 문제가 아니란다… 오묘하지…"

라며 그윽한 눈길로 천장을 바라보았다. 우리가 이렇게 정다운 담소를 나누고 있는 동안 어떤 논 하나는 이불을 뒤집어 쓰고 바락 바락 소리를 지르고 있었다.

"그만해~~!!! 아악~~~미치겠어!!!"

너무 좋아서 그러는 것 같았다. 그따구 소리를 계속 질렀지만, 그러나 진실에 한층 다가간 본 기자 개의치 않았다. 음… 많은 것을 알

게 되니... 가슴이 뿌듯했다.

　잠시 후... 김치찌개에 밥까지 먹은 선배는 근엄한 표정으로 이야기를 계속 했다. 물어보지도 않았는데... 아는 것이 힘이라기에... 본 기자는 묵묵히 듣고 있었다.

　"니, '좆나게'의 어원은 아나??"

　"존나게요? 그게 무슨 개(dog)인데여?"

　사실, 그 말은 알고 있었지만 그렇게 갑자기 학술적으로 물어보니까 당황했다.

　"〈존나 열받네...〉 이럴 때 쓰이는 말 있잖아..."

　"아~ 그 좆... 그거야 알져. 음... 그건여... 원래 '좆'과 '나게'가 합쳐진 말인데여, 〈좆나〉 → 〈존나〉로 발음되는 것을 자음동화라고 하져."

　본 기자 유식함에 스스로 대견했다. 1학년 때 '언어학개론' 시간에 배운대로 열심히 떠들었다. 그러자 그 선배...

　"아니, 아니... 그기 그렇게 음성학적으로 단순히 설명할 게 아이다... 그건..."

　아... 존경스러웠다... 그 선배 자기의 왼손으로 주먹을 쥐더니 두 번째 손가락을 바닥으로 향하게 했다.

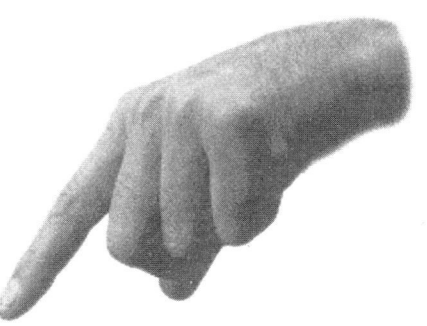

　"이걸 (두 번째 손가락) 말이야... 남자 성기라고 생각해라... 남자 성기는 열을 받거나 흥분을 하게 되면,

　이렇게~ (손가락을 점점 쳐듬) 올라가게 되거든... 이걸 '난다'라고 하는거야... 그래서 '나 무지 열받았다'라는 걸 강조하기 위해 '〈좆나게〉 열 받았다'라고 하는 거지..."

　놀라웠다. 문화적 충격이라고 할까. 진리를 터득한 기쁨에 침을

사회 12월 7일(월)

흘렸다. 똑똑한 본 기자, 또다른 질문을 하지 않을 수가 없었다.
"그럼, 여자는 그런 말 쓰면 안 되겠네여..."
"음... 간단한 문제는 아니다만... 그렇다고 봐야겠지..."
그러자 한참을 듣고만 있던 어떤 넘 하나가 불쑥,
"책 같은 데 보면 여자는 뜨거워진대잖아... 히히히... 그런거겠찌..."
그 말 한마디에, 갑자기 분위기가 화기애매해졌다. 잡넘.
그 분위기를 깨며 다른 넘이 하는 말...
"여기서 이런 말 듣는 것보다 《18센치의 여행》이라는 책을 읽어 봐... 거기 더 자세히 나와 있어..."
이미 많은 것을 알아버린 본 기자 가만히 있을 수가 없었다.
"18센치라면... 남자 거시기가 18센치라는 말이야??"
이 말과 동시에 모든 남자 넘들은 꽈당하고 넘어가 버리고 말았다. 이윽고, 그래도 제일 그 중 젤 튼튼한 넘이 정신을 수습하고는,
"야, 남자꺼가 18센치면 이~만하다..."
라며 자기의 팔꿈치에 손을 갖다대며 크기를 보여 주었다. 이에 질세라 또 어떤 넘 하나가...
"뽀르노에서 보니까 이따시만한 것도 있던데...?"
라며 어깨에다가 손을 올리고 팔을 쭉 뻗으면서 크기를 보여주는 게 아닌가... 본 기자, TV 프로그램 〈오지체험〉에서 남자 거시기에 이상한 거 씌워 논 것을 본 적이 있었기에 18센치 넘는 건 당연빠따고 대부분 30센치는 되는 줄 알았다. 그러나 이 남자넘들의 오버액션을 봐서는 그게 아닌가 보다.
약한 넘들...
본 기자 그동안 속고 살아온 것이다.
뇨자들이여... 남자 거시기는 그렇게 크지 않다. 18센치도 안 되는 넘들이 도토리 키재기 하는 것이었다.

― 명랑 성교육 제1편 끝.

? 제2편 - 코끼리 팬티

청주 지하상가에 가 보면, ○○서점쪽에 '나쁜 넘들' 매장이 있는 것을 보실 수 있다. 본 기자는 거기서 눈이 튀어 나올 만한 희안한 물건을 발견했다. 바로 코끼리 팬티!

색깔은 파란색이고, 코끼리 눈, 코까지 있는 이쁜 팬티였다. 싸이즈도 작고, 모양도 이뻐서 처음엔, 여성용일 거라 생각했다. 그런데 자꾸 보니까 여자한테는 필요없는 주머니가 앞에 달려 있었다.

바로 코...

너무 너무 궁금한 나머지 본 기자의 앤을 데리고 가서 보여줬다.

"저거 있잖아... 저 코끼리 팬티... 여자꺼야, 남자꺼야??"

그러자 본 기자 앤 대답은 하지 않고 얼굴만 벌개진 채, 본 기자의 손을 막~ 잡아 당기는 것이었다. 스스로를 어린왕자라 칭하는 가당찮은 별명을 가진 본 기자 앤... 알고 보면 변태어린왕자인 그 넘... 은 자꾸 그 자리를 벗어나려 했다.

이런 거 비슷하게 생겼다...

힘쎈 넘... 나를 결국 끌고 나왔다. 당연히 궁금증은 더 커져갔다.

본 기자에게는 여동생이 둘이 있다. 그 중 한 눈의 성지식은 이루 말할 수 없으리만큼, 풍부하다. 그 눈은 본 기자의 모친 앞에서 거침없는 성지식을 토해 모친의 얼굴을 붉게 만들 정도로 뻔뻔함과 가증스러움의 소유자다.

암튼, 그 눈에게 물어보기로 결정을 하고 그리로 데려갔다. 역시 그 눈은 도사였다. 동생이지만 존경스러웠다.

"남자꺼네... 저기 코끼리 코 보면 모르겠냐... 근데... 있잖아... 화

사회 12월 7일 (월)

삼이 형부(당근 본 기자의 앤을 지칭함)한테는 저거 크겠다. 코좀 짤라야 될 거 같은데?"

아니 이거시... 이논이... 언제 봤지? 그러나 본 기자는 '허허' 웃으며...

"그럼 써비(당시, 동생 논 남자친구)는...?"

"당근 써비한테는 작지... 아마 써비는 천을 덧대야 될 걸..."이라고 나불대는 것이었다.

'참, 어린것이 많이도 알고 있구나'라는 생각을 하며, 부러운 듯 말했다.

"그래... 좋겠다... 니는..."

그 후, 본 기자 앤을 만나 본 기자 동생을 통해 밝혀낸 진실과 그가 처해 있는 현실에 대해서 이야기 해 주었다. 걱정어린 눈으로...

"떼정(박학다식한 성지식을 가지고 있는, 본 기자 동생...)이 그러는데 코끼리 코가 너무 길어서 너는 잘라서 입어야 된대..."

그랬더니 본 기자의 앤... 마구 날뛰었다.

아니라고... 자기도 된다고... 본 기자는, 어차피 18센치도 안 되면서 그러는 앤을 애처롭게 바라보며 생각했다...

'니는 그게 성나도 그만큼 안 되잖아...'

남성들이여, 크기 가지고 날뛰고 마시라. 그기 중요한 게 아니다. 그러는 거 보고 있는 본 기자는 느그들이 애처롭다...

— 명랑 성교육 제2편 끝.

— 명랑 성교육 담당 수습기자
민족 성문화를 개척하는 불패의 애국 조류 쿠키새 znzlto@hanmail.net

[속보] 박지녕 허리우드 진출한다!

　박지녕이 국내 연예인 누구도 이룩하지 못한 허리우드 본격 진출을 마침내 이룩하는 쾌거를 일궈냈다.
　〈그 논은 야시시했다〉, 〈에스컬레이터에서 응응을 했지〉 등 음반을 낼 때마다 파격적인 변신과 변태를 구가하며 국내 댄스음악계를 이끌어 왔던 그의 허리우드 진출소식은 그의 춤꾼 중 하나였던 '백더서' 군의 은밀한 본지 제보에 의해 밝혀졌다. 개봉을 하기 전까지는 모든 것을 극비로 하려 했다고 하나 본지가 어떤 신문인가. 본지 앞에 비밀이란 카사노바 앞에 빤주다.

　그가 출연하기로 한 영화는 찰튼 헤스툰이 주연했던 SF의 고전 〈혹성탈출〉.
　우주비행사가 불시착한 혹성은 원숭이에 의해 지배되고 있는 곳이었고 천신만고 끝에 탈출하여 바닷가에 이르고보니 부서진 자유의 여신상이 있었으니, 그곳은 혹성이 아니라 바로 미래의

지구였다… 는 1편에 이어 인간과 원숭이가 결국 공존한다는 5편 시리즈를 마지막으로 완결되었던 그 영화가 20여 년 만에 6편을 제작하기로 한 것이 1년 전…
　인간과 원숭이가 총화단결하여 희망찬 명랑사회를 일궈낸다는 시나리오를 비롯한 모든 준비가 끝났으나 강렬한 네안데르탈的인 복고

사회 1월 25일(월)

풍 마스크를 가진 배우를 찾지 못해 캐스팅하느라 1년을 소비했던 영화사 '유니버서'는 우연히 박지녕의 뮤직비디오를 보고 히떡 디집어지며 외쳤다고 한다.

"분장이 필요엄따!"

이 한마디에 모든 것은 결정되었고, 그는 주연으로 발탁됐다. 이미 현지에서 촬영의 절반을 마쳤다고.

극중에서 힙합댄스팀 '박지녕과 워워~' 리더로 나온다. 그가 자랑스럽다...

절반의 촬영을 마치고 일시 귀국해 그동안 미뤘던 5집 음반을 발표한, 박지녕은 자신의 〈혹성탈출 6편〉 영화출연은 국위선양 차원에서 이해돼야 하며, '박지녕과 워워~'의 원초적 댄스가 하이라이트인 이 영화의 성공적 촬영을 위해 국가가 자신의 허리를 보호해줘야 한다며 국방부에 요청해 재가를 받아냈다고 한다.

요즘도 TV에 나오기만 하면 허리가 뽀사지게 흔들어대는 박지녕에 대해 항간에 허리 디스크로 공익근무요원으로 빠졌다는 '루머'가 떠돌고 이에 대해 조뚜 말도 안 된다며 규탄 목소리가 한쪽 구석에 있어 왔으나 사실은 이러한 배후가 있었던 것이다.

한편, 본지의 독자투고란에서 암약하고 있는 비밀요원들의 첩보에 따르면 박지녕의 공익근무는 영화 때문이 아니라 국방부 차원에서 결정된 사항으로, 박지녕을 전방에 배치했을 시 북한군이 그를 관측하다가 정신적 스트레스를 받아 우발적 도발을 할 위험이 너무도 농후해 그리 된 것이라는 소수의견을 내놓고 있다.

또 한편, 이 소식을 전해들은 '전국카사노바협회'와 '한국제비연합국민본부'에서는 "무릇 모든 노동은 신성한 것이며, 외국영화에 출연한다고 특정 허리만 보호하는 것은 사대주의적 발상으로 심각한 평등권의 침해. 국내 한마담들 허리와의 단체교섭권과 단체행동권을 보장하라!"며, 비슷한 노동 강도하에서 고통받고 있는 자신들의 허리도 보호해 자기들도 전부 공익요원으로 빼달라며 대국민 성명을 발표하고, 전국 여인숙과 여관 카운터 앞에서 빤쭈만 입고 집단농성에 들어갔다.

이런 소란을 지켜보고 있던 전방 '조뱅이' 사단의 '조바지게' 일병은 그렇다면 보통님들의 허리는 그럼 누가 보호해 주냐며 철책에 기대 한숨을 내쉬었다.

본지는 이 엄동설한의 추위에 그들의 꼬추가 넘도 걱정된다. 지금도 추위에 떨고 있을 전방의 보통 고추들.. 그것들만 불쌍타...

기왕에 허리우드에 진출하게 된 마당에 튼튼씩씩한 박지녕은 팬들 앞에 공익근무의 이유를 졸라 속시원하게 밝혀주기 바란다. 이상.

— 딴지 연예부

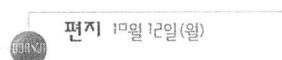 편지 1?월 12일(월)

수습기자가 보내는 편지...

요즘 같이 살벌한 분위기에서 출근하고 '오늘도 무사히'를 감사히 여기며 퇴근하는 때... 문득 아픔을 함께했던 이름 모를 이가 생각납니다...

아마도 4~5년 전이며, 용산 가족공원의 간이화장실이었던 것으로 기억되는군요... 간이 화장실의 존재목적이 언제나 그렇듯이 급한 용무를 처리하러 들어갔더랬지요.

그러나 21세기 명랑사회 구현을 가로막는 커다란 장애물인 화장실 잠금장치고장이라는 사태가 저를 맞이하였습니다. 그것도 간이 화장실이라 문고리를 붙들지 않으면 문이 스스륵 열리고, 열렸다 하면 길가는 행인 1,2,3,4에게 그대로 작업자의 전면이 노출되는 엽기적인 상황이었더랬습니다.

그래서 저는 화장실의 문고리를 소중히 부여잡고 엉거주춤 자세로 덩어리를 낙하시키고 있었더랬지요. 그 날따라 떨어지는 소리가 커다란 것이 가슴을 울리더군요. 그렇게 일을 본 지 언 10여 분... (제가 좀 깁니다...) 손끝이 저려오고 다리는 감각이 마비되고 부들부들 떨리는 상황이 닥쳐 왔더랬습니다. 까딱 잘못하다간 빠지는 수가 생기겠더군요...

바로 그때 전, 제가 잡은 문고리 위에 무언가 작은 글씨가 쓰여 있는 것을 발견하고 말았습니다. 저는 원래 호기심이 많은고로 글씨를 읽어보려 했지만 너무 작게 쓰여진 글씨는 보이지가 않았습니다. 안타까웠더랬습니다.

결국 저는 아직 미처 나오지 않은 잔존덩어리가 부지불식간 쏟아질 위험성과 아직 닦이지 않은 궁디살의 양면짝이 '쩌업...' 소릴내며 접히는 불쾌감을 고수하면서 그 글씨를 보고야 말았지요. 그 곳엔 이렇게 쓰여있더군요...

　　니도 존나 힘들지...

아... 같은 아픔을 누린 님이 보고싶습니다...
어디 계십니까 님이여...

　　　　　– 수습기자 572 hcchang@nms.ship.samsung.co.kr

국제

[뉴욕정복] NY특파원의 스페샬 리포트 (4)
[심층분석] 미국 화장실을 알려주마
[정보] 세계의 화장실을 알려주께
[연재] 일본 에니메이션을 까발려 주마 (1)·(2)

http://ddanji.netsgo.com

뉴욕정복
NY특파원 스페셜 리포트(4)

암에푸로 사회 전체가 고개를 숙이고 있다. 일부 워낙 있던 넘들을 제외하곤 이제 안전지대란 없는 것처럼 보인다.

요즘... 좌절하는 사람들도 있겠고, 재충전의 기회로 삼는 사람도 있겠고, 그리고 이 기회에 아예 한국을 떠버릴까... 생각하는 사람들도 적지 않겠다. 아예 한국을 떠버릴까...

심층분석
미국 화장실을 알려주마

참 알려줄 게 많다... 본지 편집부는 세상에 이토록 알려줄 게 많다는 데에 새삼 경이로움을 느낀다... 더구나 오로지 본지만이 이 세상에 알릴 수 있는 사실들이 어쩜 이리도 많단 말인가...

정보
세계의 화장실을 알려주께

지난 9호에서 '미국 화장실을 알려주마' 라는 제하의 미국 화장실 실태 고발 기사가 나간 후 해외에 거주 중인 수많은 교포, 유학생들이 자신이 거주하는 국가의 화장실도 알려줘야 한다는 요구가 빗발쳤다. 질투의 화신 같은 넘들...

또한 지난 기사에서 간과했던 부분들에 대한 날카로운 지적도 있었다. 해서 이번 호에는 새로이 중국의 화장실에 대한 정보와 지난 미국 화장실에 대한 정보 중 몇 가지 보충정보를 알려주도록 하겠다.

왜 맨날 화장실이냐고 그러는 일부 독자들이 있다. 깊이 알려고 들지 마라... 위험하다...

연 재

일본 에니메이션을 까발려 주마(1)·(2)

본 기자 쪽빨이 아니다. 일본에서 산 지 6년째지만 본 기자두 일본 졸라 싫다. 하지만 일본 만화는 이미 세계를 제패했다. 여기다 대고 욕만 하믄 뭐하나. 막는다고 막아지는가. 솔직하게 까놓고 이야기하자. 제대로 막아본 적도 없고 막을 수도 없다.

이제 차라리 갈켜서 제대로 알고, 대비를 하자는 생각에 본 연재 기사를 준비한다. 본 특파원에게 "너는 쪽빨이 문화를 전수할라고 하는 음모를 가진 나쁜 넘이야…"라고 규탄이 쏟아질지 모르겠으나 졸라 명랑사회 구현할라고 이 한몸 바치는 논개정신으루다가 연재를 시작한다.

우선 에반게리온 그 이전 만화영화의 특징과 분석을 시작으로, 에반게리온의 분석, 미야자키 하야오의 작품과 그의 사상, 에스카 플로네 등에 대해 연재하려 한다. 물론 일본의 현재 상황분석과 함께…

[뉴욕정복] NY특파원의 스페셜 리포트(4)

* 3권에 이어...

5. 이젠 두렵지 않다...

AAAA(Asian American Arts Alliance)에서의 경험은 내게 자신감과 함께 나아가야 할 방향을 제시해 주었다. 졸업 후 도저히 어떻게 해야 예술행정가가 될 수 있을지 길이 보이지 않아 미래가 불안하고 스트레스만 늘어가던 내게 이 시점에서 가장 중요한 것은 "닥치는 대로 경험을 쌓는 것" 이라는 사실을 알려주었다. 그저 공부 욕심이 많기만 했던 철부지 학생이 비로소 미국에서 사회인으로 미국인들에 당당히 맞설 수 있겠다는 그런 자신감 말이다. 그때가 대학원 졸업 후인 95년 초겨울이었다.

AAAA(Asian American Arts Alliance)에서 무보수 인턴으로 일을 시작하면서 나는 항상 주인의식을 가지고 모든 일에 임했다. 그저 물건을 나르거나 트리를 장식하거나 청소를 하는 일과는 다르게 내가 하는 일 하나 하나가 바로 나의 경력으로 쌓일 것을 생각하니 모든 일이 내 일만 같았다. 당연히 신이 났다. 불평을 안 하는 정도가 아니라 무슨 일이든 내 일처럼 정성을 다했던 것이다.

그런 덕분인지 나는 점차 이곳 뉴욕의 아시안-어메리칸들이 운영하는 비영리 단체에 이름이 알려지게 되었고, AAAA에서 인턴으로 있으면서 또다른 비영리 여성기업인협회(Asian Women In Business)라는 곳에서도 파트타임으로, 이번에는 시간당 10불씩이나... 받으며 프로그램 어소시에트(Program Associate)로 일 할 기회도 생겼다.

이 회사는 뉴욕에 있는 소수민족 아시안 여성에게 비지니스 정보를 제공하는 서비스단체였는데, AWIB를 대표하는 한국인 중개자로서 한국교포들을 상대하는 일도 하게 되었다. 자연스럽게 사람들과 비지니스 미팅을 가질 기회가 많아졌고 여러 사람들을 알게 되었다.

이렇게 일주일에 이틀은 AAAA에서 삼 일은 AWIB에서 파트타임으로 9시~5시 낮 시간 일을 했고, 회사일이 끝나면 곧 식당과 짐을 나르는 일터로 향했다. 그 당시 나는 무조건 배워야겠다는 신념으로 똘똘 뭉쳐 회사에서 전화를 받을 때나, 고객과 대화를 할 때나, 회의를 할 때나 항상 눈을 부릅뜨고 무엇이든 배우고 흡수하려고 노력했다. 너무나도 배울 것이 많았다.

한국에서 아무런 사회경험이 없이 이곳에 와서, 처음에는 미국인 회사에서 하다못해 전화받는 친구가 그렇게 부러워울 수 없었고 또 타자를 정확하고 빨리 치는 능력까지 존경과 부러움의 대상이었지만 이제 더 이상 그렇지가 않았다.

이렇게 여러 기관에서 경력을 쌓기 위한 노력은 계속 되었고 나를 알아보는 아시안계 미국인들도 점차 늘어나게 되었다.

이렇게 알게 된 사람 중 하나의 소개로 1996년, 〈Shiah Lally & Imada, Strategic Planning & Communications〉이라는 마케팅 회사에서 '진짜' 회사의 일을 처음으로 맡게 되었다.

미국 최대의 서커스단체인 'Ringling Bros. and Barnum & Bailey Circus'의 프로젝트 코디네이터로서, 한국인과 중국인 단체를 대상으로 매표를 책임지는 일을 했는데, 비록 4개월의 한시적 임무였지만

당시 기획했던 포스터...

국제 11월 23일 (월)

흥분하지 않을 수 없었다.

미국에 와서 처음으로 미장원에 갔다. 옷도 3rd Avenue, 28th Street에 있는 Thrift Shop이란 곳에서 헌 옷이긴 하지만 정장으로 한 벌 빼입었다. 그래봐야 15불이었지만… 이 회사에서 나는 '아시안 가족의 밤'이란 프로그램을 만들어 한인 교포들과 중국인 교포들이 한자리에 모일 수 있는 프로그램을 기획했었다.

그 이후에도 각종 청량제품과 초콜릿 등을 선전하기 위해 뉴욕 메리앗트 호텔(New York Marriott Marquis)에서 열리는 Food & Trade Show에서 'M & M Mars' 담당으로 나가 초콜릿 판매에 열을 올렸던 것도 기억이 난다.

(이 호텔은 과거 내가 막일을 할 때, 행사가 있을 때마다 와서 밤늦게 부스 박스를 설치하고 했던 곳인데, 그런 일을 알았던 친구들이 부스 철거작업에 들어와 아는 척을 할 때는 묘한 기분이 들었다. 나도 그들처럼 철거작업을 하고 있어야 하는데 깔끔하게 차려입고 그들 작업을 지켜보고만 있자니 어색했다… 익숙치 않아서…)

이렇게 나는 비영리단체에서 마냥 공짜로 일을 해주던 사람에서 프로젝트 당 계약을 해서 돈을 받고 일하는 Self-contractor로서의 경험을 쌓아 가기 시작했다.

나는 더 이상 미래를 불안해하기만 하고 어떤 일부터 해야 할 줄 몰라 막연해 하기만 하는… 그런 유학생이 아니었다. 비록 돈을 많이 번 것도 아니고 아무 곳이나 맘에 드는 곳에 취직할 만큼 경력을 쌓은 것도 아니었지만… 돈도 없고 몸이 힘든 건 불과 1년 전과 마찬가지였지만 당시 나는 더 이상 두렵지 않았다. 미국 주류사회가…

6. 뉴욕 대형식당에서의 경험…

96년 7월, 미국 노스 캐롤라이나, 듀크 대학에서 열렸던

'American Dance Festival'에 '행정 인턴'으로 뽑혀 90일간의 일정을 끝마치고 뉴욕으로 돌아왔다. 경험을 쌓기 위해 반드시 가고 싶은 곳이었고, 그러자면 3개월을 떠나 있어야 했기에 AAAA 등 몇 군데서 했던 일들을 모두 그만 두고 갔었기에 뉴욕으로 돌아왔을 때 나는 완전 백수였다. 새로운 Job을 구해야 했었다.

그때까지 신분 때문에 계속 작은 식당에서만 일을 해오던 나는 좀 더 큰 식당(내가 자신있게 일하며 돈을 벌 수 있는 곳이기 때문이기도 하였고 또 식당에서 파트타임으로 일을 하며 내가 하고 싶은 다른 일들을 할 수 있는 시간이 허락했기 때문에...)에서 일하고 싶었다.

새로운 직장을 구하기 위해 여러 곳을 돌아다니며 뉴욕에 온 지 3년 만에 말로만 듣던 Rockefeller Center, Central Park, 42nd Street 등등을 처음으로 가보았다. 나는 당시 뉴욕에 3년을 살면서 자유의 여신상이 어디 있는지도 몰랐다...

집, 학교, 일터만 뱅뱅 돌았던 나는 그때 처음으로 소위 뉴욕의 관광지를 둘러보았다. 뉴욕에 내가 알지 못하는 다른 세계가... 공부하고 먹고 살기 위해 바둥대는 것하고는 정말 아무런 관련도 없어 보이는 그런 세계가 내 앞에 펼쳐지자... 나와는 아무런 상관이 없는 영화 속으로 들어온 것 같아 묘한 기분이 들었던 것이 아직도 생각난다. 공원에서 강아지와 노는 모습도 내겐 생소했다... 빌어먹을...

뜨거운 여름 햇살이 쏟아지는 뉴욕의 42번가 Theatre District를 오르락 내리락하며 식당이란 식당은 다 기웃거리며 일자리를 찾아다니던 7월 중순 어느 날, 43가 브로드웨이에 새로 오픈한 'Stardust, Dine-O-Mat'이란 1950년대 풍의 Theme 레스토랑에 드디어 호스티스로 일을 할 수 있는 기회를 찾았다.

호스티스

미국 어느 곳이든, 특히 큰 규모로 잘 꾸며 놓은 식당에는 대부분 호스트 또는 호스티스들이 있다. 식당에서의 호스티스의 주임무는 손님이 식당 안으로 들어오면 항상 웃으면서 친절히 맞아 자리로 안내를 해주는 일이다. 아무 자리나 안내를 하는 것이 아니라 웨이터들이 맡은 섹션에 공정하게 손님을 배분해야 나중에 웨이터나 웨이츄리스로부터 말을 안 듣는다. 이 일은 보통 8~10시간을 서서 일을 하므로 발이 통통 붓곤 한다. 화장실에 가서 신발 벗고 자주 발을 주물러 줘야 한다... (식당에서 일을 구할 경우 오후 3시에서 5시 사이에 가는 것이 좋다. 바쁜 점심시간과 저녁 시간을 피해서 가는 것은 상식.)

호스티스로 일 자리를 구하던 그날 나는 식당으로 들어가 매니저에게 "I am looking for a job, Do you have anything available? I can do everything."라고 말을 건넸다. 너무나 큰 식당이어서 기대를 안 했는데 의외로 친절히 신청서를 건네주며 작성하라고 했다. 식당 구석 테이블에 앉아서 다른 손님들에게 방해가 되지 않도록 조용히 신청서를 작성하고 매니저에게 건네주었다.

신청서에는 식당에서 얼마동안 일을 했는지에 관한 경력을 묻는 난이 있었고, 왜 이곳에서 일을 하고 싶은지 등등과 학력을 물어보는 난이 있었다. 한 가지 특이했던 것은 워낙 많은 배우지망생들이 식당 종업원으로 일을 했기 때문에 혹 공연이 있을 때는 시간을 다 채우지 못하고 펑크를 내거나 다른 종업원과 시간대를 바꾸어야 하는 일이 자주 발생했기 때문에 식당에서 정한 시간만큼 다 일할 수 있느냐 없느냐는 것을 묻는 난이 있었다.

미국인에게도 뉴욕의 거대한 식당에서 일자리를 잡는 것은 치열한 경쟁을 뚫어야 하는 일이다. 하물며 나같은 동양인 유학생에게는 하늘의 별따기처럼 힘든 일이다.

식당일이라고 아무 경력없이 할 수 있을 것이라고 생각한다면 절대 오산이다. 유명한 식당일수록 종업원 인사처리가 얼마나 까다로운지 식당경력도 웬만큼 쌓인 사람만 쓰고 외모도 따진다. 나 같은 동양인이나 흑인, 멕시칸들에게는 식당의 막일 이외에는 웬만해선 기회가 오지 않는다. 적어도 뉴욕에서는.

더구나 면접을 볼 때, 트레이닝을 받는데 이것이 완전 실전이라 순발력이 없으면 트레이너가 바로 잘라버린다. 또 뉴욕의 대형식당은 모든 것이 다 컴퓨터화되어 있어 음식 오더에 필요한 여러 컴퓨터 시스템을 모르면 그 또한 결격사유가 되었다. 또 1차 합격이 되더라도 처음 일주일간은 음식을 나르는 서버로 일을 하며 어떤 음식이 어떤 모양새로 나가는지 익히는 주간을 거친 후 마지막 필기 시험을 통과해야 종업원으로 일할 수 있는 자격이 비로소 주어진다. 절대 쉽지 않다.

나는 처음에 미국 음식들의 이름도 모르고 어떻게 음식이 조리되는 것을 몰라 혹 손님이 물어볼 경우 답을 하지 못한다는 이유로, 웨이츄리스가 아니라 호스티스로 일을 하기 시작했다.

🔹 계란 음식 주문 하나 받는데도 계란을 반숙으로 해달라, 서니 사이드 업으로 해달라, 노른자 빼고 흰자로만 해달라, 기름에 볶지 말고 포우취드(Poached egg: 뜨거운 물속에 계란을 깨어 넣어 그대로 익힌 것) 에그로 해달라, 스크램블 에그, 에그 베니딕트(Egg Venedict) 등등에 곁들이는 빵의 종류도 흰빵, 밀빵, 라이빵 등등에 토스트를 하나 안 하나, 홈 프라이로 하냐 아니면 프렌치 후라이로 하냐, 음료수는 또 커피를 마실것인지 홍차를 마실 것인지, 쥬스는 대자 아니면 소자... 음식 하나 시키는데 물어봐야 하는 질문도 많고 정말 처음에는 음식 메뉴판만 외우는데 거의 한 달 가량을 고생하게 된다.

국제 11월 23일 (월)

혹 뉴욕에서 뮤지컬 'Cats'를 보신 분은 기억하실지 모르겠다. 캣츠를 공연하는 극장 이름이 'Winter Garden Theatre'이고 나는 그 극장 바로 옆에 있는 'Ellen Stardust'라는 다이너와 43가 브로드웨이에 있는 'Stardust Dine-O-Mat' 식당에서 번갈아 가며 종업원으로서 호스티스로서 일을 했었다. 두 곳 모두 뉴욕에서만 5개의 대형식당의 가지고 있는 유명한 부자의 소유였다.

워낙에 관광객들을 상대로 하는 식당이 많은 지역이라 손님을 유치하는 데 어떤 전략을 사용하는지 직접 볼 수 있는 곳이 브로드웨이 지역의 식당이다. 캣츠 뮤지컬극장 바로 옆에 있던 우리 식당은 종업원의 90%가 배우지망생들이었고 오후 5시 반부터 12시까지 즉 뮤지컬이 시작하기 전과 뮤지컬이 끝난 후 미국 50~60년대의 히트곡들을 부르며 손님을 유치하기에 온갖 정성을 다 쏟았다.

손님 받으랴, 주문 받으랴, 노래 부르랴, 춤추랴 보는 사람은 즐거울지 몰라도 매일 똑같은 노래를 반복하는 종업원들은 즐거울 리가 없었다. 그러나 행여 어느 연예계 매니저의 눈에 띄어 발탁이라도 될까 싶어 다들 열심히들 노래를 불렀다.

저녁 'pre theatre crowd' 손님들이 나가고 나면 한동안은 식당이 조용해진다. 다시 뮤지컬이 끝나 손님이 들이닥칠 때까지는 항상 두세 시간의 여유가 있었다.

그럴 때 창밖을 보고 있노라면 참 외롭다는 생각이 많이 들었었다. 창밖을 지나가는 수많은 사람들 중에 나를 찾아와 인사를 건넬 사람은 아무도 없다는 사실이 나를 참... 외롭게 만들었었다.

그 당시 거의 4년째 어느 누구도 나를 찾지 않았기에... 부모님은 저 멀리 바다 건너 계셨고... 이곳에는 아무도 나를 도와줄 사람이 없고... 특히 미국이나 한국의 명절이면 더욱 처량했다... 아무리 언어가 익숙해지고 자신감이 넘쳐도 이 외로움만은 어떻게 하기 힘들었다...

여하간 난 그 식당에서 2년을 일했다. 그리고 그 식당의 호스티스 중 가장 인정받는 사람이 되었다. 호스티스가 하는 일 중 하나가 웨이터들이 맡은 테이블에 공정하게 손님을 배정하는 것이었는데 난 항상 도표를 그려 모두가 불만이 없도록 하였기에 그런 것도 있었고, 또 우연찮게 시험삼아 만들어 본 스프를 손님들이 좋아해 새끼 주방장 역할까지 하기 시작해서 그랬던 점도 있었을 것이다.

누구보다 열심히 식당일을 했고, 또 기회가 닿는 대로 요리도 배우고 무슨 일이든 공정하게 처리하려 했기에 뉴욕의 식당계에서 꽤 유명해졌고 여기저기서 식당이나 바의 매니저로 와달라는 제의도 제법 받게 되었다.

물론 그 사이 알코올 중독자였던 웨이터에게 손님들 앞에서 얻어맞고 코피가 터진 적도 있었고... 참... 힘든 일도 많았다.

일단 식당에서 인정을 받게 되자 그 다음 내게 찾아왔던 기회는 각종 이벤트에서 웨이트 스텝으로 일하는 것이었다. 뉴욕에서는 하루 수백 가지의 행사들이 열리는데 각종 기업관련 이벤트, 영화 오프닝, 패션쇼, 어느 기업에 새로 부임한 누구누구 인사 행사 등등 수많은 행사들이 하루에도 수백 군데에서 열린다.

이런 행사에서 음식나르고 테이블 세팅을 하는 그런 종류의 일이 있었는데 이런 일 역시 아무나 시키지를 않는다. 경력을 중요시했다. 그런 이벤트에서 영화배우들도 제법 많이 봤는데 특히 내가 좋아했던 헤리슨 포드를 봤을 때는 피로가 싹 가시는 기분이었다.

🔵 지금은 현재 일하고 있는 회사 'Dancing in the streets'에 방해가 되지 않는 범위에서, 주말에 이런 행사를 진행하는 Coordinator로서 파트타임 근무를 하고 있는데, 불과 일년 전만 해도 음식을 나르는 웨이트 스텝으로 일을 했던 똑같은 이벤트에서 이제는 그 사람들을 지휘 운영하는 위치로 바꾸고 나니 실감이 나지 않을 때가 많다.

국제 11월 23일 (월)

워낙 종업원의 고충을 훤히 알고 있는 나이기에 식당에 가거나 아니면 이런 이벤트에 손님으로 가게 될 때면 의자에 앉아 있는 내 자신이 믿어지지가 않는다. 식기를 날라주는 웨이트 스텝들은 내가 벌떡 일어나 도와주곤 하면 웃으며 나를 무슨 착한 사람처럼 대해 주지만 내가 착해서가 아니라 워낙 그런 일들을 해오다 보니 버릇이 돼서 접시를 들고 오면... 아... 저거 내가 받아줘야 하는데... 하는 생각이 자동으로 들고 손이 저절로 앞으로 나가는 것이다.

또 어느 식당을 가던지 웬만한 것들은 웨이터를 부르지 않고 내가 직접 가서 물도 가져다 먹고 하는 그 모습이 우스웠던지 나와 함께 합석했던 사람들이 웃음을 터뜨리곤 한다.

대형 식당에서의 경력은 내게 미국의 조직사회에 본격적으로 발 들여 놓기 전 무척 귀중한 경험이 되어주었다. AAAA에서의 경험이 내게 자신감을 불러넣어 주었다면 식당에서의 경험은 내게 확신을 주었다.

나는 이제 미국의 주류사회에서도 통할 수 있다는...

to be continued...

— NY 특파원 이주현 Jewrhee@aol.com

[심층분석] 미국 화장실을 알려주마

　참 알려줄 게 많다… 본지 편집부는 세상에 이토록 알려줄 게 많다는 데에 새삼 경이로움을 느낀다… 더구나 오로지 본지만이 이 세상에 알릴 수 있는 사실들이 어쩜 이리도 많단 말인가…
　도대체 그동안 한국의 언론들은 이렇게 알려줄 게 많은데 뭐하고 있었단 말인가. 씨바… 그나마 본지가 탄생해서 다행이지 하마트면 이런 거 다 모르고 살 뻔했다… 큰날 뻔했다…
　자 오늘도 또 그 어떤 언론도 다루지 않았던 놀라운 사실들을 졸라 알려주마…

　미국은 과학이 발달해서 머든지 가능타. 시중에 나도는 무서운 소문에 의하면, 미국내에서는 손만 잡아도 애를 낳는단다. 실제 본 기자의 친구가 결혼한 지 5개월만에 미국으로 유학을 오자마자, 애를 그것도 쌍둥이를 쑤욱 하고 나았는데, 이 요자 왈, "오빠랑 미국 오는 비행기안 에서 손 딱 두 번 밖에 안 잡았어. 진짜야~"
　씨바 바뜨 미국 와서 손은 물론이고 뽀뽀도 해 본 적이 있는 본 기자는 지금 애는 커녕, 애인도 하나 없어, 허벅지는 물론이거니와 아파트의 벽을 Book Book 졸라 학구적으로 긁어도 아무런 과학의 해택을 못 누리고 있다. 이런걸 학계에서는 '과학의 사각 지대' 라는 말로 표현하고 있는데, 이렇듯 아무리 과학이 발달한 미국에서도 사각 지대가 존재하기 마련이다.
　그 대표적인 곳을 찍으라면, 기자는 후장의 깊숙한 곳까지 힘 줘가며 화장실을 찍고 싶다. 이 미국의 화장실로 말미암아 수많은 한국 유학생들이 힘 줄 때 힘 못 줘 정상적인 사회생활이 불가능해지고, 그로 인해 말 못하는 정신적, 육체적 타격까지 받고 있다. 베리 배드하다.

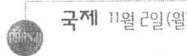 국제 11월 2일(월)

원래 화장실이라는 곳이 한국적인 정서로 본다면, 아담 싸이즈로 자신만이 쭈그리고 앉아 안락한 밀폐감과 다른 세계와 차단된 그런 느낌을 누릴 수 있는 좁은 공간이어야 한다. 바트, 미국은 그게 그렇지가 않은 경우가 부지기수다. 그럼 이제부터 미국 화장실의 문제점과 그로 말미암은 피해 사례들을 심층 분석해 보자.(주: 여기서 화장실이라 함은 오로지 앉아서 힘 주는 밀폐공간만을 말함을 미리 밝혀둔다.)

1 화장실이 우리집 안방보다 큰 경우

땅떵이가 넓은 미국이라 화장실도 웬만한 한국 가정의 안방보다 넓은 경우가 있다. 좀 뻥을 치자면, 한국의 지하철 역에 있는 화장실의 10배라고 나 할까. 그 구조 또한 졸라 럭저리어스하다. 세면대, 얼라들 기저귀 가는 선반, 그리고 한국 표준신장을 가진 남성 6명은 누움직한 공간, 마지막으로 그 공간의 한쪽 구석에 허옇게 매달려 있는 변기...

도저히 안 나온다. 우선 이런 광활하고 허허한 공간에서는 왠지 바지를 까기가 부끄러울 때가 많다고들 토로한다. 누가? 한국 유학생들이... 타이트하게 밀폐된 공간에 익숙해 있는 한국인으로서는 이런 곳에 앉으면 운동장 한 가운데 변기 세우고 앉은 기분이라 심리적 불안감이 엄습하면서 아무리 힘줘도 영 feel이 안 온다는 것이다. 이럴 때 대부분의 경우 좀더 좁은 화장실로 옮겨다녀, 유학생들 사이에서는 이른바, '메뚜기 용변'이 유행하고 있다.

화장실이 이렇게 큰 것은 바로 장애인을 위한 배려라는 것이, 20년간 줄창 대학 화장실 바닥만 닦아 온 베테랑 제니터(한국말로 하면 청소부)의 귀뜸이다.

2 화장실이 우리집 안방보다 큰데, 문에 문고리가 없는 경우

뭐… 화장실이 커도 좀 살다 보면 익숙해진다. 나중에는 거 힘주러 가는 게 아니라 머리감으러 갈 때도 있다… 진짜다… 기저귀 가는 선반? 피곤할 땐 침대로 보인다.

하지만 간혹 문걸이가 없을 때가 있어 한국인들을 졸라 황당하게 하는 수가 있다. 이 경우, 일단 눠야 되냐 말아야 되냐 하는 생각은 뒤루 제껴 두고, 문을 걸 여러 가지 방법부터 생각하게 된다. 가져 간 책가방을 앞에 놓아 보기도 하고, 문 사이에 두꺼운 종이를 껴 보기도 하고…

물론 대부분은 워낙 사안이 시급한 경우가 많은지라 생각할 겨를도 없이 걍 들어가 까고, 떨썩 앉아 힘 줘버린다. 그러다 가끔은 노크도 안 해고 무장적 문을 열어 재끼는 인간과 '부적절한 접촉' (inappropriate contact)을 하기도 한다. 이로 인해 집에 앉아 있다가도 문 열리는 소리만 들어도 경끼를 일으키는 유학생들이 있다는 가슴아픈 이야기가 유학생들 사이에 떠돌고 있다…

3 화장실의 문짝이 아예 없는 경우

그러나 뭐니뭐니해도 화장실의 구조적 측면에서 가장 우리들을 뒤집어지게 하는 건 문짝이 아예 없을 때이다. 이유는 거 들어 앉아 마약하거나 뭐 하여간 여러 가지 범죄의 소굴로 악용될 수 있데나 뭐래나, 즉 security 상의 이유를 드는데… 그래도 그렇다고 화장실의 문짝을 아예 다 들어내 버리는 이런 사악한 만행은 한국인인 본 기자로서는 도무지 용납하기 힘든 부분이다.

필자가 잠시 학부를 다녔었던 University of Illinois at Urbana - Champaign의 학생회관 지하 화장실엔 문짝이 하나도 달려 있지

국제 11월 2일(월)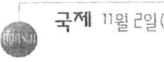

앉았었다. 그래서 거 들어가면, 떡대 좋은 검으신 분도 앉아 계시고, 약간 검게 그을리신 분, 누런 분, 허연 분 등등 다양한 새깔의 인종들이 일렬로 또로로록 앉아 힘을 주는 희한한 광경을 연출하곤 했다.

그 당시, 몇몇 유학생들이 당시까지만 해도 별루 보편화되지 않고 있던 '메뚜기 용변' 기술을 시도하는 도중 찔끔찔끔 소량의 변을 빤스에 방출하는 사태를 맞이하는 사람들도 꽤 있었다. 이런 아픈 사연에 대해서는 서로서로가 침묵으로 일관했지만 나는 안다... 왜냐믄... 나도 그 중 하나였걸랑...

4. 체형에 안 맞는 변기

씨바... 좋타... 다 용서한다. 가끔 한국형 화장실을 찾아 헤메다 빤스에 오점을 남겨도 그러려니 하고 몸 한번 부르르 떨고 용서해 줄 수 있다. 하지만 용서가 절대 안 되는 게 있다. 바루 체형에 안 맞는 변기이다.

변기는 과학이다.

원래 힘을 주기 가장 편한 자세가 발이 완전히 땅에 닿아 있을 때인데, 본 기자의 키가 176cm로 한국 남자의 표준임을 자부하나, 이 노무 변기에 앉으면 발끝만 살짝 땅에 닿는다. 힘 주려면 까치발하고 엉덩이 끝부분만 걸친 상태로 작업에 임해야 하는데... 이 자세로 힘이 줘지겠는가.

설령 힘을 준다손 치더라도, 엉덩이가 변기에서 사알짝 떠 있는 간이 공중부양 자세가 되는데, 장시간 힘을 줄 시 다리가 저려오고, 근육이 마비되는 듯한 고통을 수반하게 된다. 이래가지고 변이 나오겠는가 말이다.

이렇게 엉덩이의 고도가 높아짐에 따라(낙하하는 변의 에너지는 $E=mgh$로 무게와 높이에 좌우된다.) 낙하한 변이 수면과 접촉할 때 발생하는 파편의 양이 한국형보다 많을 수 밖에 없고, 그 파편의 일부가 튀어올라 엉덩이나 빤스에까지 이르는 변태(便苔: 변이 엉덩이에 이끼처럼 달라붙는) 사태가 한국형 화장실에 비해 자주 발생할 수밖에 없게 되어 있다.

또 한국형 히프짝의 크기가 아무래도 양넘들보다 왜소하다보니 엉덩이와 변기 커버가 완전밀착되지 않고 틈이 벌어지게 되어 있는데, 이 틈으로 튀어오른 변 파편이 절묘하게 날아 상의에까지 들어붙는 진짜 더러븐 경우까지 발생한다. 이런 케이스가 발생하면 정말 미국에 온 것을 후회하며 자괴감에 빠지는 유학생이 한둘이 아닌 걸로 한국유학생협회 관계자는 밝히고 있다.

이런 야만적인 화장실 행정에 치를 떨며, 하루 빨리 체계적이고, 실용적인 화장실 건립대책을 세울 것을 미 정부에 촉구하는 바이다. 이런 미개한 과학의 사각지대가 한 청춘 바쳐 공부 함 해보겠다고 이역만리에 날아와 쌍코피 터져가며 노력하고 있는 울나라 유학생들 가슴에 못박는 일은 이제 사라져야 한다고 졸라 외쳐본다. 아울러 이런 화장실 땜에 갖가지 말 못할 변을 당한 유학생 동지들에게 이기사를 빌어 심심한 위로를 보내는 바이다.

다만, 도대체 어디서 그렇게 많은 돈이 났는지 맨날 술 쳐먹고 도박하고 여자 후리는 걸로만 24시간을 보내는 극히 일부 무늬만 유학생넘들은 제발 미국 화장실에 수장되기를 간절히 바라마지 않는 바이다. 이상.

- 딴지 텍사스 단독 기자(미아리 아님) sukjoo@ee.tamu.edu

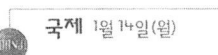 국제 1월 14일 (월)

[정보] 세계의 화장실을 알려주께

지난 9호에서 '미국 화장실을 알려주마'라는 제하의 미국 화장실 실태 고발 기사가 나간 후 해외에 거주 중인 수많은 교포, 유학생들이 자신이 거주하는 국가의 화장실도 알려줘야 한다는 요구가 빗발쳤다. 질투의 화신 같은 넘들…

또한 지난 기사에서 간과했던 부분들에 대한 날카로운 지적도 있었다. 해서 이번 호에는 새로이 중국의 화장실에 대한 정보와 지난 미국 화장실에 대한 정보 중 몇 가지 보충정보를 알려주도록 하겠다.

왜 맨날 화장실이냐고 그러는 일부 독자들이 있다. 깊이 알려고 들지 마라… 위험하다…

1. 중국의 화장실

안녕하십니까. 딴지의 졸라팬인 박인호입니다.

제가 거주중인 중국은 울나라와 문화적 차이가 많기 때문에 여행을 오신 분이나 유학오신 분들은 첨에 엄청 당황하게 됩니다. 특히나 먹고싸는 문제에 민감한 울나라 분들은 공중화장실에 한번 들어갔다 하면 곧 울음을 떠트리며 뛰쳐나오기 쉽상입니다. 정말 이곳의 화장실들은 미리 마음의 준비를 하고 들어가야만 합니다.

그래서 혹시 나중에 중국에 오실지도 모르는 독자분들을 위해 이곳의 화장실의 실체를 알려드리고자 합니다. 많은 도움이 되었으면 좋겠습니다.

보통 중국의 공중 화장실에는 문이 없습니다. 화장실이야 건물 내부에 있기에 당근 밖에서는 안 보이죠. 하지만 이곳의 공중화장실은 울나라와 달리 이용시에 돈을 지불해야하는 '유료시설' 입니다. 유료인데도 큰거 싸는 데는 문이 없죠. 때문에 아주 원색적으로 훤히 다 보입니다. (남녀는 구별해서 씁니다. 이상한 생각은 마시길)

처음엔 호기심으로 힐끔힐끔 상대쪽을 쳐다보았는데 별로 재미없었습니다. 걔네나 나나 똑같이 생긴 거 달렸는데 봐서 뭐하나 라는 생각이 들더군요. 중국인들은 이 생활이 익숙하기 때문에 자기 볼일만 열심히 볼 뿐 남은 신경쓰지 않습니다.

중요한 것이 빠졌군요. 화장실의 구조입니다.

이곳 중국은 화장실의 구조가 매우 특이 합니다. '양변기식' 변기는 큰 빌딩이나 호텔, 또는 조금 비싼 유료화장실에만 있고 일반 서민들이 이용하는 화장실은 울나라의 예전 푸세식 변소처럼 앉아서 볼일을 봅니다.

특이한 것은 울나라 푸세식 변소처럼 똥싸는 곳을 깊게 파놓은 것이 아니라 마치 '도랑' 처럼 만들어놨다는 점입니다. 깊이는 고작 30cm 정도밖에 되지 않으며 거기에 물이 흐르고 있습니다. 생각해보세요. 물이 흐르는 작은 도랑에서 서로 옆자리에 앉아 사이좋게 똥싸는 것. 정이 넘치겠죠? 그러나 앞쪽은 서로 볼 수 없게 앉은 키 정도의 벽이 있습니다.

하지만 옆은 반 정도 오픈되어 있기 때문에 남의 엉덩이는 환히 볼 수가 있습니다. 청소 또한 대단히 쉬워서 큰 수도꼭지 하나만 틀면 물이 도랑을 타고 흘러나와 똥을 풀어헤쳐 줍니다. 딱딱한 놈들도 물의 침식 풍화작용에 의해 둥실둥실 잘 떠내려 갑니다.

그런데 이 정도는 나은 편이구요, 더욱 재미있는 곳은 재래식 화장실입니다. 사방이 100% 완전 오픈이고 앉아서 싸는 것이 아니라 긴 나무의자에 걸터앉아 엉덩이만 뒤로 빼고 상체는 앞으로 숙이면서 똥을 싸도록 되어 있습니다.(몸을 뒤로 젖혔다가는 큰일 납니다.) 서로 칸막이도 벽도 없이 엉덩이 큰 사람 작은 사람 친구끼리 동료끼리 서로 정답게 앉아 대화를 나누면서 일을 볼 수가 있죠.

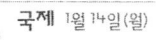 국제 1월 14일(월)

얼마나 정감이 넘치겠어요?. 울나라는 친구 만들려면 목욕탕엘 간다죠? 아마 이런 시설이 한국에 있다면 굳이 목욕탕에 갈 필요도 없을 것 같습니다.

그러나 아쉽게도 이렇게 걸터앉아 일 보는 곳들은 자유시장 개방이다 뭐다해서 차츰 사라져 가고 있습니다. 서구인들의 이기주의적인 습성들이 중국에도 영향을 끼쳐 점점 남과 담을 쌓고 살아간다는 것이죠. 그래도 아직은 괜찮습니다. 얼마나 갈지는 모르지만...

한번 여행 오세요. 허물없는 배변문화의 나라 중국이 활짝 화장실을 오픈하고 여러분을 기다린답니다.

- 중국 예비 특파원 박인호(parkinho@public.zsptt.zj.cn)

2. 미국 화장실 보충

안녕하세요 전 미국에서 유학생활을 하고 있는 예종수입니다.

지난 기사 '미국 화장실을 알려주마' 를 보고 몇 가지 주석을 달고 싶은 게 있어서 이렇게 글을 씁니다. 제가 말하고 싶은 건 미국넘들의 화장실 생활습관에 관한 것인데요, 이석주 특파원님이 말한 것 외에도 두 가지 정도가 우리 나라랑 많이 틀린 것 같습니다.

첫째는 똥꼬닦는 화장지의 특이성 이구 두번째는 똥누는 사람들의 의식입니다.

먼저 똥꼬닦는 휴지부터 설명을 해보죠.

미국 공공화장실에서 쓰는 휴지는 좀 특이합니다. 무척 얇고 폭도 좁고 그리고 잘 끊어지게 되있습니다. 전 이런 종류의 휴지를 이곳 마켓 같은 데서도 본 적이 없습니다. 하지만 유독 공공화장실에서는 이런 특이한 종자의 휴지가 쓰입니다.

미국 생활 4년 동안 정말 여러 곳에서 똥을 싸봤지만 공공화장실에서 이 종류가 아닌 일반 화장지를 쓰는 곳은 한 군데도 없었습니다. 따라서 일반 화장지를 둘둘 말아서 뒷처리를 하는 게 습관이 된 저 같은 경우는 이념이 참 낯설더군요. 또 닦을 때도 완전히 똥쨈을 제거했다는 개운한 느낌이 안 들고 말이죠.

두 번째는 똥누는 습관인데요. 예를 들어보죠.

울나라에선 공공화장실에서 똥을 싸더라도 집에서와 마찬가지로 쭈그리고 앉아 각종 효과음(방귀, 신음, 비집고 나오는 소리, 가끔 설사할 때 물소리 등등)을 아주 거리낌없이 시원하게 내가면서 옆칸에 누가 있건 없건 자유롭게 배변을 만끽합니다.

그런데 여기 사람들은 그렇지가 않습니다. 너무도 조용해서 혹 빠져죽은 게 아닐까 생각이 들 정도로 효과음을 안 내려 노력합니다. 환경이 다르면 사람도 바뀌는지, 저도 이젠 옆칸에 누가 있거나 누가 소변누는 것 같으면 효과음을 안 내려고 무던히 애를 씁니다. 정말 이럴 때는 울나라로 돌아가고 싶기도 하구요.

또 한 가지 재미있는 건 똥꼬를 닦는 방법이 울나라와 좀 틀리다는 것입니다. 울나라 같은 경우는 똥이 더이상 안 나오겠다 싶을 때면 휴지를 둘둘말아 똥꼬에 묻은 잔여물들을 처리합니다. 그런데 여기 사람들은 똥이 한 줄기 나올 때마다 한 번씩 닦습니다.

예를 들어 설명하자면, 우리 나라 사람 같은 경우,

똥싸는 소리 - 휴지 마는 소리 - 똥꼬 닦는 소리 - 바지 올리는 소리...의 순이지만 여기 사람들은,

똥싸는 소리(거의 안 들립니다.) - 휴지로 닦는 소리 여러 번 - 다시 똥싸는 소리 - 다시 닦는 소리 여러 번 - (반복) - 바지 올리는 소리...의 순으로 배설이 진행됩니다. 아마 휴지가 잘 끊어지게 고안된 이유도 바로 이런 사람들의 특이한 습관 때문인 것 같아요.

전 첨에 여기 와서 무의식적으로 미국 사람들의 배변습관을 알고 난 후 참 신기하게 느껴졌습니다. 혹시 모르죠. 똥꼬를 똥누는 목적 외에도 사용하길 즐기는 인종이라 유달리 똥꼬에 대한 애착이 강한

국제 1월 14일(월)

걸지도... 암튼 미국. 재밌는 나라입니다.

- 미국 예비 특파원 예종수 씨 (yehj@korearpi.ddns.org)

이상으로 미국 화장실에 대한 미흡했던 정보들과 새로운 중국 화장실에 대해 함 알아봤다. 앞으로 밝혀야 할 전세계의 화장실 문화는 넘도 많다.

해외에 거주중인 독자제위 중 자신이 살고 있는 나라의 화장실 문화를 고국에 있는 동포들에게 알려 우리 고유의 화장실 문화를 올곧게 만들고 배변문화의 국제화를 이룩하는 데 일조해야겠다고 생각하는 분들은 망설이지 말고 즉각 기사 날려주시기 바란다. 이상.

- 딴지 엽기 국제부

[연재] 일본 에니메이션을 까발려 주마(1)

1 본 특파원은 왜 이 글을 써야만 했는가

　김데중 대통령 아쟈씨가 일본에 왔다 갔다온 날 일본에서는 방송이나, 신문이나 할 것 없이 지라리 났었다. 본 특파원은 현재 일본에 있으니깐 한국 야그는 어떻게 돌아갔는지 모르겠지만 일본에서의 반응은 한마디로 이랬따.
　"진짜루 아직꺼정 일본꺼 안 들어갔었어?"
　본 기자는 지금부터 일본 만화영화에 대해 썰을 풀어볼까 한다. 근데 일본 만화에 대해 쓰기 전에 여러 가지 일본에 대해 인정해야 될 부분들을 말하지 안으문 야그가 안 되기 때문에 읽는 독자제위들께서,
　"이 씨방새 졸라 쪽빨이 아냐?"
라고 메일 테러를 가하문 어쩌지… 하는 뿡빨림에 며칠을 홀로 하늘을 우러러 보며 괴로워 했다.
　괴로워하던 어느 날 본 특파원 '그래… 깔라문 까라 준빈 돼 있다…' 하는 고뇌에 역사적 결단을 내리게 되었다. 왜냐… 제대로 알지 몯하면서 욕만하믄 결국 좃선벼룩처럼 오판을 하게 되어 있기 때문이다. 욕을 해도 알아야 할 수 있고, 또 그래야 생산적인 욕이 되기 때문이다.
　본 기자 쪽빨이 아니다. 일본에서 산 지 6년째지만 본 기자두 일본 졸라 싫다. 하지만 일본 만화는 이미 세계를 제패했다. 여기다 대고 욕만 하믄 뭐하나. 막는다고 막아지는가. 솔직하게 까놓고 이야기하자. 제대로 막아본 적도 없고 막을 수도 없다.
　이제 차라리 갈켜서 제대로 알고, 대비를 하자는 생각에 본 연재 기사를 준비한다. 본 특파원에게 "니는 쪽빨이 문화를 전수할라고 하

국제 12월 7일(월)

는 음모를 가진 나쁜 넘이야..."라고 규탄이 쏟아질지 모르겠으나 졸라 명랑사회 구현할라고 이 한몸 바치는 논개정신으루다가 연재를 시작한다.

우선 에반게리온 그 이전 만화영화의 특징과 분석을 시작으로, 에반게리온의 분석, 미야자키 하야오의 작품과 그의 사상, 에스카 플로네 등에 대해 연재하려 한다. 물론 일본의 현재 상황분석과 함께...

자, 간다.

2. 에반게리온 以前의 일본 만화영화

에반게리온...

아... 이렇게 변태적인 만화가 존재할 수 있다니... 얼마나 오랜시간 본 특파원을 신음케 했던가.

에반게리온(이하 에바)이 처음나오던 날, 평소 공부밖에 모르던 본 특파원(본 특파원의 좌우명, 첫째도 공부, 둘째도 공부, 셋째도 공부다. 넷째는 여자다... 씨바..)에게 평상시부터 존경심을 보여왔던 필자의 꼬봉 나까무라가

"그거봤스무니까? 에방게리옹, 이거 엄청나무니다..."

"우와~ 에바가 나타났으무니다~"

라며 수작을 떨며 필자에게 다가왔다. 평상시 나까무라의 뻥은 학내에서도 정평이 나있던 차라 "좌식... 약빨이 좀 쎄게 받았군..."하며 그냥 냅두면 저러다 쓰러져 자겠지... 하구 냅뒀었다.

그러던 어느 날, 필자는 때마침 〈인간의 번식능력과 생체구조에 대한 아크로바틱한 접근〉이란 주제로 연구에 몰두하고 있던 차라 자주 다니던 비디오가게에 자료를 찾으러 갔다. 일본에서는 합법적으로 우리가 중학교 때 상상했던 모든 형태의 실험자료를 구할 수 있다.

'음… 역쉬 자료가 풍부하군. 이런 포즈로도 인간이 번식 할 수 있다는 것은 정말 생명의 신비다… 하지만 이 실험재료는 가슴 부위가 좀 약하군..'

뭐 이런 생각을 하며 비디오 가게를 막 나오려던 참이었다. 바로 그때, 논넘 한 커풀이 껴안구 나가문서 (참고로 필자는 아주 쓸쓸한 유학생활을 하고있는 관계로 이런 꼴을 보면 거의 미친다.)

"역시 에바는 굉장하무니다."

하며 나가는 것이었다. 불끈 솟구치는 호기심에 에바 하나를 빌려 졸라 쓸쓸한 기숙사로 돌아왔다. 하나를 보고 나서 그 길로 달려가 그 때까지 나와 있던 모든 에바 씨리즈를 다 빌려봐야 했다. 본 특파원은 그렇게 처음으로 에바와 만났다. 에바를 보고 느낀 첫 소감?

'으… 일본넘들, 정말 변태성에 관한 한 세계적으로 추종을 불허한다…'

자 이제 본격적으로 에바와 에바 이전의 만화에 대해 알아보자. 에바는 어떤 만화냐. 기본적으로 로보트 만화다. 아니 로보트가 나오는 만화라구 하는 게 정확하겠는데, 일본 로보트 만화는 에바까지 세 번 정도의 큰 전기가 있었다.

여러분 기억 하실랑가 모르겠는데, 우리 나라 TV 만화영화 역사는 일본의 그것과 대부분 겹친다. 그도 그럴 것이 일본 만화를 수입해 그대로 방영한 것이 한둘이 아니었으니까.

제1세대 로보트 만화는 철인 28호가 대표적인 작품이라 할 수 있다. 철인 28호의 특징은 리모콘으로 종만한 아쉐이가 로보트 몸 밖

국제 12월 7일 (월)

에서 조종하는 형태로 로봇을 움직였다는 것이다.

이 시기에 〈자이언트 로보〉, 〈짱가〉, 〈아톰〉 등이 쏟아져 나왔다. 1세대의 특징은 사람들마다 의견이 분분하구 필자가 구할 수 없는 자료가 대부분이기 때문에 걍 넘어가도록 하자.

중요한 것은 제2세대의 특징인데, 제2세대의 대표적인 작품은 본지에서두 다룬 적이 있는 마징가다. - 사실은 1st건담이 훨씬 적절하지만 여러분들의 이해를 돕기 위해 마징가로 설정했다.(기억하시는가. 비너스의 저통이 발사되던 것을.)

도대체 어느 나라 어느 민족이 여자 로봇의 저통을 발사시키는가. 일본 넘들밖에 없다. 여기서부터 일본 만화영화의 엽기성의 전통은 시작된다.

로보트 만화는 '조종자가 로봇 안에 겨들어가서 싸우는 게 당연하다' 라는 고정관념을 형성시킨 것도 이 무렵이다.

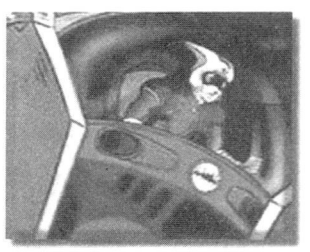

이 무렵 제2세대에 세워진 일본 만화의 전통을 정리하면,

- 전통 1 - 아부지가 만든 로보트를 그 아들이 타구 졸라 싸운다.
  (자이언트 로보, 마징가 Z, 그레이트 마징가, 1st건담 등도 그렇구 이 전통은 에바에도 이어진다.)
- 전통 2 - 아부지하구 아덜은 있는데 엄마는 어디 갔는지 없다.
  (마징가 Z, 1st건담 등도 그렇구 이 전통은 에바에도 이어진다.)

- **전통 3** – 로보트하구 조종자가 도킹(아주 중요한 단어다. 적어라.) 하는 게 졸라 환상적이구, 신비적이구 절차가 복잡하다.
- **전통 4** – 조종자가 어느 날 갑자기 조종사가 된다. 그리구 조종사가 대부분 14세 전후이다. 대부분 아부지가 죽거나, (원수를 갚기 위해) 아부지가 불러서 조종사가 된다.

이러한 전통들은 일본 만화를 이해하는 데 있어 아주 중요한 포인트다.

제2세대의 만화를 보던 세대들은 아쉐이덜이 대부분이었기 때문에 만화 제작자들은 언뜻 봐서는 잘 드러나지 않는 장치를 만화 영화 속에 심어서 아쉐이들을 붙잡았어야만 했다. – 왜냐면 까놓구 보여주면 심의에 걸리기두하구, 일본애덜은 복선 같은 것들을 병적으로 좋아하기에. 더구나 전형적인 미국식 만화영화 패턴 – 생긴거만 봐두 금방 나쁜 넘들인지 아는 캐릭터와 애들을 바보 취급하는 권선징악적인 스토리 구성 – 은 이미 일본 내에서 식상할 때로 식상해 있던 터라 좀더 복잡하면서도 관객의 심리를 파고드는 설정과 이론이 필요했다.

이 당시 일본 만화가들이 공통적으로 고민했고 만화이론의 기본이 되었던 것이 바로 융의 심리학이었다.

예를 들어, 어린아이에게 공통적으로 드러나는 오이디프스 컴플렉스, 어린 아이가 어른의 기대에 충실하려 가면을 쓰고 연기를 강요당하는 '페르소나' 컴플렉스, 사실은 아쉐이인 주인공이 갑옷으로 무장하고 사회적인 역할분담을 통해 '초남성적인' 존재가 되려고 하는 설정 등이 그것이다.

여기에 일본의 전통적인 사상인 작고 힘없는 것을 보호해주는 그 어떤 신비로운 힘의 존재(예를 들어 카미가제 신화, 잇손 보우시 신화...) 등이 짬뽕이 돼서 일본 만화의 새로운 전형을 형성됐던 것이었다. 제

2세대 로보트 에니메이션은 이러한 전통을 충실히 따르고 있다
　이런 융의 틀로 이야기를 분석하면 만화의 많은 설정들이 간단하게 정리된다.

 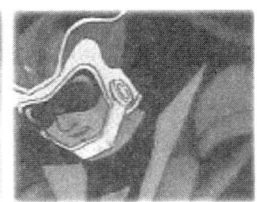 

　주인공이 무한의 힘을 얻게 되는 로보트의 안으로 들어가는 것, 그것은 개발자인 아버지의 기대 안으로 들어가는 것이고, 주인공이 항상 14세 정도의 몸은 어른인데 생각은 아직 아쉐이인 캐릭터로(이 아쉐이는 동시에 관객이기도 하다.) 설정되는 것은, 작고 힘없는 것이 등장해야 하고 또 그를 보호해 주는 로보트라는 초남성적인 가면을 씌워 〈정의의 사도〉 연기라는 사회적 요구를 할 수 있는 사회화의 대상이어야 하기 때문이었던 것이다.
　일본넘들의 변태성은 이런 구도하에서도 여실히 드러나는데, 로보트는 어른이 되는 투구이기두 하고 아버지의 분신이기두 하며, 나의 사회적인 존재를 확인시켜주는 도구이기두 하지만, '엄마'로서의 상징이기두 하다.

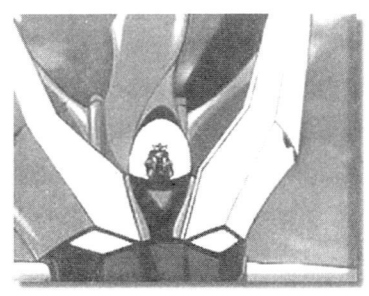

　조종자가 조종하는 조종석은 엄마의 자궁 안인 것이다. 조종자는 엄마의 태반에 '인서트' 됨으로서 불행한 성장기를 보내 온 주인공이 태아가 되어 역행의 성장이 실현되는 것이다. 하지만 조종자는 어머니의 자궁에 도달하기 위해 엄마를 '범하는' 터부를 저지르지 않으면 안 된다.

12월 7일 (월) 국제

이것은 조종자가 로보트하구 도킹하는 장면에서 확연히 드러나는데, 그레이트 마징가의 경우 긴 터널을 조그만 비행기가 졸라 빠른 속도로 달려가 로보트에 콱 박혀 버린다.

에바의 예에서두 마찬가지지만 자지같이 생긴 캡슐 안에 신지가 타구 돌아가면서 콱 박혀 버린다.(씨바... 레이도, 아스카도 에바를 타는데 무슨 소리냐구? 따지지 마시라. 나중에 본격적인 에바 강의 때 설명하겠다.)

그 동작은 바로 섹스의 재구성이며, 이러한 설정은 오이디푸스 콤플렉스와 관련이 있겠다.

조종자가 그렇게 신비하게 로보트에 올라탈 필요가 없다. 일본 로보트 만화에 있어서만큼은 시대가 감에 따라 조종자가 로보트 위에 올라타는 과정이 더 복잡해지고, 더 화려해지고, 꽂히는 순간 빛이 번쩍하고 하는 강도가 점점 세어졌다.

14세의 소년은 한 마리의 정자가 되어 어머니에게로 돌아간다. 실질적으로 이러한 〈죽음=전체성에의 합일=자궁회귀〉의 개인적 희구를 어떻게 평가할까 하는 주제는 1960년대 연극이나 영화에 반영되어 많은 논란이 있었다.

이러한 류의 해석논리는 일본에서 이전부터 있어 왔는데 당시의 만화작가가 정말 이런 계산까지하구 시나리오를 작성했는지는 확인할 길이 없다. 어쨌던, 이렇게 숨겨진 장치들은 만화를 보는 아쉐이덜헌테 '뭔지 모르지만 화끈한' 느낌을 주게 되었고 이때부터 일본 로보트 만화는 연승가도를 달리게 된다.

2세대 만화에서 엄마가 필요없는 이유는, 다시 융의 심리학으로 설명이 되는데, 그런 '엄마'를 만든 것은 다름아닌 아버지이고, 여기서 엄마를 창조한 아버지, 엄마인 로보트, 그 엄마하구 섹스를 하는 조종사 아들의 강력한 긴장 삼각관계를 유지하면서(실은 질투의 삼각관계다.) 만화의 스토리가 이어져 나간다. 일본의 신화에서 일본이 탄생한 배경도 신들의 섹스에 의해서 만들어진 나라라는 구절이 있다. 이건 전혀 일본사람덜한테 무리가 가는 논리가 아니다.

이러한 장치를 통해 일본의 제2세대 만화 영화가 노린 효과를 정리해 보믄,

1) 지금까지의 만화영화(옛날이야기를 그림으로 그린 형식이나 권선징악적인 스토리 구성)에 식상해있던 아쉐이덜을 테레비 앞에 붙들어 맬 수 있었고,
2) 뭔지 잘 모르겠는 캐릭터의 설정으로 '갠 그때 왜 그랬을까?' 하는 사회적인 담론을 끌어내는 데 성공했고,(에반게리온의 경우 단순히 에바펜 뿐만 아니라 각 캐릭터 펜이 존재한다.)
3) 그러한 담론을 바탕으로 캐릭터 산업(건담 프라모델 등은 지금두 난리 지랄이다.)까지 이끌어 낼 수 있었다.

이러한 보이지 않는 장치들이 우리를 끌어 당겼던 것이다. 한마디로 2세대 작품의 기본은 '애들 겁줘서 착한 애 만드는 만화는 이제 먹히지 않는다'라는 절박한 상황인식과 천재가 성장할 수 있었던 일본의 풍토라고 말할 수 있다.

우리 나라에서 에바가 미친 듯이 먹힐 수 있던 것도 만화에 관해서 만큼은 우리도 일본인의 정서와 전혀 다르지 않기 때문이다. 아니 중국을 제외한 전 아시아인이 만화로는 그 정서가 통한다. 우리도 일본인인 것이다. 만화적으로는 우리도 일본인이다라는 말에 독자덜 흥분하지마시라. 이건 진짜다. 생각해보라 우리가 성장해오면서 보아

왔던 만화들을...

본 특파원이 확인한 바에 의하면 이 문제는 비단 한국넘들의 문제 뿐만이 아니고, 기자와 거의 동시대를 살아온 인도네시아, 타이, 홍콩, 말레이지아 등의 넘들도 마찬가지였다. 미국에서도 일본처럼 로보트 만화영화를 만들었었다. 지구특공대였던가? (원제는 트랜스 퍼머였을 꺼다.) 지구의 자연을 지키기 위해 쓰레기 버리는 넘덜을 때려준다는 내용의... 이런 게 우리 한국넘덜한테 먹힐 리 없다.

쇳덩어리가 "쓰레기 버리면 안 된다는 것을 알아둡시다." 라구 '말'을 하면서 하나의 자아로서 인간에게 다가 오는 것은, 우리 정서에서는 뭔가 어색하다. 왜냐... 만화적으로 우린 일본인이고 그 설정에 의하면 로봇은 사람이 입고 조종해야 하는 갑옷이었으니까.

'둘리'구 '미스터 손'이구 잘 안 되는 이유도 여기에 있다. 우리는 일본 2세대 전통을 고스란히 이어낸 만화를 보고 자랐기 때문이다. 2세대 로보트 만화 영화의 소개는 여기서 마친다.

제3세대 로보트 만화의 효시는 '에바'다. 왜 에바가 2세대 하구 구별이 되는지는 또 설명이 졸라 길기 때문에 이건 다음 호에 떠버리겠다.

지금 화장실이 졸라 급하다...

저녁에 먹은 주먹밥이 이상했는지 계속 설사다 씨바...

- 일본 수습 특파원 멘뒤 mandui@netplus.co.jp

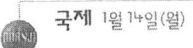 국제 1월 14일 (월)

[연재] 일본 에니메이션을 까발려 주마(2)

아... 이번 기사는 졸라 길었다. 이틀을 꼬박 원고 쓰는 데 매달려야만 했다. 그래두 아주 즐겁게 작업을 할 수 있었다. 다 독자 여러분들의 격려 메일 덕분이었다. 꾸벅.

상당해 놀랬던 건 만화를 잘 알고 좋아하는 사람들이 생각보다 훨씬 많다는 것이다. 그리구 굉장히 수준이 높았다. 여러분들의 기대에 어긋나지 않게 열심히 쓰겠다. 근데 알 수 없는 건 그 만화의 입수 루트다. 독자분 중에서 한국에서 상영 안 된 일본 만화를 비디오로 보신 적이 있으신 분덜은 어떻게 보게 되었는지, 보실 때에는 일본어 원문으로 보셨는지, 아님 한글자막판을 보셨는지... 메일 주시믄 감사하겠다.

또 많았던 내용이 이론과 자료의 출처, 기사의 의도를 확실히 밝히라는 거였다. 기사의 의도는 〈일본 만화가 사람들에게 왜 먹힐수 있었는지 생각해 보자〉는 것이다. 그러니깐, 일본 만화의 역사나 작품성을 논하고 싶으신 분들은 시비걸지 마시라.

서로솥귀 님(StaRac@medidas.co.kr)은,

"2세대 만화에서 엄마가 필요없는 이유는, 다시 융의 심리학으로 설명이 되는데, 그런 '엄마'를 만든 것은 다름아닌 아버지이고, 여기서 엄마를 창조한 아버지, 엄마인 로보트, 그 엄마하구 섹스를 하는 조종사 아들의 강력한 긴장 삼각관계를 유지하면서(실은 질투의 삼각관계다.) 만화의 스토리가 이어져 나간다."

요 부분에서 본 특파원이 융의 심리학을 오해하구 있다구 지적해 주셨다. 사실은 프로이드의 심리학이었다. 본 특파원의 착각이었다.

감샤.꾸벅.
그리구 김도형 님(mikael@netsgo.com)은

"1기(조종자 외부식) 2기(마징가제트~에바 이전) 3기(에바 이후)로 구분하셨습니다만, 제가 생각하는 바는 약간 다릅니다. 구체적으로는 2기에서 마징가제트와 건담, 그리고 건담 이후와 에바 이전까지로 구분해야 할 것입니다."

라는 지적은 본 기자와 기준은 조금 틀리지만 상당이 일리가 있으신 이바구다. 또 감샤. 꾸벅.
아... 명랑사회만들기가 일케 힘들 줄이야...
자 이번에는 에바의 장치에 대해 썰을 풀어 보겠다.
밤에 학교작업실에서 나의 꼬봉 나까무라랑 철야작업을 하는데 돌연 나에게 무척 궁금하다는 듯이 이렇게 물었다.

나까무라 : 맨뒤 상, 쌈을 하신 적이 이쓰무니까?
나   : (음... 이넘 또 지라리군... 빨리 재워야쥐...) 무순 소리~ 난 평화주의자잖어...

말을 이렇게 해놓고보니 처절했던 옛날이 생각났다. 때는 본 기자 초등학교 시절. 나랑 같은 여자를 찍었다는 이유만으로 난 어떤 넘에게 결투를 신청했다. 심판을 보다가 "사실은 나두 갤 좋아한다."며 심판이 결투에 뛰어드는 사태를 미연에 방지하기 위해 이미 여자친구 있는 넘을 심판으로 세우고... 진짜 처절했다. 그 쌈... 물론 그 논은 결투결과에 상관없이 딴넘한테 가버렸지만... 그때 강호에는 그래두 낭만이 남아 있었다...
본 기자의 꼬봉 나까무라의 질문이 이상하신가? 놀라지들 마시라,

국제 1월 14일 (월)

일본애덜은 진짜 쌈을 거의 안 한다. 여럿에서 한 놈 패주는 일은 있어두...(사실 요것은 정파 강호인으로서으 쌈이라고 할 수 엄따.)

그렇다. 일본은 〈초안정국가〉다. 마음만 먹으면 일본넘들은 자신의 관심의 대부분을 자기 자신에게만 쏟는 것이 가능할 정도로 사회적 이슈나 문제가 거의 없는 나라다. 소니, 도요타로 미국을 눌렀고, 아르바이트로 잠깐 일해두 한 달 쓸 용돈은 충분히 나오구...

그러다가... 이게 박살이 났다. 에바식으로 표현하자면 세컨드 임팩트(퍼스트 임팩트는 오일쇼크)가 온 것이다. 버블 경제의 붕괴와 세계를 양분했던 이즘의 붕괴가 그것이다.

버블 경제의 붕괴는 단지 경제적인 붕괴 뿐만이 아니라 지금까지 유지해왔던 생활의 붕괴까지로도 이어졌는데, 이때 일본 애덜이 받은 쑈크는 대단한 듯하다.

지금까지 '나'를 지탱해주던 모든 것이 흔들리기 시작했기 때문이다. 이렇게 '당근이지...' 하던 것들이 무너졌을때, 일본 창작가들은 '꺼리'가 없어서 난리였다. 이러한 시대에 도대체 사람들이 뭘 원하는지 전혀 알 길이 없었기 때문에...

이때까지 일본 사람들에게 공통적으로 박혀 있었던 '우리 닛뽕을 모든 면에서 세계적인 수준으로 끌어올려야 된다'라는 암묵적인 합의가 이제는 '별로 의미가 없어진' 것이다. 사람들은 졸라 허무해했다.

격변기에 의례 나타나기 마련인 보수, 극우 회기현상이 일본에서 보이기도 했고 "난 지금부터 뭘 어떻게 해야 하쥐..." 하며 관심의 대상이 '공동의 목표' 에서 '나' 로 옮겨지기 시작했다.

독일에서 대가리 빡빡 밀고 '함 더 해보자...' 하는 네오나치주의자가 요사이 점점 더 극성인 것도, 일본에서 와타나베의 〈전쟁론〉이라는 만화가 인기를 끌고 있는 것도 이러한 상황의 반영일 것이다. 무라카미 하루키 같은 문학가 덜은 '나', '허무' 를 주제로 소설을 써서 각광받기도 했고... 다른 방식으로도 설명이 가능하겠지만 어쨌든 일본넘들이 '허무' 해 하고 있다는 것만은 틀림없는 사실인 것 같다.

주 : 와타나베의 〈전쟁론〉의 주제를 한마디로 하면, '우리의 전쟁은 아직도 끝나지 않았다' 이다. 일본 토론방송에서 다루어 질 정도로 인기였다. 동경대 교수로 계신 강상중 선생님이 나오셔서 일본인을 압도하는 설명으로 한국을 대표해 주셨다. 감샤. 와타나베 요넘은 언제 한번 딴지에서 집중적으로 씹어줘야 하는 아주~ 개쉐이다.

에바는 이러한 '나' 를 소재로 한 만화영화이다.

모두가 '나' 를 표현하고 있는 것뿐이야.
모두 '나' 를 다른사람에게 '인식' 시키고 있을 뿐이야.
자. 그럼 난 뭐지?
어디에 있지?
이게 나야?
진짜의 나.
가짜의 나...
(에바중 신지의 독백 - 모든 에바의 대사는 본 기자가 직접 번역하였으므로 에바 한국판과는 조금 틀릴지두 모름. 틀림 배째시라.)

건담의 안티테제 에반게리온

에바는 위에서 설명한 시대적 배경에, 에니메이션 제2세대의 전통을 등에 업고 일본넘들의 마음을 사로 잡을 수 있었다. 건담의 존재도 에바가 '나'를 주제로 하지 않을 수 없게 만든 요인 중 하나였을 것이다. 에바에 있어서 건담은 넘지 않으면 안 되는 거대한 산과도 같은 존재였다.

같은 로보트 만화를 기획하면서 에바의 제작자들은 1978년 이후 계속해서 씨리즈로 만들어지고 있던 건담을 의식하지 않을 수 없었다. 건담과 에바가 틀린 점은 여러 가지가 있겠지만 테제〈건담〉: 안티테제〈에바〉의 관점에서 본다면 에바가 왜 '나'라는 주제로 쓰여지게 되었는지 이해가 조금은 쉬워진다.

2세대를 풍미했던 건담의 주제가 'Newtype이라는 이상에 담겨져 있는 공동체론'이라고 한다면 에바는 반대로 '사람과 사람이 그렇게 쉽게 공동체화될 수 있는 것이 아니고, 오히려 사람과 사람은 서먹서먹한 관계를 상대방의 눈을 똑바로 쳐다보고 구체적인 부딛침과 깨짐으로 개선해나가는 것이 아니겠느냐…' 하는 주제로 건담을 넘어보려 했던 것이다.

자 이제부터 잘 보시라. 일본 넘들이 어떻게, '나'란 소재를, 어떤 장치를 사용해서, 어른과 아쉐이덜에게 먹히게 했는지.

에바의 전개 방법

에바의 장치는 크게 나누어서 세 가지로 설명을 헐 수 있겠다.
〈a〉 입체관과 로리타 컴플렉스
〈b〉 현재의 일본을 반영한 리얼리티
〈c〉 융의 심리학을 중심으로 한 심리학 이론

등이다. 자, 구러문 요놈덜을 설명해보자...

⟨a⟩ 입체관과 로리타 컴플렉스의 도입

에바의 매력은 어디서 나오는가. 그것은 한마디로 '보긴 봤는데 뭐가 뭔지 잘 모르겠다' 이다. 여러분은 입체관이라는 말을 들어보신 적이 있능감? 영어루 하면 큐비즘쯤 되지 않을까 한다. 하나의 사물을 여러 각도에서, 여러 방식으로 해석해서 표현 하는 것. 그런 것이 입체관이다. 자 그럼 아래의 그림을 보시라.

이 그림을 단순하게 보면 그냥 달 그림처럼 보일지두 모르지만, 상상력을 발휘해 보시라. 뭔지 모르지만 하여간 어떤 하나의 세계를 표현하구 있다구 생각하면서...

개새낀지 늑대새낀지 모르는 네발 짐승 두 마리가 달을 쳐다보고 있구, 짐승 사이에는 길이 나 있는데 멀리 보이는 뾰족뾰족한 (보기만 해두 졸라 올라 가기 힘들것 같은) 산을 향해 있구, 그 짐승 앞에는 호수가 있는데 그 호수에는 가재가 땅 위로 기어 올라 갈라구 그러구 있구, 그림의 중심 쯤 서있는 탑인지 문인지는 아스팔트 빛으로 스산하고 휑하니 서 있고...

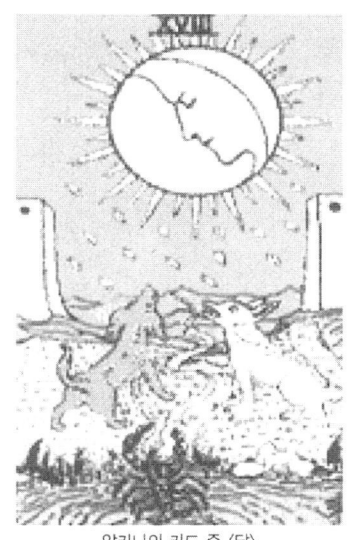

알카나의 카드 중 ⟨달⟩

에바의 전개 방식은 마치 이 달 그림과도 같다. 달 그림은 그냥 단순하게 카드 한장이지만 구체적인 설명이 없다. 하지만 웬지... 막... 우쨌든... 하여튼... 무언가를 말할라구 그러는 거 같지 않능감?

이 그림을 보고 사람들이 그것이 무엇을 말하는지에 대해 이야기 한다면 당근 의견이 분분할 수밖에 없다.

국제 1월 14일(월)

"그때 그 개새끼는 인간이 되고 싶어서 달에게 기도했는데 달이 '조까!' 그랬을꺼야."

"아냐, '조까!'는 건 수컷만 가능하므로 달이 성급히 그랬을 리 없어... 일단 수컷인지 암컷인지 물었겠지."

뭐 이따구 의견도 가능하겠다. 나와 있는 그림의 자료가 너무 부족해 설명되어 있지 않은 부분을 독자(혹은 시청자)가 다양한 관점에서 스스로 설명하고 내용을 완성시켜 나가는 것이다.

에바가 사회적 담론을 불러일으킬 수 있었던 것 이유가 바로 여기에 있다. 해석이 분분했기 때문이다. 요게 입체관이 가져다준 에바효과이다.

만화영화가, 만약 애쉐이덜만이 보는 거라면 에바도 참패를 면치 못했을 것이다. 근데 일본에는 '어덜트 췰드런'(뒤에 설명함)이라 불리우는 만화 좋아하는 어른덜이 졸라 많키 때문에 에바를 보고 모여서 이야기하는 것이 가능했고 이게 증폭되어 에바가 신드롬화되었다. (사실 아무리 일본이지만 만화 때문에 일부러 일상생활 중의 성인들이 물리적 공간에 모여서 서로의 의견을 교환하는 것은 불가능하다. 그러나 이게 있잖는가 인타넷또. 에바에서 모이는 공간으로 인터넷이 활용되었다.)

이 입체관이 효과를 내기위해서는, 일단 사람들의 눈을 끌어 그림을 계속보게 붙잡아 두어야 한다. 흔히 性을 여기에 이용한다. 에바에서 사람의 눈을 붙잡기 위해 쓰여진 장치는 '로리타 컴플렉스'와 '신비적인 구성'이었다.

로리타 컴플렉스는 조그만 여자애에게서 사랑(여기서 사랑이란 허리하학적인... 아니라구 그러지마라... 짤라버린다...)을 느끼는 현상이다. 일본넘덜은 '로리타 컴플렉스'가 '선진국형 고학력자 변태'라구 지들끼리 그러는데, 확실히 지금 일본 연예계는 이 현상을 반영해서 난리다.

쪼만논덜(13~14세)이 서넛씩 짝지어 〈사랑은 그런 게 아니에용~〉 하면 30대쯤 되는 넘덜이 〈언니~〉하구 답한다. 웃기는 넘들…

이런 로리타 컴플렉스를 이용한 대표적인 예 중 하나가 은하철도 999에서 메텔의 신비성을 나이어린 여자에게 이식한 〈레이〉라는 캐릭터였다. 레이는 14세의 여자아이다.

근데 애는 다른 애덜 캐릭터에 비해 벗고 있는 컷트가 많고 그 포즈도 쑤엑시 하다.

만화영화는 소설하구 틀리다. 소설은 문자를 종위 위에 박은 거라, 읽는 사람이 문자를 머리속에서 3차원으로 다시 조합하는 과정을 거쳐야 하기 때문에 사람에 따라 장면 장면이 머리속에 그려지는 구체적인 모양새는 다 틀리다.

이런 관점에서 소설은 '읽는이의 상상력의 예술'인 반면, 만화영화는 텔레비전라는 매체를 통해 그림으로 사람들에게 전달되기 때문에 보는 장면은 똑같다. 별루 훈련도 필요하지 않구, 상상력도 필요하지 않은 게 사실이었다. 한마디로 '만드는 이의 상상력의 예술'인 것이다.

그런데 읽는 이의 상상력이 그 그림의 완성에 참여하는 소설의 이러한 장점을, 에바는 입체관의 도입으로 만화에 끌어들였던 것이다. 예를 들어 에바 최종회의 한 장면이다.

신　　지 : 〈아무것도 없는 세계, 아무도 없는 세계〉

어린 신지 : 〈자유〉의 세계

신　　지 : 〈이게 자유?〉

어린 신지 : 누구에게도 속박되지 않은 〈자유〉의 세계야.

신　　　지 : 〈자유?〉
어린 신지 : 응. 자유의 세계...
　　　　　　　〈에바 TV판 최종회에서〉

 뭐 이런 식이다. 장면과 대사만을 놓고 보면 씨바 무슨 말인지 이해하기 힘들다. 기존의 작품처럼 스토리를 일방적으로 이끌어 나가는 것이 아니라, 〈나 아닌 내가 나를 보며 나를 완성해가는〉 형태로 나타난다.
 요게 보는 사람들에게 '갠 왜 그랬을까?' 하는 호기심을 자극했구 인터넷이 대화의 장으로 활용되면서 에바 신화가 탄생한 것이다.

 단지 이러한 스토리의 전개 뿐만이 아니라 타이포그라피도 새로운 형식으로(이것도 입체관의 일부라고 보면 된다.) 지금까지의 통념을 깨어버렸다. 이 에바틱한 타이포그라피는 TV에서도 본따서 사용할 정도로 여파는 대단한 것이었다.
 롤랑 바르뜨라는 프랑스 학자의 〈신화론〉에 의하면 문자의 의미화는 두 가지 단계를 거치는데, 첫 번째는 명시적 의미화 - 상식 혹은 당연히 존재하는 - 이고 두 번째는 내연적 의미화 과정(사용자의 감정이 개입된 의미화)이 있다는 것이다.
 아... 씨바 졸라 어렵다. 쉽게 말하자. 말을 쓸 때 단순하게 쓴 게 아니라 쓰는 말에 사람의 의도가 들어 있으면 똑같은 말이라도 다른 뜻(메타 언어)으로 해석해야 한다는 말이다. 이 타이포그라피는 에바의 각 소제목(에바에서는 에피소드라구 그런다.)이 여러 가지 관점에서 해석이 되는데, 이러한 해석의 중심이 되는 메타 단어만을 크게 써서 지금까지 못 보던 형식으로 배치를 시도한 것이다.

'요거 보구 니들 맘대루 상상해 보라구...' 그래서 이것두 입체관의 일부라구 생각 되는 것이다. 음... 그래도 여전히 졸라 어렵다...

하여간 에바가 일본의 제3세대 만화라 불리우는 이유가 여기에 있다. 충실히 일본 에니의 전통은 이어가지만 스스로 변화해서 새로운 형식을 만들어 낸 것이다. 정확히 시대를 읽어서... 여기서 유치티를 벗어난 담론의 중심이 되었던 것은 어덜트 췰드런이라 불리는 만화매니아의 신세대였다.

〈b〉 어덜트 췰드런과 리얼리티

어덜트 췰드런(adult children). 물론 일본애덜이 만든 일본식 영어다. 지금 일본의 30대를 일컬어 이렇게 표현한다. 몸은 어른인데 취향은 애덜이라구...

1980년대, 대량생산, 대량소비시대에 미국을 이기기 위해 부모들이 밖에 나가 졸라게 일을 해야 했던 시대에 부모없는 애덜은 가정용 게임기 패미콩, 만화영화 등으로 혼자 노는 법을 배우며 자라야 했다. 또 옛날에는 100년에 한 번 있을 법한 변화가, 지금은 초단기로 일어난다. 일본의 어덜트 췰드런은 그렇게 변해가는 세계에 어떻게 적응해 나가야 하는가 하는 것을 어릴 적 혼자 노는 법을 배웠듯이 혼자 고민하지 않으면 안 되게 되었다.

이때, 에바의 주인공 신지는 다름아닌 어덜트 췰드런 그 자신이었다. 아니 신지뿐만이 아니다. 모두들 불우한 성장배경을 가지고 있는 에바의 캐릭터 - 엄마는 죽고 아부지는 지구에 평화에 미쳐 혼자 큰

국제 1월 14일(월)

신지, 세컨드 임팩트 때 부모를 잃고 군인이 된 미사토, 엄마가 스스로 컴퓨터가 된 리츠코, 엄마가 자살한 이스카... – 이들 모두 어덜트 췰드런 그 자신이었던 것이다.

신지의 경우 에바를 타는 경위가 정말 우습지도 않다.

평상시에는 이게 아부진지 남인지두 모르는 인간이 어느 날 불러서 "필요하기 때문에 불렀다. 에바에 올라타라." 상처투성이인 레이를 가르키며 "네가 안 타면 레이가 출격하는 수밖에 없다."라고 아들을 협박한다 – 이러한 협박 방법은 일본에서는 흔히 있는 이지메 방법중 하나다.

이것하고, '평상시에는 회사 가느라 얼굴 코빼기도 안 보이던 아부지가 아들새끼 사고 쳤다구 졸라게 패는' 자신의 성장배경과 맞물렸던 것이다.

또 하나, 극장판 만화에서 신지는 다쳐서 누워 있는 아스카의 젓가슴을 보고 자위행위를 한다. 이걸 보는 어덜트 췰드런은 혼자 놀며 자위행위를 하던 14세 때의 자기가 그대로 떠오르게 되는 것이다.

그리구 또 하나, 신지의 아버가 '지구의 운명'을 위해 에바에 올라타라구 강요 하는 것은 마치, '너의 장래를 위해 – 절대루 애비의 욕심이 아니다 라구 강조하면서' 하기 싫어 죽겠는 아버지의 풀빵 굽는 직업을 이어받는 (일본에서는 "아또쯔기" 라구 해서 가업을 이어가는 것이 무진장 많다...)것과 그렇게 비슷할 수가 없다.

에바처럼 등장 캐릭터 중심으로 만화가 인기가 있는 경우도 드물다. 이유는? 자기 자신과 닮은 캐릭터가 바로 만화 속에 있었기 때문이다. 위에서 설명한 담론의 중심으로 어덜트 췰드런이 등장했고, 이 담론은 영화판으로 관심이 이어졌으며, 다시 캐릭터 산업으로 이어졌다. 에바를 지지하는 어덜트 췰드런은 금전적인 문제에서 비교적 자유롭기 때문에 엄청난 금액을 여기에 쏟아 부을 수 있었다.

놀라지들 마시라, 레이가 입는 플러그슈트(에바에 탈 때 입는 전투복)가 - 단순히 그냥 흉내낸 옷이다 - 얼마에 팔렸는지 아시는가? 자그마치 한국 돈으로 360만원에 팔렸다. 그것두 예약을 하지 않으면 사지도 못할 정도였다. 어른들이 이렇게 떠들어 놓으니까 특별히 에니메이션 매니아가 아닌 사람도 극장표를 사서 줄을 서는 상황으로까지 번졌다. 일종의 '데마' 현상이 일어난 것이다.

〈c〉 심리학의 사용

전편에서 융의 틀로 일본 만화를 분석했다. 단정하건대, 에바 역시 융의 틀과 기존에 나와 있는 심리학으로 분석하면 캐릭터가 거의 해석된다. 왜? 애초부터 그렇게 의도하구 기획한 만화이기 때문에.

에바에서 사용되는 심리학이론을 잠깐 정리하면,

1. 프로이드의 오이디푸스 컴플렉스와 엘렉트라 컴플렉스
2. 융의 페르소나(가면) 이론
3. 성서
4. 나르시즘(자기애)
5. 에릭슨의 아이덴티티론(Identity)

6. 모레노의 심리극
7. 로리타 컴플렉스

〈오이디푸스 컴플렉스〉는 조종자의 자궁회기를 비롯해, 에바를 자기 부인 유이의 변신이라 생각하는 아버지 켄도우. 에바와 신지, 아버지 켄도우 간의 삼각관계. 조종석(=태반)에 채워지는 양수와 그 안에서 편안함을 느끼는 신지, 에바의 조종석에 앉아서 불행했던 과거에 대한 역행성장을 실현하는 신지와 아스카(아스카의 경우에는 엘렉트라 컴플렉스), 신지와 아버지 켄도우와의 갈등... 더 설명하기두 힘들다. 독자가 직접 프로이드를 읽어보구 판단하시라.

〈페르소나 컴플렉스〉는 아버지의 강요에 의해 〈정의의 사자〉라는 가면을 쓰고 애비말 잘 듣는 착한 아쉐이의 연기를 강요당하는 부분을 말할 수 있겠다. 신지의 성격을 결정짓는 단어인 AC(Adepted child)는 일본에서 유명한 이야기이다. 애덜이 집에서는 부모랑 트러블을 피하기 위해 착한아이를 연기하지만, 밖에서는 별짓 다 하는... 하나같이 사고친 부모들의 인터뷰를 들어보면 "우리 아쉐이는 졸라 착한데..." 뭐 그런 스토리...

〈성서〉는 에반게리온(Evangel (신약의) 복음서라는 단어에서 따왔다.)을 비롯한 아담. 그 아담에서 만드는 에바. 생명의 나무 세피롯트 등... 아... 요 얘기만 가지고두 한두 회는 쓰겠다.

〈나르시즘〉은 신지가 거대한 로봇에 앉아서 '초남성적인 자아'를 실현하는 부분.

〈아이덴티티론〉은 '나'라는 화두를 신지가 확인해 가는 과정.

〈모레노의 심리극〉은 텔레비전판 마지막에서 집단 심리극 형식을 빌린 '학원 러브 코미디' 편에서.

<로리타 컴플렉스>는 위에서 설명했지만 캐릭터 디자인에서 이용되었다. 에바의 쪼만눈덜은 15세 정도의 눈덜인데 이게 묘하게 쑤엑씨하다. 로리타 컴플렉스는 생각보다 훨씬 자주 이용되는 건데…

영화 <레옹>을 기억하시는가? 본 기자는 이 기사를 쓰면서 섬뜩했다. <레옹>의 쪼만년(아마 이름이 마틸다였나?)을 회상하며 본 기자 안에도 로리타 컴플렉스의 요소를 발견할 수 있었기 때문에…

뭐 이런 것들이다. 정말일까? 하구 의심하는 독자들… 이거 절대 구라 아니다. 지난 호 기사내용을 상기해 보시라. 그 이론들과 맞추면서 에바를 상상해보시라. 다 들어맞는다. 마치 자로 잰 듯이… 더 무서운 건 이넘덜의 마케팅 전술이다… 심리학을 이용한…

위에서 '데마' 신드롬을 잠깐 이야기했다. 이게 뭔지 잘 모르는 독자를 위해 잠깐 설명을 하면…

일본에 토요카와 은행이 있다. 아이치 현을 중심으로 사업을 하고 있는 중소 규모의 은행이다. 어느 날 갑자기 예금자가 몰려와서 예치하고 있던 돈을 찾아가기 시작했다. 처음에 10명 정도가 생 난리를 치더니 딱 한 명만 빼구 전 예금자가 돈을 찾으러 몰려 왔다. 이유는 "니네 은행 망한다던데…"

사실 건실하기로 치면 아이치 현 은행중 재무구조가 가장 튼튼했던 토요카와 은행이었다. 직원들이 그렇지 않다고 계속 설명을 하고 난리를 쳐도 돈 찾으러 오는 넘들은 막무가네…결국 전국방송으로 일본은행 총재가 "내가 보증한다…씨바덜아"라구 해야 겨우 진정되었다. 이 사건의 발단은 이렇다.

취직준비를 하고 있는 여고생 넌 셋이 전철간에서,

http://ddanji.netsgo.com

국제 1월 4일(월)

논 1 : 너는 어디 취직했니무니까?
논 2 : 응 토요카와 은행이무니다.
논 3 : 지방은행은 쫌 그렇지 안수무니까?

요게 발단이었다. 옆에서 듣던 아지매가 요걸 듣구 옆집 아지매랑 이바구할 때,

아지매 1 : 토요카와 은행 요새 조금 그렇다구 그러무니다.
아지매 2 : 아... 그렇수무니까...

문제는 떨떠름 하게 대답을 받은 〈아지매 2〉, 이 사건이 일어나기 7년 전, 세탁업을 경영하구 있던 이 아지매는 100만 엥을, 진짜루 망했던 은행에 돈을 넣어놓구 있다가 3만 엥밖에 못 돌려 받은 실적이 있는 아지매였다.

아지매2 : 토요카와 은행이 이상하다 그렇스무니다...

이 야그를 들은 아지매 3 '토요카와가 불안한데...', 아지매 4 '토요카와가 맛이 간다며?', 아지매 5 '맛이 갔데...' 이 종만한 동네에서 야그가 돌면 얼마나 돌겠나... 급기야 이 이야기는 극도로 에스컬레이트해 '망할지두 모른다' 까지 갔다. 이게 아지매 2에게 피드백, 이 과정을 심리학에서는 '재 확인과정' 이라구 해서, 비록 자기가 소문의 발원지라구 해두 남한테 들어오는 자신의 이야기를 '이건 남들이 다 그러니까 공증받은 사실이다' 하구 믿어 버리게 되는 것이다. 그리구 드디어 터졌다.

망하무니다~

1월 4일(월) 국제

이 아지매의 직종은 세탁업. 시민들이 자주 이용하는 업종에 종사하는 관계로 단골두 많다. 평소에 신세지던 사람에게 전화를 돌려 "망한다~" 하구 긴급연락망을 쳤던 것이다... 그래서 동네 전체가 지라리 나는... 요게 '데마' 신드롬이다.

이 '데마'의 특징은 인간의 판별력을 아예 아작을 내 버리는 데 있다. "방송에서 이야기하는 건 우리를 안심시킬라구 그러는 거야." 하며 아예 들을려구두 안 한다. 요걸 과학적으로 증명한 넘두 있다.

두 칸으로 나뉘어 있는 유리상자 안에 쥐를 넣고 한쪽편 바닥에는 전류를 흐르게 하고 한쪽편에는 일반상황에서 먹이두 충분히 줬다. 처음에는 전류를 흘린 쪽 쥐넘덜이 난리가 났다.

첫 번째 날 쥐들의 혈액검사에서는 당근! 전류를 흘린쪽의 쥐넘들한테 노르 아드레날린(스트레스 받으믄 뇌에서 나오는 호르몬. 요게 나오믄 심장혈관이 확장되고, 혈압이 상승한다.)이 많이 검출되었다. 근데 이게 유리벽이라 감전당해서 찍찍대구 펄쩍뛰는 쥐들을 편한쪽 쥐들이 그냥 여과없이 보구 있었다는 거다.

5일 후 상황은 역전, 괴로워하는 걸 보구 있던 쥐들한테 〈노르 아드레날린〉의 양이 더 많이 검출되었다. 전류를 흘린 쪽 쥐들은 벌써 적응해서 〈노르 아드레날린〉의 양은 감소치... 편하게 있던 쪽 쥐들은 패닉 현상을 보이면서 이리뛰구 저리뛰구 난리...

왜냐 저쪽 쥐들한테 들려오는 비명소리와 함께 그 모습을 생생히 봤거덩... 지들두 언제 당할지 모르는 불안한 상태에서 5일이나 있었던 거다. 요기서 바닥에 졸라 쎈 전류가 흐르는 방으로 통하는 구멍을 열어 줬더니 일제히 그 방향을 통해 기어들어가기 시작한다... 결과는 예상 그대루... 앞 놈이 감전되 죽는데두 서루 기어 들어 갈라구 난리다...

- 의학공부를 하시는 프링 님(prinprin@netsgo.com)이 감수를 해

http://ddanji.netsgo.com

국제 1월 4일(월)

주셨다. 감샤...

왜 이런 이바구를 푸느냐... 일본에서 에바신화는 이 '의도되어진' 데마 현상과 관련이 있기 때문이다. 에바의 메카닉 디자인, 캐릭터 디자인 의도는 '불안' 이라고 파악되는데 예를 들면.

1. 뼉다구만 남아 있는것 같은 에바의 매카닉 디자인.
2. 근육이 뿌룩 튀어나온 hero 형이 아니라, 빼싹 말라서 '싫어.싫어'를 연발하며 정신분열현상을 보이는 신지의 캐릭터.
3. 에바의 운동능력은 한계가 있어 '언제 멈출지 모른다' 라는 불안을 안고 봐야 되는 전투신.
4. 신지를 비롯한 전 캐릭터의 심리적인 갈등.
5. 언제 나타날지도, 무언지도, 어떤 능력을 가졌는지도 모르는 적.

등이다.
　이러한 불안요소가 '나랑 비슷한' 캐릭터 설정과 합쳐져서, 감정이입에 의해 보는 사람마져 불안하게 만들었고, 이런 불안감이 통신을 통한 담론의 과정으로 '재확인과정'을 거치게 되는 것이다.
　이러한 불안함은 직접적인 배설구없이 끝없이 이어지는데, 그 탈출구로는 에바 극장판이 만들어졌다.
　어떤 잡지, 어떤 방송, 어떤 홈페이지를 보더라도 안노 감독이 에바의 구체적인 내용에 대해서 언급한 예는 단 한 번도 존재하지 않는다. 신문, 잡지기자나 텔레비전 사회자는 기를 쓰고 물어본다. 하지만 안노 이 쉐이는 절대루 얘기 안 한다. 왜냐 침묵 역시 철저한 마케팅의 일환이었으니까. 독자의 불안감은 비디오 대여수, 극장 인원동원수로 직결되니까.

이러한 마케팅은 대성공이었다. 스스로 판단해야 하는 일본넘들은 침튀게 논쟁했다. 심지어는 지가 에바의 다음편의 시나리오를 써서 넷 게시판에 올리는 놈두 있었다...

일본에 자드(zard)라는 여가수가 있다. 새 음반이 나오면 거의 캡 먹는다. 근데 이놈이 살짝살짝 실루엣만 보여주믄서 얼굴을 제대루 안 보여주는 거다. 심지어는 방송출연(라디오를 포함한)도 전혀 안 한다. 근데 실루엣이 졸라 이쁘거다. 별의별 소문이 다돈다. '걔 옛날에 포르노 배우였다' 는 둥... '왼쪽 뺨에 상처가 있어서 오른쪽 뺨만 보여준다' 는 둥... 얘 노래는 매번 비슷비슷한데두 무진장 잘 팔린다. 얘두 할망구가 되서 더 이상 안 팔릴 때까지 얼굴을 확실하게 안 보여줄 꺼다... 왜냐믄 그걸루 먹구 사니깐.

'에바는 훌륭한 작품이다' 난 이걸 부정하지는 않겠다. 아니 차라리 에바 꼭 보라구 이야기하고 싶다. 에바는 단순히 만화가 아니기 때문이다. 일본을 가장 일본적인 방법으로 축소해 놓은 작품이라 생각하기 때문이다.

그러믄서 우리 만화를 생각해본다. 과연 어떤 방법으로 살아남을 수 있을 것인가... 어떻하믄 우리 만화가 살 수 있을까? 이제 우리는 요걸 담론으로 삼아 씨부려보자...

- 일본 특파원 멘뒤 mandui@netplus.co.jp

문화·생활

[체험 삶의 현장] 나는 이렇게 깼어요...

[패러디 콘테스트 우수상 수상작] My Life As 군만두(君滿頭)

[고발] 도둑질 좀 고마하란 말이야!

[서평] 아쉐이들 성교육 어케 시킬래

[엽기의학] 니 똥꼬를 뚫어주마

만물상 / HOTi의 하루

http://ddanji.netsgo.com

문화 · 생활

체험 삶의 현장

나는 이렇게 깠어요

이것은 시대의 아픔이다.
달리 표현할 길이 없다.

한 순간의 잘못된 선택이 인간을 어떤 지경으로 몰고 갈 수 있는지 이만큼 리얼하고 처절하게 고발한 글은 이전에도 없었고 앞으로도 불가능하다. 21세기 명랑사회를 위해 자신의 치부를 과감히 공개하며 민족의 앞날을 열어갈 청년동지들에게 띄우는 아래의 메시지는 실로 감동적이라 하지 않을 수 없다. 더구나 아래의 메시지는 한치의 거짓도 없는 실화라는 점에서 더욱 가슴 벅차다.

본지는 아래의 글에 노벨의학상을 수여해야 한다고 강력히 주장하는 바이다.

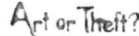

도둑질 좀 고마하란 말이야!

명랑사회를 졸라 향해 달려가야 하는 대한민국, 하지만 어느샌가 우리는 국제적으로 지적재산권에 대한 세계 최고의 문화절도범들의 집단으로 몰리고 있다. 밤낮 우리 것이 최고여! 하다가 어느 날 꿈에서 깨어나보니 우리 것은 별로 없다는 사실을 깨달았을때의 부끄러움은 더 이상 있어서는 안 된다.

여기 딴지의 이름으로 우리를 쪽팔리게 한 절도범이 탄생하게된 배경에 대해 소개하고, 그 절도범들과 그들의 파렴치한 절도수법, 그리고 차후 불어닥칠 엄청난 국제적 쪽팔림 방지를 위한 대책을 논의해본다.

문화 · 생활

(패러디 콘테스트 우수상 수상작)

MY LIFE AS 군만두(君滿頭)

패러디가 없었다. 우스개와 말장난밖에는
그나마 군만두가 위안이 됐다.
유일한 우수작을 보내주신 류상엽 씨에게 군만두 한 판을 보내며…

(서 평)

아쉐이들 성교육 어케 시킬래

자식을 기르다보면 멀쩡하게 잘놀던 아쉐이가 언날 갑자기 진지한 표정으로
"엄마 아빠! 나는 어디서 왔어여?"라고 묻는다.

(엽기의학)

니 똥꼬를 뚫어주마 – 장 청소, 만병통치의 비법인가

본 기자 앞으로 명랑사회에 졸라 역행하는 얼토당토 않은 약광고나 잘못된 의학상식
들을 디비볼까 한다.

오늘은 그 첫 번째로 후천성 똥꼬졸라막힘증… 변비.

문화 · 생활 11월 23일 (월)

[체험 삶의 현장] 나는 이렇게 깼어요...

이것은 시대의 아픔이다. 달리 표현할 길이 없다.

한 순간의 잘못된 선택이 인간을 어떤 지경으로 몰고 갈 수 있는지 이만큼 리얼하고 처절하게 고발한 글은 이전에도 없었고 앞으로도 불가능하다. 21세기 명랑사회를 위해 자신의 치부를 과감히 공개하며 민족의 앞날을 열어갈 청년동지들에게 띄우는 아래의 메시지는 실로 감동적이라 하지 않을 수 없다. 더구나 아래의 메시지는 한치의 거짓도 없는 실화라는 점에서 더욱 가슴 벅차다.

본지는 아래의 글에 노벨의학상을 수여해야 한다고 강력히 주장하는 바이다.

그 날의 기억을 학실히 하고자, 쓰라린 일기장을 꺼내, 전문을 여기에 싣는다.

■ 1995년 을해년 돼지띠의 해 1월 5일

또 한 해가 가고 왔다. 중학교 때던가 읽었던, 지구종말에 관한 책이 있었다.

1986년이었던가. 그 당시 한창 베스트셀러 목록에서 날리던 책인데 제목이 '1999년, 노스트라다무스의 대 예언'이었다. 그 당시의 나는 종말 즈음의 내 모습을 그려보곤, 알맞게 살다죽는구나라는 생각을 했었다. 그리곤, 당시 갓 태어난 내 조카를 측은하게 내려다 본 기억도 난다. 앞으로 5년이면 1999년이다. 과연 지구가 멸망하고 나는 죽을 것인가?

그런데 지구 종말보다 더욱 나를 절망케 하는 것은 중학교 때의 나나 지금의 나나 전혀 변한 게 없다는 거다. 이것이 나를 죽고 싶게 만든다. 나는 변화를 결심했다. 그것도 아주 큰 변화를...

바로, 거시기(주 : 조까)를 결심했다. 곧, 실천으로...

오늘 밤에도 나는 잠을 설친다...

오... 거시기...

여기까지는 폭풍전야의 고요함이랄까... 뭐 대충 명상적인 내용의 일기였다. 그 다음날, 나는 포경수술을 실천했고 그후의 일기는 다음과 같다.

■ 1995년 1월 8일 새벽 1:00

나는 지금 한없이 부어올라 있다. 나의 '거시기'(주:여기서는, 그냥 '꼬추')가 한없이 부어올라 있다. 나는 지금 불안한다. 혹, 터지지나 않을까...

그저께다. 내가 포경제거를 결심한 것은... 씨바, 새해부터 나는 그렇다.

어째보면, 단순한 문장의 이 일기를 보면서, 본인은 지금도 코끝이 찡하고 가슴이 저며옴을 숨길 수 엄따. 이 세상 웬만한 조즌 다하는 거... 뭐가 그리 호들갑이냐... 싶겠지. 그 쓰라린, 체험 조까 현장의 전모는 다음 일기에서 까진다.

■ 1995년 1월 20일

【 제 1 부 】

일본이 망가지고 있다. 전후 최대의 참사란다. 대략 4천 명 가량이 사망했다. 고베의 대지진, 진도 7.2. 어떠한 피해에도 까딱 엄따던 일본 건축물들이 깡그리 무너지고 말았다. 과연 지구가 이대로 멸망하려나...

문화·생활 11월 23일 (월)

이런 식이라면 미래는 극히 비인간적이고 비관적일 수밖에 없다. 얼마 남지 않은 이 땅에서 조금이라도 긍정적으로 살고 싶은데... 근데 올해들어 내게 참으로 긍정적으로 살 수 없는 일들이 연속되고 있다.

여태껏 벼루어 왔었던 '이쁘니 수술'(주 : 조까)를 결심한 것이 아마 1월 6일쯤 이었을 게다. 때늦은 나이에(주 : 때늦은 나이=28세) 그 일로 인해 병원문을 들어간다는 것이 적잖이 쪽팔렸다. 그래서, 언제부턴가 눈여겨 보아왔던 신문광고 "이제 포경수술은 집에서 간단히... 무 출혈, 저 통증..."이라는 획기적인 방법을 쓰기로 했다.

내게 있어 그것은 실로 눈물겨운 발명품이었다. 전화주문을 했다. 몇 시간 안에 조폭 스타일의 신체건장한 청년이 고것을 배달해 줬다. 왠지 찝찝한 마음이었지만, 일단은 신기한 발명품임을 애써 믿고 실행에 옮겼다.

실행에 옮기기 전 일단 부속품을 확인했다. 포장을 뜯는 순간 고사성어 하나, 실감나게 떠올랐다.

무엇에 쓰는 물건인고...

부속품을 보는 순간 입을 다물지 못했다.

"시이바... 요게 모야..."

집앞 문방구에서조차 흔히 볼 수 없는 조잡하기 이를데 없는... 그런 도구들이었다. 그래도 그 제품을 애서 믿으려했다. 나는...

(애석하게도 참고자료가 실종된 관계로, 상세한 설계도면을 곁들이지 못한 점 양해 바랍니다.)

'그래 그래 이렇게 간단한 시술도구로도 할 수 있는 것을... 나는 왜 여태... 까질 못했지. 햐... 참... 고놈... 간단하게도 생겨먹었다.'

바로 실행에 옮겼다. 우선은 바지를 훌러덩 벗었다. 급했다. 나는 조까는 게... 인류가 멸망하려 하고 있지 않은가... 그리곤 웅크렸다. 신중하게. 긴장이 덜 풀린 탓인지 손이 떨렸다. 다시 허리를 펴고, 호흡을 가다듬었다. "촐싹대지 말자." 이런 독백과 함께...

따지고보면, 내 일생 최초의 수술이자 최고로 중요한 수술인 셈인데, 안 떨렸겠는가... 거기다, 이건 '야매'가 아니던가. 현대의학을 위협하는 야매 의학의 눈부신 발전상을 평소, 동네 아줌마들에게 귀따갑게 들어왔었고 나아가서는 몇몇 처녀들의 충격적인 변모술의 원인이 '야매'였다는 사실을 알고...

"야매는 의학이 아니다. 야매는 아틈다."고 주장하던 나 아닌가. 평소 야매 의학에 대한 막연한 동경이 나를 여기까지 끌고 왔는지도 모를 일이다.

그럼 여기서, 이 수술의 시술요령을 한번 살펴보고 넘어가도록 하자. 일단 졸라 간단해처먹은 도구(도구=둥근플라스틱2개, 각각 지름이 다르고 가운데로 홈이 난 상태임)들을 이용해 그 두 개의 홈끼리 낑기는 곳 사이에 껍데기(그거... 뻔데기)가 들어간다.

그런 후 하루가 지나면 낑긴 껍데기가 붓고, 그 상태로 한 며칠 냅둬 버리면 낑긴 껍데기가 서서히 썩기 시작하고 - 피가 안 통함으로 해써, 신경이 죽는다 - 다 죽어 말라 비틀어진 껍데기를 이미 제공된 최첨단 시술용가위로 잘라 내버리면, 시술은 완존히 끝나고 아름다운 조즈로 거듭나게 된다.

가까스로 진정을 시킨 후... 드뎌, 실행에 옮겼다. 웅크린 채로 이제는 마지막이 될 껍데기를 바라보며 잠시 침묵했다.

"껍데기는 가아라..."

조용히 뇌까리며... 껍데기를 잡는 순간...

문화 · 생활 11월 23일(월)

나는... 느낄 수 있었다... 떨고 있는 껍데기를...

그 떨림으로 인해 '내가 껍데긴지 아니면 껍데기가 난지'에 대한 정체성의 혼란이 왔다.

그러나 잡념도 한순간... 조심스레 껍데기를 2개의 홈사이로 낑궜다.

"아악!"

아... 쪼께 아프다... 설명서를 다시 찬찬히 읽으며 거시기와 설명서를 번갈아 쳐다보면서, 진행된 상황에 대한 정밀한 감사를 한 후 제대로 된 건가 하는 의문이 생겼다. 꺼림직했다. 이거 아닌데... 하는 생각이 퍼뜩 들었다. 직감인 것이다. 조세 관한...

일단 폼이 안 났다. '조까' 하는데 무슨 폼인가. 하지만 이건 영 어색했다. 어디가서, 제대로 된 건지 물어 볼 수도 없고, 그렇다고 구입처에 가서, 홀라당 까발리고서 "이거 제대로 한 거 맞지요?" 할 수도 없는 노릇 아닌가.

시술의 특성으로 인해, 다시 원 상태로 돌리기란 불가능했다. 많은 고통이 따를 거 같았다. 가끔씩, 노팬티로 볼 일을 보고, 쟉끄를 올렸을 때, 예를 들어 청바지 같은 옷을 입고서 여간 조심하지 않고서는 낑긴다. 쟉꾸에... 그거... 장난아이다...

남자라면 이런 낭패는 한두 번쯤 당해봤을 것이다. 이 시술을 복구하기 위해 따를 고통은 그런 경우의 두세 배라고 상상하시면 되겠다. 워쩌것는가,..

망연자실... 이러지도, 저러지도 못한 채, 어색하게 낑긴 거시기를 바라보고 있기를 몇 분... 이거, 정확히 다 된거다라는 최면을 건 후 빤스를 사뿐히 올렸다.

"그래도 비싼 건데..." (주 : 4만 몇 천원했다)

당시, 공식적으로 까는 비용이, 8만원 정도 했으니 거의 야매가격인 셈이다. 보통 의료비는 약값이나, 시술도구 땜시 비싼 건 아니다. 의료 시술비가 비싼 거다. 쉽게 말해서, 노가다 비용이다. 그렇게 따지면, 나는 의료행위를 한 셈이고 따라서, 내게도 마진이 떨어져야 한다.

근데, 나는 피박이다. 의료도구값으로 4만 몇 천원을 받기엔 그 도구들은 너무나 단촐했다. 너무도...

둥근 플라스틱 고리 2개, 수술용 가위 - 말이 가위지, 거의 코털 깍기용 그리고 암것도 엄따. 곰곰히 마빡을 굴리며 따져본 후... 어... 이거 무늬만 '조까' 아녀요? (주 : 현상황에 맞게 새로 고침)

그러나 무늬라도 조깟스면 다행이다. 이거이 바로 말로만 듣던, 의료사고임을 대반에 알아차리는 순간, 가소롭게 낑긴 거시기가 참을수 엄는 낑군 고리의 가혹한 조임을 하소연하기 시작했다. 아... 그 고통이란...

그러나 까짓거 고통이야 견디면 되지만 혹시나... 이 사태 이후의 발생될 상실된 거시기 권리는 과연 누가 찾아준다는 말인가. 밀려오는 외로움... 주위엔 아무도 없었다. 사건의 특성상 누구에게나 허심탄회하게, 얘기할 성질이 아니지 않은가. 할 수 없었다. 내가 할 수 있는 일은 조용히 낑구고 잠을 청하는 일뿐이었다. 전 날 이쁘니 수술의 기대로 인해 잠을 설쳤음인지, 이내 잠은 왔다.

허나 금새 잠은 갔다. 껍데기가 불렀다. 아프다고...

워쩌겠는가... 그냥 낑군 채로 떼굴떼굴 뒹굴었다. 닭 모가지를 비틀어도 새벽은 온다했던가. 신기하게도 새벽은 왔다. 비틀린 내 조세도 새벽은 왔다. 서서히 밝아오는 여명의 눈동자... 그 여명으로 확인해본 나의 조슨...

아... 차라리 말을 말자. 그저 긴 시간이 지났노라고만 쓰자...

내가 그의 이름을 조지라 부르기 전엔, 전혀 조가치 생기지 못한 그가 날 바라보고 있었다.

아... 나의 껍데기...

풀빵이 되어 있었다. 믿기는가. 조지... 풀빵이라니... 무늬만 풀빵아녀? 씨바 아이다. 기가 막혔다. 한때는 큰 게 조와서, 마냥 부어오르라고 비비던 적도 있었다. 근데 이건 아니다. 섬뜩했다. 내 태어나 조슬 보고, 이리 놀란 건 처음이었다. 그것도 내 조슬보고 내가 놀라다니.

세상살기가 이리 힘든 줄... 남자노릇하기가 이리 힘한 줄 내 미처 몰랐다. 아침이 와야 한다. 가능한 빨리. 선택의 여지는 이제 엄따. 결론은 하나. 비뇨기과.

집앞 덩그러니 놓여 있는 비뇨기과 간판을 거시기와 함께 뚤버져라 쳐다보기를 몇 시간... 더 이상 참을 수 없어 이윽고, 지친 껍데기를 달아매고, 아주 부적절하게 덜렁거리며 비뇨기과로 향했다.

역시 정도를 가야 한다... 를 되뇌이며, 거친 폼으로 찾아간 비뇨기과... 더한 절망이 껍데기와 나를 반기고 있을 줄이야...

일요일은 휴진입니다.

일요일, 씨바...

면목 없었다. 껍데기 앞에서.

어떠한 위로가 도움이 되겠는가. 그는 이미 풀빵인데... 나는 더 이상 내 조슴을 부인하고 싶었다. 순간 아랫도리 쪽에, 끈적한 무언가가 흐르고 있었다. 짜식 드뎌 눈물을 토하고 있는 거다. 이미 조금씩 눈치는 채고 있었다. 풀빵이 터져, 물집이 흐른 것이다. 힘겹게 집으로 돌아온 나는, 근처 비뇨기과는 모두 전화로 확인 했지만, 일요일에 조슬 보는 곳은 하나도 없었다.

일요일엔 좃 아프면 조땐다...

한참을, 흐르는 껍데기의 눈물과 함께 흐느끼다가, 구입처에다 전화를 했다. 일요일인데도, 그들은 있었다. 항상 느끼는 거지만, 불법은 성실하다. 또 하나의 풀빵을 만들기 위해선 휴일이란 사치인 것이다. 자세히 자초지종을 말했다. 간단히 요약하자면 이거였다.

"내 조시 부었슴다."

여태까지 5만 개나, 팔아 쳐먹어도 그런 일은 내가 처음이란다.

'그럼 내 조즌 호구 조진가?'

풀빵이 된 연유를 따져 물었으나, 답변은 하나였다.

"거 ...참 이상하네..."

전화를 끊고, 곰곰히 생각해봤다. 과연, 내 조세 문제가 있었던 건 아닐까. 글쎄, 남좆하는 일은 나도 했다. 고마고마한 좃틈에 별로 튈 좃도 꿀릴 좃도 아닌 그저 평범한 좃은 됐다. 어쩌면... 시술도구의 문제가 아니라 나의 미숙한 의료행위를 탓해야 하는 걸까... 사실, 어릴 적 조립식 장난감 같은 거 만들 때도 넘들 잘 돌아가는 모타도 내껀 유별시리 안 되곤 했었다...

아~~ 낑구인 채, 숨통막힌 껍데기여... 바로 그때, 머리 속에, 사이렌 하나 울린다. 삐보. 삐보...

'응급실'

"응급실에 포경수술! 웬말이냐 웬말이냐!!"

하지만, 때론 본능이 상식을 앞선다. 결국, 나는 대한민국 서울 하늘아래 쌍계동 빽병원이란 곳을 그것도, 응급실로 터프하게 낑긴 채로 방문하고야 만다. 이야기는 여기서 시작되고... 본론과 결론 또한 이제부터 맹글어지고 만다.

【 제 2 부 】

사람들이 세상을 살아가면서 잊지 못하는, 몇몇 순간들이 있기 마련이다. 좋든 싫든 그 중 가장 쪽 팔렸던 기억을 꼽으라면 선뜻 떠오르는 기억이 있기 마련이다. 지금의 얘기는 무덤 속의 나를 일어켜 줄 참으로... 쪽 팔리는 얘기임을 밝힌다. 빽병원을 찾아간 나는 응급실이란 곳을 단지 조지 탱탱 부었다는 이유만으로 들어섰다...

http://ddanji.netsgo.com

문화·생활 11월 23일(월)

여기서부터, 나의 원초적인 쪽팔림은 의식을 잃어버린다. 여기서, 나는 하나를 깨우친다. 고통 앞에선 어떠한 쪽팔림도 한낱 의식의 사치라는 것을...

응급실이란 곳이 어떤곳인가. 아는 사람은 알고 가 본 사람도 안다. 전장의 분위기가 감도는 실로 삶과 죽음이 로테이숑되는, 급박함의 극치를 달리는 곳 아닌가.

대개가 그렇듯 쌍계동 빽병원도 예외가 아니어서, 탁트인 공간에 여러 부류의 환자들이 뒤섞여 있고 의사들이 왔다갔다... 간호원들도 왔다갔다... 다급히 환자를 업고 오는 사람들... 급박함 속에애써 찾아보면, 경건함이 묻어 있는 그런 곳이다.

그곳에 내가 있었다. 조지 풀빵이 되어버린 갸륵한 사연 하나 들고서 종합병원 응급실의 그 거대한 급박함 속에 뛰어든 것이다. 단지... 탱탱부었다는 이유 하나만으로...

태초에 하나님이 내게 과거를 단 한 번을 지울 수 있는 지우개를 주신다면, 나는 기꺼이 거기 서 있던 나를 지우고 싶다. 접수코너로 간 나는 5천 얼마를 주고 접수증을 끊었다. 접수원에게 오늘 비뇨기과 진료 해요? 라고 묻고 싶었지만 일요일 그것도 응급실까지와서 비뇨기에 관한 얘기를 한다는 것이 그녀에게 내 상황에 대한 확대된 오해를 심어주는 행위같아... 기냥 "오늘 치과 하죠?"이랬다.

그녀 왈 "오늘은 진료가 없는 날입니다"한다. "아... 그럼, 비뇨기과도 안 하겠네요?"병신처럼, 나는 말해버리고 말았다... 눈치가 빠른 고마운 그녀는 응급실에 가서 비뇨기 의사분을 찾아보란다. 응급실로 엉거주춤 걸어간 나는 여전히 분주한 응급실 속에서 서성거렸다. 응급실엔 환자와 가족이 뒤섞여 있었다.

응급실이란 곳은 한 눈에, 저 사람이 환잔지 가족인지가 구분이 갈 수밖에 없는 그런 곳이다. 그렇게 보자면, 나는 영락없는 환자가족 쪽이다. 말짱헌께...

그래서 누구도, 내게 관심을 가져주지 않았다. 관심을 가져주길 바란 건 아니지만 그래도 누군가가 와서 "어떻게 오셨어요?"하고 물어줘야 하는 건 아닌가 하고 딴에는 생각하면서... 한참을 그런 무관심 속에 나는 탱탱부은 채로 서 있었다. 내가 그렇게 서성거릴 수밖에 없는 이유는... 그때까지도 나의 머리를 지배하고 있던 '체면'이라는 허위의식이었다.

그 많은 사람들앞에서 내 풀빵 얘기를 스스럼없이 하기가 정말이지 곤란했다. 그래서, 나는 한 간호원을 쳐다봤다. 그쪽도 나를 쳐다보기를 바라면서... 그래야 무슨 말이라도 할 거 아닌가. 뚤버져라 봤다... 근데, 시바 너무 바빴다 그녀는. 나를 전혀 의식하지 못한 듯했다.

나 또한 시선을 돌렸다. 그리곤 또다른 간호원에게 내 시선을 꽂았다. 몇 번을 그렇게 조지 풀빵된 상태로, 표적을 바꿔가며 엉거주춤 노려보기를 시도한 끝에... 드뎌, 한 간호원과 눈이 마주치고 말았다. 나는, 자연스럽게 그녀에게 다가설 수 있었다. 그리곤 태연하게 이랬다.

나 : (목소리 깔았다.) 저... 치료 좀 받으러 왔는데요.
그녀 : 어디가 아프신데요?
나 : 저... 그러니까...(순간, 나는 자살을 꿈꿨다...)
나 : (괜한 웃음을 흘리며, 별 대수롭지않게 말한다.) 뽀경수술을 했는데, 부작용이 있어서요...

아... 나는 말해 버리고 말았다. 그 수많은 사람들 앞에서, 모든 환자와 그 가족들이 흥미어린 눈초리로 쏘아보는 것 같았고, 그런 느낌의 나는 내가 뱉은 말에 스스로 당황하고 있었다. 근데, 그 뒤

문화 · 생활 11월 23일(월)

의 반응은 쪽팔림의 한계가 어디쯤인지를 인식시키고 만다.

그녀 : 수술기록을 찾아보죠.

그녀는 내가 그 병원에서 수술을 한 줄 아는 모양이었다.

나 : 여기서 한 거 아닌데요.
그녀 : 그럼 어디서 하셨는데요.

나는 미칠 것만 같았다. 내 예상과는 다르게 자꾸만 대화가 길어지는 것이 아닌가.

나 : 저...집에서 했는데요...
그녀 : 뭐요? 집에서요! 아니 그런 걸 어떻게 집에서 해욧!

나는 환장해 버릴 것 같았다. 그녀는 내게 그 경위를 묻는 것이 아닌가. 그것도 졸라 큰 소리로. 나는 그 간호원이 무서웠다. 무서워서 견딜 수가 없었다. 대체 어떻게 그따위 경위를 설명할 것인가. 모든 인간들은 호기심 어린 눈으로 멀뚱멀뚱 쳐다들보고...
나는 어쨋든 대강의 경위를 설명했다. 근데 그 간호원은 주의 깊게 듣는 것 같지가 않았다. 나는 그녀 뒤를 졸졸 따라다니면서 내 조지 탱탱 부을 수밖에 없었던 비참한 얘기를 계속 해댔다...
그녀는 귀찮은 듯 잠시 앉아 있으라 했다. 의사를 불러다 준다는 것이다. 나는 거기서 한참을 또 다시 기다렸다. 이미 내 인격을 상실해버린 나는 차라리 편했다. 가끔씩 얼굴이 빨개지는 것만 빼면 견딜 만했다.
한 번씩 마주치는 호기심어린 눈동자들과 어색한 미소로 눈인

사도 나눌 정도가 되었다...
 잠시 후... 가운 단추를 풀어헤치고 슬리퍼를 끌면서 내 나이 또래의 의사 같은 넘이 왔다.
 "조부은(가명) 씨!"
 그 넘이 날 불렀다. 나는 반가운 심정으로 그 넘에게 다가갔다. "어디가 어떻게 아프세요?"하고 물었다. 나는 사람들 눈을 의식하며 조용조용 경위를 설명했다. 경위를 상세히 들은 그는 "봐야 하는데..."라며 이리저리 왔다갔다 했다. 나는 특별한 환자라 탁트인 공간이 아닌 '별실'이 필요했던 것이다.
 근데 그런 곳은 거기서 눈을 딱고 찾아봐도 없었다. 결국 그는 "그럼, 여기라도 들어오세요. 할 수 없죠." 하며, 나를 커텐이 쳐진 창고 같은 곳으로 인도했다. 그곳은 방금 죽어들어온 시체가 있는 곳이었고 어이없게도 나는 따근따근한 시체 옆에서 나의 거시기를 엉거주춤 까발렸던 것이다.
 그 넘은 한참을 먹음직스럽게 부어오른 나으 풀빵을 관찰하더니, "이거... 비뇨기 담당의사가 봐야 알겠는데요..." 하는 게 아닌가.
 "개쉐이!!!"
 그 자식은 이쪽 전공이 아니었다. 근데도 나으 적나라한 풀빵을 사심없이 관람했다. 시체 옆에서... 단지 의사라는 이유만으로...
 아... 나는 다시 허망한 쪽팔림에 어지러워 했다. 더구나 그곳은 응급시체실이 아니던가. 순간 나는 의사가 되고 싶었다. 내 생애 의사가 그리도 위대해 쳐보인 적이 없었다.
 시체실을 나온 나는, 다시 어색한 눈인사를 사람들과 나누고 아까 그 자리에 다소곳이 앉아 있었다. 이미 내 풀빵은 감각을 상실한 상태였고. 이런 사태에 대한 스스로의 자아비판을 하며 기다리기를 몇 분여... 또 다시 나를 부르는 의사 하나 있었으니... 그 이

문화·생활 11월 23일(월)

름하여 오리지날 비뇨기과 레지던터... 나는 사뿐히 자리를 박차고 그에게 달려갔다. 아니 안겼다. 그는 재차 이랬다.

"어디가 어떻게 아프시죠?"

씨바 몇 번짼가 의사들끼리는 말도 안 하나. 아까 다 봤잖은가. 그래도 풀빵은 나였으므로 다시 말했다. 이번이 마지막임을 믿고 좀더 상세한 나래이션을 펼쳤다. 그것도, 다부지고 자신에 찬 목소리로. 주위사람들은 더이상 나의 아픔과는 상관이 없었다. 근데, 그놈은 나를 또다시 그 시체실로 끌고 가는 게 아닌가.

다행인 것은, 그 시체가 방금 나갔기에 거기에는 더이상 시체는 없었다. 하지만 그 넘은 내게 더한 주문을 하는게 아닌가. 방금전 그 시체가 누워 있었던 곳에 나보고 올라 가라는 것이다. 그것도, 아직 시체에서 묻어나온 나뭇가지들이 흩어져 있는 곳에 말이다. (아마도 그 시체는 산에서 추락사 한 것 같았다.) 기가 찼지만 나는 환자고 그는 의사아닌가. 더구나 내가 보통 환자가...

나는 그곳에 사뿐히 걸터앉았다. 그 순간 시체의 영혼이 나를 노려보고 있는 것 같은 섬뜩함을 느꼈다. 평소에도 나는 시체의 영혼 같은 것을 믿는 부류였다. 나는 그 넘에게 아까 거와 똑같은 것을 보여줬다. 그 놈은 유심히 살펴보더니 또다시 어떻게 해서 이렇게 된 거냐고 재차 묻는 것이었다. 그 놈은 의사인데 환자인 내게 묻는 것이다. 의사맞나? 싶었다.

그 넘은 분명 김치볶음밥을 급히 먹고왔음이 틀림없었다. 아직 넘기지 못한 새빨간 밥알들이 말할 때마다 튀어나왔다. 그는 내게 몇 가지를 묻고는 단념한 듯 지금 상태로는 어떻게 할 수 없으니, 내일 다시 오라는 것이었다. 그 놈도 개쉐이였다.

"......"

잠시 말을 잊은 나는, 빤스를 무겁게 올린 뒤, 서로간 석연치 않게 거기를 빠져나왔다. 처진 풀빵을 힘겹게 이끌고 응급실을 빠져 나온 나는, 불현듯 이게 '진료' 였나 하는 의문과 함께, 대책없이 까발려진 나으 풀빵에 대한 보상심리가 발동했다. 다시 응급실로 발길을 돌렸다. 이유는 진료비 5천 얼마를 되받기 위해서...

지금 생각하면 그 때의 내 행동은 전혀 나답지 않은 행동이었다. 아예, 쪽을 들고 불 속으로 뛰어드는 꼴이 아닌가. 응급실로 들어간 나는 나를 기억하는 수많은 사람들 앞에서 간호원에게 나의 접수증을 달라고 요구했다. 응급실의 다급함 속에서, 그 분주함 속에서 나는 얄밉게도 내 권리를 주장한 것이다. 그 우왕좌왕함 속에서 한 간호원이 내 것을 찾았다. 근데 이 간호원은 아까부터 나를 '고자' 보듯 아니꼽게 보고있었던 그런 간호원이다.

전혀 간호원 답지않게 생겨먹은... 언젠가 '빠'에선가 본듯한 인상... 한마디로 표독스럽게 생겨먹었다. 근데, 고뇬이 왜 이걸 달라고 하냐고 따져들었다. 최대한 부드러운 표정을 지으려 애를 써도 표독스러운 게 드러나는 눈이 무섭게 덤비는 것이 아닌가. 흡사 마녀 같았다. 순간 쫄았다.

"진료를 안 받은 것 같아서... 가져 갈라고요..."

나는 떨고 있었다. 그뇬은 바리 이랬다.

"안 보긴 뭘 안 봐요! 의사가 봤으면 그건 본 거에욧!"

나는 더러버서 병원을 나왔다. 언제가는 보게 될 나긋한 나이팅겔의 세상을 그리며... 그리곤 꽤나 되는 거리를 걸어서 집으로 왔다. 그 불편한 몸을 이끌고... 그 다음날, 여태까지의 모든 일들을 잊기로 하고 집앞 비뇨기과에서 수술을 했다. 수술이 쪽팔려서 한 짓이 몇 배의 쪽팔림과 더한 비용을 들게 한 것이다.

나는 또 다시 깨닫는다. 모든 일엔 정도가 있다고...

수술을 끝내고 어언 2주가 다 된다. 보통인간들은 그런 수술을 받고 일주일이면 완쾌가 된다는데, 나는 여지껏 후유증에 시달리고 있다. 한 쪽을 잘못 꿰맨 것 같다. 터져 버렸다. 그래선지 그쪽

문화·생활 11월 23일(월)

만 유달리 아물지 않는다.

　누군가의 말에 의하면 거시기는 울퉁불퉁... 흉하면 흉할수록 좋다는 것이다. 남들은 일부러라도 흉하게 할라고 애를 쓴단다. 씨이바... 애를 쓸 게 따로 있지... 그래서 나는 염증이 생기더라도 그냥 이대로 참고 있기로 했다. 굉장히 울퉁불퉁해질 것을 기대하면서...

　이상은 쓰라린 날들의 나의 일기였다. 지금은 또하나의 추억으로 남아 버린 사연. 이 어려움을 이겨내고 지금은 현장에서 묵묵히 자기의 할 바를 잘 해내고 있는 그에게 이 시간을 빌어 감사의 마음을 전한다. 이 글이 불법야매기구에 대한 해박한 지식없이 섣불리 조까는 것은 참으로 위험한 것이라는 경종이 되었으면 한다. 또한 야매의료기 제조조합들은 앞으로 다시는 좆 갖고 장난치지 말아주길 간곡히 부탁한다.

　마지막으로 기억을 더듬어 당시 시술도구를 그려보겠다. 다시는 나같은 고통을 당하는 사람은 나오지 않길 빌며...

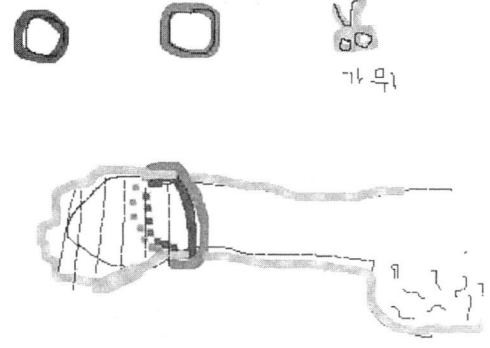

조세 관한 불공정거래 사항은 여기로 신고바람

- 국민조피해방지 운동본부 담당기자 조피해 artia@chollian.net

[패러디 콘테스트 우수상 수상작] MY LIFE AS 군만두(君滿頭)

패러디가 없었다. 우스개와 말장난밖에는. 졸라 안타깝다. 이거 군사정권이 책임져야 한다. 그토록 오랫동안 겁주고 협박하고 눌러 뭉개져 버린 우리의 창의력을 돌려달라!! 씨바! 그나마 군만두가 위안이 됐다. 유일한 우수작을 보내주신 류상엽 씨에게 군만두 한 판을 보내며…

내 이름은 군만두(君滿頭)
태어날 적 얼굴이 보름달(滿月)처럼 둥글다하여
만두란 이름을 갖게 되었다…

나는 산둥반도 아래의 '골이야(骨而也)' 라는 조그만 나라에 산다…

내가 태어났을 때 아버지와 어머니는
'무관심(心)' 이란 극진한 사랑으로 대해주셨다…

초등학교…
어머니들은 '치맛바람' 이란 희망을 가지고
우리들에게 '경쟁의식(食)' 이란 영양식을 주셨다…
전인교육의 완성을 위해 '학원(院)' 이란 사찰에서
악기, 바둑 등 각종 예체능과 무예를 통달하였고…
배우고 익히니 내공의 증진으로 나날이 즐거움은 더해갔다…

중학교…
우리는 재미없는 유흥보다 공부를 즐기기 시작했다…

문화·생활 11월 23일(월)

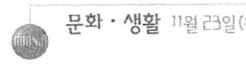

영어와 수학은 학창시절의 재미를 더했다...
앞으로 물건을 살 때 '적분'과 '시그마'를 이용해
'근의 공식'으로 물건값을 계산한 뒤...
'How much...?'라고 말할 수 있으리라...

선생님은 사회적으로 존경을 받는 직업이다...
나라에서는 특별히 선생님들에게 '촌지(地)'라는 땅을 무상으로 분양하여
'비리교사(舍)'라는 주거지를 만들어주셨다...

고등학교...
우리는 '구타(救他)', 즉 '타인을 구하라'라는
아름다운 교칙 아래 향학열을 불태웠다...
공부에 심취한 나머지 잠자는 것도 잊고
자발적으로 야간 자율학습을 하기도 했다...

일급 모범생들의 스터디 모임은 '폭주족(族)'은
콩의 일종인 '본두(豆)'와 건강음료 '부탄가수(水)'를
공복시 음용하며 공부에 몰두하여
'환각현상(賞)'이라는 우등상을 수여받았으며
'락갑패(樂甲覇)'라는 체육관에서 운동부족으로
약화된 심신을 단련하여 체력장에 대비하고
'당구장(撞球場)'이라는 실험실에서 물리학을 몸소 체득했다...

아버지와 나는 서로에 대해 너무도 잘 알고 있기에
침묵으로 대화를 하곤 했으며
어머니는 '잔소리(理)'라는 아름다운 이념아래...

11월 23일 (월) 문화·생활

나를 사랑으로 가꾸어주셨다...

우리는 이성교제를 권하는 부모님과 선생님의 요구에
강인한 금욕정신으로 순결을 지키는 구도자의 길을 걷기를 마다하지 않았고...
성에 대한 궁금증의 해소를 위해 공부벌레들이 가져온
각종 '포루노(包淚勞)' 서적으로 건전한 성지식을 획득하였다...
다만 내용이 미진할 땐 각종 시청각 자료들을 찾아보는
불타는 탐구정신을 소유하고 있었다...

우리는 '질풍노도의 시기'를
'담배'라는 배를 타고 '술'이라는 강을 넘어
즐겁게 대학의 길로 들어서고 있었다...

재수시절...
그리스 로마 시대 문화의 참맛을 느낄 수 있는
'스파르타식 합숙 학원'에서 심신을 단련하였다...'
국영수 전문가로서 우리는 암기의 달인(達人)으로 거듭나고 있었고
숙식을 함께하며 친구들과 한개피 담배도 나눠피우는
뜨거운 전우애를 만끽할 수 있었다...

대학...
학문의 뜻을 비로소 알게 되었다...
사회 저명인사로서 배워야 할 위선(善)과 욕망(望)이라는 예의범절을 배웠고
나태함과 해방감을 통한 이상의 실현과 진리의 탐구에 주력했다...
강의시간에 불참하여 동료들의 면학분위기 조성을 도모하였고

문화·생활 11월 23일(월)

장학금 수령거부를 통해 어려운 학우들이 혜택을 받도록 하였다...

유흥을 통한 '사랑의 나눔' 행사에도 용왕매진하여...
과도한 음주를 통해 신체의 극한에 도전하는 호연지기를 키우고...
폭탄주를 통해 접대문화의 근본 취지를 되살렸다...
돈이 없을 땐 깡소주를 까며 헝그리정신을 배웠으며
돈이 많을 땐 양주를 까며 재화의 분배에 역점을 두었다.
물론 줄담배를 피며 세수증진에 이바지하는 것도 빼놓지않았다...

컨닝 페이퍼 작성을 통해 문서작성법을 배웠고...
인자하신 교수님은 학문의 발전에 노심초사하시어
산학협력을 통한 연구비로 룸싸롱에서 양주를 까시며
학문 연구에 필사의 노력을 기울여 엄선된 강의를 준비하셨다...
매년 같은 시험문제를 보며 우리는 진리는 하나라는 것을 깨달았다...

목마른 사슴이 물을 찾듯이...
발정(發情)의 시기가 찾아오면 우리는 젖과 꿀이 흐르는
약속의 땅 '나이토(裸利土)'에서 '작직기(技)'와 '춤추기(技)'라는
화려한 기술을 염마하여 성욕을 해소하였으며...
금욕주의자들의 모임인 '오란지족(五亂知族)'들은
'야타(夜打)'라는 구호를 외치며
외제품 구입을 통해 외국의 통상압력을 무마시켰다...

나라를 다스리는 청렴한 나랏님들은
여의도(女之島) 일대에 서식하신다...
평소엔 외유하고 계시다

선거철만 되면 '셧더 퍽업(業)'에 종사하시며...
'국회 We one!' 이라는 구호로 단합을 과시한다...
가난한 백성들을 위해 '뇌물' 만을 마시며 사는
엄격하고 절도있는 생활을 하고 있었으며...
이들은 서로를 존경하여 선거철이면 모든 이들에게
서로 '뇌물'을 먹는다며 널리 알려 명성을 드높였다...
가끔 '정국의 안정'을 위해 '여당 입당' 이라는
'구국의 결단'을 하기도 하는데...
많은 사람들이 그들의 강한 애국심에 감명받아
그들을 '철새(鐵鳥)'라 부르며 환호했다...
오늘도 그들은 골프를 치며 국정에 혼신을 다하고 있으며
룸싸롱에서 폭탄주를 돌리며 백성의 안위를 염려하고 있다...

또한 정직하고 창의적인 국민의 대변자 '언론' 은
침팬지에게 팔굽혀펴기 백번을 하면 사람이 된다는 고급 정보를 알려
매일 전국 각지의 침팬지들이 팔굽혀펴기에 여념이 없었다...
덕분에 사람과 침팬지의 구분이 사라져 가고 있었다...

우리에겐 '이데아' 란 그다지 멀리 있는 것이 아닌 듯 보였다...
핑크빛 미래만이 우리를 비추는 듯 했으니...

그러던 어느 날
태평성대를 구가하던 우리 나라에...
'강드쉬(强頭屍)' 라는 자가 수괴로 있는 '亞二吸愛後(IMF)' 라는
벽안의 외국상인들이 들어와 '구조조정' 이란 약을 팔기 시작했는데...

문화·생활 11월 23일(월)

죽은 것도 살린다고 알려진 이 약의 과다남용에 대한 부작용으로
'정리해고(苦)' 라는 무서운 전염병이 창궐하였다…

이 병에 걸린 자들은 '투쟁! 투쟁!' 을 외치며 괴로워하다 죽는데…
그들을 '실업자(者)' 라 부르며 사회에서 격리토록 하였다…
이들 중 기적적으로 살아남은 몇몇 사람들은 깨달음을 얻어
속세를 등지고 전철역, 공원 등
경치좋은 명승지를 떠돌며 '안빈낙도(安貧樂道)' 의 생활을 영위하였다…
그들은 무리를 지어 모든 세속적 욕망을 버린 채
그리스 철학자 제논의 스토아철학과 중세 교부철학의 부흥을 외치며
청교도적인 집단생활을 통해 '新금욕주의' 를 제창하였는데…
이에 많은 지식인들은 그들을 '노숙자(子)' 라 부르며 존경을 표했다…

그 후 '철밥통' 이라 불리는 정부 공직자들의
열띤 '탁상공론(論)' 을 통해 '실업자구호기금(金)' 이라는
나라의 금괴를 풀어 실업자 치료에 앞장서니…
비로소 많은 국민들은 평온을 되찾고…
'이민' 이라는 해외여행을 떠날 수 있었다…

— 반팔

*위 글은 제1회 패러디 기사 콘테스트에 응모한 작품 가운데 우수상으로 선정된 류상엽 님의 작품입니다.(편집자 주)

1월 4일(월) 문화·생활

[고발] 도둑질 좀 고마하란 말이야!

명랑사회를 졸라 향해 달려가야 하는 대한민국, 하지만 어느샌가 우리는 국제적으로 지적재산권에 대한 세계 최고의 문화절도범들의 집단으로 몰리고 있다. 밤낮 우리 것이 최고여! 하다가 어느 날 꿈에서 깨어보니 우리 것은 별로 없다는 사실을 깨달았을 때의 부끄러움은 더 이상 있어서는 안 된다.

여기 딴지의 이름으로 우리를 쪽팔리게 한 절도범이 탄생하게 된 배경에 대해 소개하고, 그 절도범들과 그들의 파렴치한 절도수법, 그리고 차후 불어닥칠 엄청난 국제적 쪽팔림 방지를 위한 대책을 논의해본다.

울나라 대중음악계에 절도범이 탄생하게 된 토양이 마련된 것은 대략적으로 80년대 후반으로 거슬러 올라간다. 그 위대한 컨닝구와 기만의 역사는 서울올림픽 주제음악으로부터 출발되었다.

우리들은 아직도 당시 올림픽주제가가 코이안스의 〈발에 발잡고〉인 것으로 알고 있다. 그러나 이것은 우리 나라에서만 방송되고 판매된 앨범이다. 세계올림픽평의회 및 주관 방송사인 미국의 NBC를 비롯한 한국을 제외한 전 세계 레코드샵과 방송에서는 휘트니 휴스턴의 〈ONE MOMENT IN TIME〉이 공식 주제가로 선정되고 팔려나갔다.

당근 같은 경기를 봐도 쉬는 시간엔 우리들은 〈발에 발잡고〉를 들은 반면 외국서 티브이를 시청한 세계의 많은 사람들은 휘트니휴스

문화·생활 1월 4일(월)

턴의 노래를 감상했다는 것이다. 당연한 말이지만 미국의 메이저 레코드사인 CBS에서 발매된 올림픽 공식앨범에도 〈발에 발잡고〉는 제외되어 있다.

　결과적으로 〈발에 발잡고〉는 울나라 궁민들에게만 백여만 장 가까이 팔렸고, CBS에서 나온 앨범은 전세계적으로 이천여만장이 넘게 팔리는 공전의 히트를 기록하였다. 당시 〈발의 발잡고〉의 작곡은 영화음악의 거장 조지오 모로더가 무려 백만불이라는 거금을 대한올림픽위원회로부터 작곡료로 받고 만들어 준 것인데 대한 체육회는 작곡료로 들어간 경비를 울국민들에게 두세 배로 뽑아 놀라운 장사 수완을 보이기도 하였다.

　그런데 한국에서도 무려 백여만 장 가까이 음반이 팔린 것을 두 눈으로 보고 껄덕대던 것은 다름아닌 외국음반사들이었다. 그전부터 음반시장 개방 및 지적재산권 보호법을 밀어부치던 외국의 메이저 음반사들, WEA, EMI 등등은 서울올림픽을 계기삼아 한국정부를 졸나게 흔들어댔다.

　이때 많은 국민들은 우리 문화의 앞날을 걱정했다. 이러다 울나라 음반시장 양키들에게 거덜나는 거 아니냐고. 반대로 소수의 팝음악 매니어들은 환호성을 질렀다. 더이상 청계천 빽판시장을 헤매고 다닐 필요가 없게 되었다고.

　하지만 그 우려와는 달리 결과는 전혀 그렇게 되지가 않았다. 워떡케? 전체 음반판매시장에서 가요가 차지하는 비중이 오히려 무려 80% 가까이가 되었다. 이후 밀리언셀러라고 불리는 것들도 일년에 너댓 개씩 쏟아져 우리 음악의 우수성을 우리끼리 자랑하기도 하였다. 그렇다면 정말 울나라 음악이 뛰어나서 양키들을 물리쳤을까. 도대체 어떻게 이렇게 됐나? 함 따져보자.

　위기가 닥쳐오자 우리들의 위대한 예술가들은 서로 뭉치기로 했다. 그래서 '라디오, TV에서 팝송을 몰아내자!!' 라는 구호와 함께 많은 팬들을 가지고 있던 팝관련 프로그램들 – '황인영의 올팝스', '두 시반의 데이트' 등 – 이 하나둘씩 그 포멧을 가요로 전환하거나 아예 사라져 버렸다.

99년을 맞이한 현재 살아 남은 외국곡 전문 라디오 스테이션은 배철수가 진행하는 프로 외 5개 정도이니 구십년대 들어 무려 75%의 팝관련 프로그램이 자취를 감춘 셈이 된다. 외국곡을 방송할 때 지불해야 하는 로열티를 아끼자는 지극히 애국적이며 열사적인 우리네 예술가들의 응집된 결단력으로 우린 막대한 달러의 유출을 막아냈던 것이다.

열띤 기대를 가지고 한국에 상륙한 음반직배사들은 그 이후 아직까지 별다른 재미를 못 보고 있다. 뭐 라디오서 틀어줘야 팔리든지 말든지 하지. 그 이후 우리네 대중들의 귀는 점점 외국음악에서 멀어져 갔다. 레코드가게에서 팝송판을 살라치면 모르는 가수들 뿐이니 당근 TV나 라디오에서 나오는 가요판만을 살 것이 아닌가. 여기에 각종 방송프로들이 일본식 잡담 떼거지 진행을 수입해 우리의 티브이는 온통 말장난 잘하는 어린 가수들로 채워지기 시작했고.

이 결과 우리네 청소년은 ZOT류의 음악에 십대의 감수성을 헌납하고, 아울어 멍하니 구경하던 노땅들조차 ZOT류 컨닝구음악을 모르면 신세대가 아닌 것 같아 불안해지고, 심지어 작년 대통령경선 후보 모두 ZOT 음악을 조아한다고 인녀뷰에 광고하고 난리를 치는 등 컨닝구 왕국은 날로 코미디화 되기에 이르렀다.

특정기사와 상관 거의 있음.

여기까진 좋다, 그렇게 해서 우리 가요의 수준이 점점 높아지고 더욱 완

문화·생활 1월 4일(월)

성도 높은 음악을 만들어 낸다면 누가 싫어하겠는가.

그 답이 문제다. 대중의 귀를 막아버린 후 우리네 예술가들은 완성도 있는 음악을 힘들여 만들어 내기는 커녕, 연탄을 찍어내 듯 음악을 생산해내는 세계 초유의 음악전문 생산라인을 가동시키게 된다.

99년을 맞은 지금 음반 한 장의 제작기간이 평균 한 달로 대폭 줄어들었다. 아울러 앨범당 평균 제작비는 컴퓨터의 도움으로 점점 줄어 지금은 2천만원선이고, 그 앨범가지고 본전 뽑고 단물 빨아먹는데는 3개월을 잡고 있다. 가히 기네스북감이라고 할 수 있다.

이런 단시간에 작업이 가능한 가장 근본적인 이유 중 하나가 바로 컨닝구 즉 표절을 하기 때문이다. 90년대 이후로 우리 가요계는 정말 신나게 외국 것을 베꼈다.

80년대말 조영필 신화를 끝으로 매해 년말마다 뽑는 가수대왕뽑기는 일명 컨닝구왕 뽑기 대회나 마찬가지로 전락했다. 작년의 ZOT에 이르러 그 절정을 맞고 있다. 최고의 컨닝왕 ZOT를 거느리는 절도왕국의 제왕 리수만은 "되는 것만 베끼자"라는 왕국의 모토답게 그야말로 훨훨날기를 무려 3년여 엄청난 부의 축적에도 아랑 곳 없이 오늘도 열심히 외국 음악 리서치 작업에 혼신을 다하고 있다.

물론 ZOT 사단만이 베끼기를 일삼는 것은 아니다. 며칠 전 대왕뽑기 한마당에 출연한 모든 예술가 및 뽑기마당에 진출하려고 애쓰는 우리네 예술가의 대부분이 죄질에 차이는 있지만 모두 공범이라고 보면 된다.

물론 우리 나라에도 정말 음악다운 음악을 만들기 위해 오늘도 졸나게 고민하는 진짜 예술가도 많다. 하지만 문제는 우리네 대중은 그들을 접할 기회가 없다는 것이다. 대왕뽑기 대회나 TV 출연은커녕 음반 한 장 내기도 힘들다. 공들여 노래 좀 만들어 음반사에 가져가면 "야 쓰발, 넌 테레비도 안보냐? 되는 음악을 해야지 새꺄"라는 질책을 들으며 쓸쓸한 가슴에 소주만 졸라 퍼붓는 게 우리네 진정한 음악인의 현주소다.

그럼 절도범들의 죄질은 무엇으로 결정되는가? 팝이나 기타 외국의 대중음악에 조금만 관심있으면 누구라도 알 수 있는 음악을 베끼는 넘들은 졸라 순진하다는 측면에서 비교적 경죄에 해당하지만 완전범죄를 노려 외국에서조차 잘 안 알려진 마이너레이블 또는 인디음반들만 대량으로 사들여 그중 우리네의 정서에 맞는 것을 골라 베끼는 넘들은 중죄에 해당된다고 보면 된다.

자, 그럼 우리가 알게 모르게 들어왔던 절도범 또는 그 단체들과 그들의 절도수법을 국내최초로 공개한다. 이미 잘 알려진 ZOT류의 절도곡들은 아예 언급을 피하고 일반인들은 잘 모르는 것들만 몇 밝혀보기로 하자.

■ 엠뷔씨, 케이비에수, 에수비에수 **토크쇼 및 교양, 오락프로그램의 테마음악, 삽입곡, 미스코리아 선발대회, 기타 각종 대회, 시상식 등등**
(한두 개가 아니라 일일이 안 적는다, 아닌 것 찾기가 더 빠를 정도다.)

99퍼센트가 일본의 재즈퓨젼밴드인 카시오페아와 티스퀘어의 음악을 그대로 내보낸다. 나쁜넘들 지네가 만든 거라고 끝날 때 자막엔 집어넣으면서 최소한 원곡을 편곡이라도 해서 내보냈으면 덜 밉지...

기타 토크쇼에서 게스트 나올 때 밴드가 연주하는 곡들도 위의 두 일본밴드의 곡을 졸나 엉성하게 연습도 안 하고 연주하는 것이 대부분이다. (사실 현재 방송에 출연중인 울나라 뮤지션 실력으로는 어림없이 어려운 곡들이 두

문화 · 생활 1월 4일(월)

일본밴드의 곡들이다.)
　우리 나라 방송 삼사는 공히 이 일본의 두 재즈퓨젼밴드에게 공로상을 주어야 마땅하다.
　이들이 없었으면 수많은 방송프로그램(교양, 오락, 생활정보, 각종 시상식, 미스코리아 선발대회 등등 졸나 많다.)들 빨리빨리 만들기 졸나 어려웠을거다.
　근데 코미디는 끝이 없다. 몇 년 전인가 이 일본의 두 밴드는 차례로 내한공연을 했다. 그때 우리 방송사들 앞다투어 아홉 시 뉴스에서 이들을 다루었다. '일본의 대중음악 이젠 국내공연까지... 이래도 되는가?' 란 제목으로 반일감정을 부추겼다. 이후 공연장 반대 데모 등으로 인해 소란스러웠다. 졸라 부끄럽다.

■ 케이비에수 아홉 시 뉴스 스포츠 코너의 도입부 음악

　미국의 스포츠전국방송 채널인 ESPN에서 메이저리그 중계시 사용하는 메이저리그 테마송을 그대로 내보낸다. 신년을 맞아 지금도 내보내는지는 확인 안 해 모르겠지만 암튼 한 달 전에도 본 기자는 슬픈마음으로 즐거워야 할 스포츠 소식을 들었다.
　당근 이 음악은 ESPN에서 저작권등록을 한 곡으로 각 스포츠종목별 테마송을 따로 음반으로 만들 정도인데 울나라를 대표하는 방송국 케이비에수의 아홉 시 뉴스 담당자들 정신상태가 의심스럽다.

■ 에수비에수 드라마 로맨수의 테마곡

　얼마전 종영된 이 드라마의 음악을 맡은 넘은 김무시기로 알고 있는데 정말 뻔뻔스럽게도 일본의 컨템퍼러리 피아니스트인 게이코 마수이의 히트작인 〈BRIDGE OVER THE STARS〉를 그대로 내보내

고 있다.

자기가 작곡했다고 타이틀엔 집어넣고 정말 한 회 방송시 무려 5회이상 걸떡하면 이 음악이 나온다. 담당 피디가 집어넣으라고 어쨌는지는 모르겠지만 게이코 마수이가 모르는 게 다행이다. 왜냐구? 최근 게이코 마수이는 미국의 한 신디사이저 업체의 샘플러 제품에 자신의 곡 모티브를 삽입하는 조건으로 얼마를 받는 것을 요점으로 한 계약을 체결중이니까... 암튼 에수비에수 일당들 좆나 간 크다.

■ 에수비에수 흑야 39.8

음악을 맡은 최무식 씨는 울나라 드라마 음악의 대부라고 일컬어진다. 대부는 대부다. 하지만 그는 좆나 머리 잘 쓰는 도둑질의 대부다. 그는 확실히 무엇을 베껴야 되는지 아는 사람이다. 아마 노벨 표절상이 있다면 최씨는 단연 유력한 수상자 중의 하나일 것이다.

그가 만들어온 그간의 작품들을 되돌아 보면 〈여명의 눈까리〉는 미국영화 〈드레스드 투 킬〉에서, 〈질투〉는 일본그룹 〈더 플라이〉의 히트곡에서 번안된 것임은 이미 좆나 알려진 사실이다. 그가 맡은 영화 〈투컵스〉뿐 아니라 〈모래시계〉에서도 그의 컨닝구 기질은 여전히 반짝인다.

그는 녹음실을 소유하고 있는데 그의 개인 사무실에 있는 음반 라이브러리는 그 외에는 아무도 손을 못 댄다. 바로 그 라이브러리야말로 최씨의 보물창고인 셈이다. 3~4개월에 한번 그는 외국음반을 무더기로 수입한다. 주로 영화와 드라마음악 광고음악 효과음악 그리고 희귀한 외국의 다큐멘터리 음반이 그것인데 이 음반을 정성스레 듣고 엄청 준비된 포스트잇으로 레이블을 표시한다.

예를 들면 일본 NHK의 다큐멘터리 음악 시디중 3번드랙에 포스트잇을 잘라서 붙이고 '평화로운 느낌에 사용하기 좋은 곡' 이런 식

문화·생활 1월 4일(월)

으로 말이다. 영화나 드라마음악을 하는 많은 예술가들도 최씨의 이 탁월한 선곡력에 감탄한다. 그는 무엇을 베껴야 하는지 확실히 아는 예술가다. 암튼 그가 최근 졸나게 정성을 들여 만든 백야의 음악은 일본의 인스트루멘틀 뮤지션인 〈타쿠로〉의 음반과 기타 최근 발매된 미국의 몇몇 인스트루먼틀 음악을 짜집기한 것이다.

■ 이승철

탁월한 가창력과 쇼맨쉽을 가진 것은 사실이다. 하지만 그 역시 베끼는 데는 가히 선천적인 소질을 타고난 가수이다. 물론 대중적으로도 베끼는 데 인정받은 그이기도 하다. 수많은 표절 히트곡- 그냥 번안곡이라고 이제부터 말하자 - 을 보유하고 있는데 최근에 그가 다시 댄스풍으로 리메이크한 자신이 작곡했다고 표기된 곡 〈친구의 친척을 사랑했네〉는 위에서 지겹게 언급한 일본밴드 카시오페아의 87년 작품인 〈ME ESPERE〉란 연주곡과 붕어빵이다.

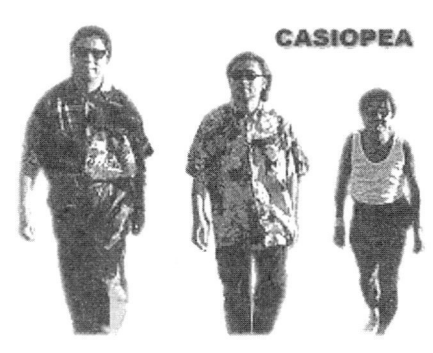

다른 점이 있다면 원곡의 기타 멜러디에 가사를 붙였다는것뿐... 표절 정도가 아니라 붕어빵이라고 해야 옳다.

■ 김행철

그가 〈부산가는기차〉란 노래로 데뷔했을 적에 내심 많은 기대를 했었다. 괜찮은 넘 하나 나왔다고 생각했지만 이후 그런 본기자의 기대를 무참히 짓밟은 장본인이다. 판을 내면 낼수록 대담성은 더해갔다. 마치 바늘도둑이 소소둑이 되는 것처럼...

그 유명한 영화 ST.ELMO'S FIRE의 러브테마를 당당하게 베껴 먹어 히트치더니 급기야 〈부탁혀〉라는 노래에서는 정말 씨바, 지겹게도 언급되는 밴드 T-SQUARE의 87년작 〈TWIGHLIGHT IN THE UPPERWEST〉란 곡을 졸나게 베껴먹는다.

이게 만일 베낀 게 아니라면 행철이와 원곡의 작곡자 안도 마사히로는 형제간이어서 서로 텔레파시가 통했음에 틀림없다.

■ 운상/신해출

운상은 아주 오래전부터 일본의 애니메이션 음악에 관한 한 박사학위를 취득해도 될 만큼 이 분야에 전문가로 불린다. 특히 그는 유명한 일본애니 〈천공의 섬 랴퓨타〉의 열렬한 광신도이다. 그래서 그의 작품들중 상당수가 랴퓨타 사운드트랙의 영향을 넘어서 번안에 이르고 있다. 그의 일본 애니 음악에 대한 지극한 사랑은 그의 작품에 아직도 구구줄줄 흐르고 있다.

그와 공동앨범을 하기도 한 신해출은 지금 영국에 있다. 그간 번인세를 모아 영국서 졸나 판을 사모으는 데 그치지 않고 영국의 테크노 뮤지션들과 교류, 작곡을 의뢰 중이며 작업 틈틈히 졸나게 밀가루를 먹어대고 있는 것으로 그의 과거 행적에 비추어 추측된다. 물론 나중에 나올 앨범에는 해출이가 작곡한 거라고 쓰겠지만...

그가 활동했던 밴드 LAST는 초창기에는 일본서 80년대 졸나 인기많던 그룹 〈TMN〉 것을 번안한 것이 많다. 이후 운상과의 공동앨범의 마지막 곡이자 자신의 작곡이라 표기된 곡에서는 영국의 언더그라운드 테크노 밴드인아쿠아 바시노의 〈A MELLOW KEY〉를 번안하고 있다. 그가 왜 영국으로 갔는가 그 이유를 알 것 같은 대목이다.

문화·생활 1월 4일(월)

■ 015V

지금은 멤버중 하나는 군대가고 하나는 탈렌트로 브라운관에 마빡을 디밀고 있는 걸로 아는데 이넘들 역시 명문대 출신답게 상당히 지능적이다.

'거의' 완전범죄에서 한 가지 옥에티라면 이원흥(섹소폰 세션맨)이 케니지스타일의 섹소폰 연주를 했다는 곡(곡제는 생각 안 남, 그런걸 머하러 본 기자 기억하겠는가, 하지만 이넘들의 팬은 그게 무슨 곡인지 다 알 것이다)에서 80년대말 남의 목소리로 판냈다가 그래미상 타고 그게 가짜인 게 밝혀져 영원히 팝계에서 매장된 밀리바닐리의 〈GIRL I'M GONNA MISS YOU〉를 정말 유치하게 번안했다는 사실이다.

이때의 실수를 거울삼아 그 이후에 내놓은 앨범들에서는 그야말로 신디사이저 음악의 정수를 선보이며 독일의 전설적 그룹 〈KRAFTWERK〉의 수많은 앨범들을 번안 내지는 패러디하는 그야말로 잔대가리의 진수를 죽죽 선보여왔다. 용의주도하고 완전범죄에 실로 가까운 넘들이라고 본 기자 주장하고 싶다.

간략하게 언급을 했지만 이외에 컨닝구 왕들을 일일이 다 소개하자니 아예 전화번호부를 작성하는 것이 빠를 것 같아 일단 여기서 맺는다. 위에 소개된 것들은 옆에서 제작에 간여하는 사람이 아니면 알 수 없는 정말 흔치않은 음악들을 컨닝구한 게 대부분이다.

자, 이제 우리들이 이래도 외화를 절약해가면서 가요만 고집해야 할 이유가 있는지 본 기자 독자 여러분들에게 묻고 싶다.

우리가 단지 다들 그러자나... 하면서 매를 들지 않는다면 우리의 예술가들은 더욱 더 악랄해질 수밖에 없다. 이런 식이라면 우리의 예술가들은 앞으로도 우리들이 더 찾아내기 힘든 것을 발굴해내고 번안하는 작업을 결코 게을리하지 않을 것이다.

1월 4일(월) 문화·생활

우리가 눈감고 귀막고 있는 동안 우리의 사랑스런 예술가들은 수억에서 수십억에 이르는 판매 인세로 음악에 대한 진지한 연구나 재투자에 사용하기는커녕 유흥비나 BMW를 사거나 다음 번에 도둑질할 희귀음반을 모으는 데 탕진하고 말 것이다. 지금까지 그래왔던 것처럼.

우리들에겐 경제를 아끼자, 국산애용 어쩌구 해서 자신들의 절도물을 팔아먹는 행위는 결국 우리들을 장물애비로 만드는 것이다.

우리가 흔히 실력은 없고 몸매나 스켄들로 먹고 사는 가수라고 알고 있는 마돈나의 경우를 보자. 울나라 대중음악잡지를 보면 저명하신 평론가들이 점잖게 외국음반과 가요신보에 관해 평론한 것을 우리는 자주볼 수 있다. 마돈나의 신보가 나올 때면 그분들은 의례 이렇게 쓴다.

"킬링타임용 음악으로 경쾌하고 신나지만 마돈나의 가창력은 언제나 나아지려는가?"

정말 엄격하기도 하시다. 고 밑의 ZOT 신보는 대략 이런식으로 쓴다.

"리거만의 지휘 아래 ZOT는 한국팝의 새 지평을 열은 무리다."
라고 극찬을 아끼지 않는다. 한마디로 좃같다.

여기서 마돈나를 한번 변호해보자.

우리 나라의 테크노는 말이 테크노이지 사실은 샘플링 표절음악에 불과하다고 보면 된다. 리듬도 4분의 4박이 대부분인데 주로 각 컨닝구 사무실의 꼬봉이들이 수개월마다 미국이나 일본의 악기상에서 졸나게 샘플링 씨디라 불리는 컨닝재료들을 무더기로 사온다. 컴퓨터가 졸나 발전된 지금 그런 샘플시디 몇 개와 베낄 노래 몇 곡을 선정 후 노래하나 만드는 것은 숙달된 조교들에겐 졸나게 쉬운 일이다. 그 결과 그 노래가 그 노래 맨날 애인이 어쩌구 하는 쿵딱쿵딱 투성이다.

하지만 마돈나는 어떤가?

미국에선 아직도 인디차원에서 머무는 테크노(일렉트로니카라고 부르기도 하며 이것은 위에 언급한 쿵딱과는 다르다)를 주류까지 끌어올린 장본인이다. 이전의 일렉트로니카는 영국과 미국에서도 주로 언더레이블에서 발매되어 〈프러디지〉 정도가 얼마간의 요소를 차용, 히트했을 뿐 이렇다 한 팝의 주류는 아니었다.

그것을 처음으로 주류로 끌어올린 장본인이 마돈나다. 물론 ORBIT이란 영국의 졸나게 천재성이 번뜩이는 테크노뮤지션의 도움을 받은 게 사실이지만.

개인 사생활로 보면 마돈나는 사실 말도 안 되게 지저분하다. 하지만 음악팬으로서 그녀에게 바라는 것은 양로원 봉사가 아니라 매년 성숙해가는 그녀의 음악이다. 적어도 이 방면에서 마돈나는 팬들을 졸라 생각하는 아티스트다. 음악면으로 보면 역시 고급 뮤지션이란 말이다. 결코 컨닝구 해놓고 자기가 작곡했다고 하지 않는다. 만일 그런 짓하면 졸나 소송 걸리고 매스컴타고 잘못했다간 영원히 생매장된다. 재산도 다 뺏기고.

그녀는 자신의 곡을 대부분 자신이 만든다. 프로듀싱도 마찬가지고, 얼마전 엠티비에서의 인터뷰에서는 신디사이저에 대한 해박한 에디팅 지식을 엿볼 수 있어서 본기자 충격을 받기도 했다. 미국의 저명한 잡지인 이큐 지와의 인터뷰에서는 자신만의 데모제작방식에 대해 공개, 많은 이들을 놀라게 한 게 사실이다.

바로 이런 것이 그 아티스트를 오래 가게 하는 요소다. 마돈나 만세~를 외치려는 것이 아니다. 우리가 음악적 완성도면에선 별 거 아니라고 흔히 치부해 버리는 마돈나도 알고 보면 이 정도다.

반면 우리는 어떤가... 씨바... 욕부터 나온다.

불행하게도 돈이 최고인 사회풍토가 되다보니 일단 뜨고보자 베끼고 보자 하는 식의 돈놓고 돈놀이 하는 게 우리네 대중음악의 현주소다.

이렇게 내버려 두다가는 우리 대중 음악계는 오래가지 않아 붕괴하고 말 것이다. 손바닥으로 하늘을 가릴 순 없다.

딴지독자들이여, 이제 외국음악도 졸나게 듣자. 오히려 그렇게 하는 것이 역설적으로 장기적으로 우리 예술인들을 보호하고 우리 가요와 우리 문화를 풍성하게 하는 길이다. 무조건인 애국심 자극과 우리 가요의 철통보호가 오히려 우리 예술인들을 병들게 해왔다. 이제 섬 감독하는 눈이 무서워서라도 컨닝구 못하게 만들어야 한다.

제발 고둑질 좀 고만 하란 말이다! 우린 장물애비가 아니란 말이야!

- 울나라 문화 명랑화를 위해 졸라 노력하는 음악전문 대기자

김기자 critica@hanmail.net

문화·생활 1월 4일 (월)

[서평] 아쉐이들 성교육 어케 시킬래

자식을 기르다보면 멀쩡하게 잘놀던 아쉐이가 언날 갑자기 진지한 표정으로
"엄마 아빠! 나는 어디서 왔어여?"
라고 묻는다.
자신의 존재론적 회의를 바탕으로, 졸라 실존적인 사유를 하다가 도출된, 인간본연의 심오하고 철학적인, 아쉐이들의 요론 질문에 우리나라 부모들은 대충 찐빠를 주거나 뻔한 수작을 펼친다.

▶ 터푸한 부모
"(졸라 우낀 아쉐이네)고따우건 알아서 뭐해(쓰바야), 공부나해 꽥!"
▶ 우낀 부모
"낄낄 별걸다 묻네(촤식 많이 컷궁...)다리 밑에서 주워왔지...쭈압"
▶ 더 우낀 부모
"호호 배꼽으로 나왔지...쫍"

부모는 요따우로 아쉐이들의 실존적인 고민을 뭉게 버리면 된다고, 크면 다 안다고 넘어갈라고 한다. 요기서부터가 울나라 '가화만사성' 이 종치는 대목이요, 구성애 아줌마의 말빨이 먹히는 지점이다.
자신의 실존적 고민을 무시당한 아쉐이들은 삐딱선을 탄다. 그라고 우짜거나 아쉐이들은 자신들의 지적 호기심을 채우려고, 독자적으로 문제를 해결해 나가게 마련이다.
밝히는 넘은 여성지의 속옷 광고 사진에 과도하게 눈길을 주고, 학구적인 넘은 국어사전의 '지' 와 관련된 모든 단어를 찾기 시작하고, 똑똑한 넘은 가정의학사전을 졸라 뒤비고, 영악한 놈은 당장 인

터넷을 배워야 한다고 부모를 졸라 꼬신다. 글고 이렇게 생각한다.
"시바 이제 난 다 알아부렀다. (글고 회심의 미소) 흐흐흐..."

요따우로 아쉐이 기르는 부모들은 지 죄를 지가 알아야 한다. 성범죄가 그냥 막 일나는 게 아니다. 존재의 근원에 대한 사유가 안 풀리고, 그냥 대충 자라다가 힘이 세지면... 무식한 쉐이가 힘만 세다고 결국 사고치는 거다... 씨바...

어찌되앗거나 아쉐이가 자신의 존재론적인 질문을 한다거나, 자신의 성정체성을 확인하고 싶어한다는 것을 알았을 때, 글고 앞으로 그럴 가능성이 있는 독자들을 위해, 요따우 사건을 해결할 방법을 당췌 모르는 사람들을 위해 저가 알려 줄란다. 성교육 그림책 한 권을... 울나라 사람이 그리고 쓴 좋은 성교육 그림책도 많지만, 요건 양노무스키꺼다...

제목은 '엄마가 알을 낳았대'이다.

제목부터가 한 엽기한다. "쓰바 엄마가 오리냐... 알을 낳게..."

꼴렸던은 유치원방문시 특수교재를 사용한다고 알려져 있으나 수입이 되지 않고 있다. 씨바 수입하자!

내용을 보자.

첫 장을 넘기면 온통 어지러운 집안이 나온다. 등장하는 인물은 아버지, 어머니, 아쉐이가 둘이다. 아버지를 볼라치면 말총머리에 콧수염을 기르고 운동화짝을 신었다는 것 때문에 고리타분한 인간은 아닐 거라는 인상을 쬐끔 준다. 어머니도 드럼통 허리에 여유만만한 웃음을 쪼개면서 아쉐이들을 쳐다보고 있다. 아쉐이들은 소파에 히떡 디비져 핫도그와 과자를 게걸스럽게 처먹으며 테레비를 보고 있기 때문에 당근 망나니란 생각이 든다. 그러나 이건 모두 위장 전술이다...

집안으로 막 들어온 아버지는 아쉐이들에게 외친다.

"자 얘들아 이제 너희들도 알아야 할 때가 되었어... 아기가 어떻게 생기는지 말이야."

초장부팀 세게 나오는 걸로 봐선 부모가 응응응에서 시작해 모든 걸 알려줄 태세다. 그런데... 다음 장을 넘기면 조끔 상황이 달라진다. 아쉐이들은 "좋아요."라고 대답하는데... 쪼코바와 사탕을 먹는 표정이 여유만만하다. 표정상으론 아쉐이들이 이미 다알고 있다는 건데... 게다 대구 부모의 본격적인 구라가 시작한다.

"여자 아기는 설탕, 양념에 온갖 향기로운 것들을 넣어서 만든단다. 남자 아기는 달팽이와 강아지 꼬리를 섞어서 만들지..., 공룡이 아기를 가져다 줄 때도 있단다. 붕어빵을 굽듯이 아기를 구워 낼 수도 있어, 돌밑에서 아기가 나올 때도 있단다.

화분에 씨앗을 심고 물을 주면, 아기가 쑥쑥 자라기도 하지, 아니면, 튜부에서 아기를 찌낼 수도 있어, 엄마가 소파 위에 알을 낳았는데 말이야, 그 알이 터지더니 너희들이 튀어 나왔지..."

엄마 아빠는 아쉐이들의 정신을 혼미하게 하고자 교대로 화려무쌍하고 엽기적인 구라를 까댄다. 다리와 배꼽에 익숙해 있는 어리숙한 울나라 독자는 순간 당황해서 '어 정말 그런가?' 하고 멍청해 질 만큼 환상적인 구라다.

그러나...

이 집의 아쉐이덜은 화려한 구라일수록 진실한 뻥임을 잘 알고 있다. 하여 아이들은 부모의 구라를 조목조목 반박하고, 무엇이 진실인지 깡그리 까발려 준다. 졸라 영특하다.

"엄마 아빠 엉터리, 그래도 씨앗하고 튜브하고 알 이야기는 대충 맞았어여."

정신을 혼란케 하는 생구라의 와중에서도 핵심을 잡아내다니... 기특한 넘들이다.

"엄마 아빠가 잘 모르는것 같으니까 우리가 그림으로 가르쳐 드릴게요."

하곤 큼지막한 남녀의 누드를 두장 그린다. 글곤 설명한다.

"엄마는 몸속에 알이 있긴하지, 아빠는 씨앗과 그걸 뿌릴 수 있는 튜브(만지면 딱딱해지는 튜브라...아쉐이들의 상상력이 보통이 아니다.)를 가지고 있고...그러니까 아빠는 튜브로 엄마한테 있는 조그만 구멍에 씨앗을 뿌리면 씨앗들이 꼬리를 흔들며 엄마 뱃속으로 들어가지요..."

"그리고 엄마랑 아빠는 이렇게 서로 힘을 합치는 거예요..."

하며 여러 가지 힘모으는 상황(쉽게 말해 성체위를 그려 놓는데...이거 딴지가 자랑하는 국민건강권장 체위를 상상하면 딱이다.)을 역시 그림으로 설명해 준다.

스케이트보드 위에서 하기,

꺼꾸로 서서 우산쓰고 공굴리면서 하기,

사지에 풍선 매달고 공중에 둥둥 떠당기면서 하기,

공타고 앉아서 팅궈가면서 하기...

요대목에선 상상력으로 무장한 아쉐이들의 엽기성에 누구나 감동해 엉엉 울 수도 있다... 요기서 잠깐, 딴지가 권장하는 국민건강체위에 요넘들이 그린 환상적인 체위를 추가해야 한다고 본기자는 강력히 주장하는 바이다. 졸라!

문화·생활 1월 4일(월)

요즘 딴지에서 개발에 들어간 국민건강체위 잠시 공개...

다시 본책으로 가서

"엄마 아빠가 힘을 합치면 엄마 뱃속에 들어간 씨앗들은 달리기 시합을 해요. 일등한 넘이 알을 차지해서 조그만 아기가 되는 거예요...아기는 점점커지고, 엄마배는 점점 불러오고...그러다 때가 되면 아가가 나오지요...응애!"

"사람만 그런게 아니고, 개, 소, 양, 말, 염소, 돼지, 토끼, 고양이가 모두 그런 거예요..."

아쉐이들의 환상적인 성교육 강의가 끝이 나면, 동물들로 가득찬 집안에서 쪽팔린 엄마 아빠는 입을 못 다물고 있다. 그라곤 책은 끝이 난다.

여까지 읽어 온 넘은 알것지만, 요 그림책은 여느 그림책과 달리 아이넘덜이 어른을 가르치는 구성으로 되어 있다. 성질 더런 어른쉐이는 말도 안 된다고 우기겠지만, 그 만큼 아이덜은 앞서간다는 상징으로 볼 수 있다. 또 그림책의 생명이 그림에 있다고 한다면, 요건 명랑 만화 스타이루로써 권위적이거나, 오바하는 게 전혀 없다. 성교육이 자연스러워야 한다는 의미의 반증이다.

또 그림책이 가져야 할 중요한 미덕이 이야기의 호흡인데... 요건 추리소설이나, 판타지소설보다 이야기의 호흡이 리드미칼하다. 아쉐이 앉히고 한 번 같이 읽으면, 대번에 교육 끝이다. 글, 그림의 조화는 당근빠다 예술이다.

종합적으로 평을 해볼 때 이 책은 교육과 재미 효과, 이른바 에주테인먼트의 면에서 스케일 크게 성교육이 이루어 질 수 있는, 성교육 교재로는 왕이라는 말이다. 게다가 보너스로 아쉐이들보다 부모가 더 감탄할 만한 그림도 담고 있다.

따라서 서두에 등장한 질문을 받은 부모는 자녀 사랑, 더나가 범죄 예방의 차원에서 졸라 서점으로 달려가 이 책을 사서 아쉐이 무릎에 앉히고 자상하게 아쉐이가 궁금해하는 존재의 근원에 대한 궁금증을 풀어줘야 한다.

책값은 6,500원인데... 종로 6가 대학천 책 도매상가에 가면 70%에 살 수 있다.(본 기자는 이 책을 낸 출판사와는 일 원어치만큼도 관계가 없는 한 소시민이다. 요런거 갈켜주는 서평 봤나?)

명랑사회를 꿈꾸는 딴지 독자라면... 졸라게... 서점에 함 가보시라.

— 딴지 엽기문화부 기자 빠가사리 twosunpark@yahoo.com

문화·생활 1월 4일(월)

[엽기의학] 니 똥꼬를 뚫어주마
- 장 청소, 만병통치의 비법인가

본 기자 앞으로 명랑사회에 졸라 역행하는 얼토당토 않은 약광고나 잘못된 의학상식들을 디비볼까 한다. 오늘은 그 첫 번째로 후천성똥꼬졸라막힘증... 변비.

이 변비가 문제다. 대부분 오랜 기간 동안 고생을 하고, 누구에게 말을 해 볼 수도 없으며, 병원에 가기도 그렇고, 가 봐야 푸대접을 받고. 그러다 보니 장 청소란 말이 솔깃하게 들릴 법도 하다.

장 청소의 원용어는 관장이며, 관장은 사실 지극히 한정된 사람에게 시술되어야 하는 작업이다. 일반인, 특히 변비를 한번에 '청소'해버리고 싶은 분들이 해서는 절대 안 될 시술이다. 이 기사 보고 더 이상 변비에 관련된 다음과 같은 사기광고에 속지 말기를 바란다.

우선 다음의 광고문을 함께 음미해 보기로 하자. 인터넷에 올라있는 한 약국 광고에서 발췌한 것인데, 장 청소 광고중 가장 대중적인 내용이라고 생각된다.

> 우리가 경험하는 바와 같이 하수구, 배수구가 오래되면 찌꺼기가 침착되어 막히는 수가 많으며 그럴때에는 교체하던가 찌꺼기를 제거하는 약품을 사용하여 말끔히 청소를 하면 소통이 잘된다. 마찬가지로 우리의 소장, 대장에는 수십 년간을 살면서 섭취하고는 배설되지 못한 찌꺼기가 많이 장벽에 붙어 있다.
>
> 그것을 확인하는 가장 좋은 방법은 단식을 하는 것이다. 음식을 먹지 않고 물만 먹는 단식을 하면 끈적끈적한 타르같은 숙변이 나오는 것을 확인 할 수 있다. 그러나 일상 생활을 하는 대부분의 사람들에게 있어서는 단식은 쉬운 일이 아니다. 단순히 변비약을 복

용한다고 해서 숙변이 제거되는 것은 아니다... 그래서 장 청소를 해야 한다...

참 감탄을 금할 수 없다. 어쩌면 거짓말을 이렇게도 그럴 듯하게 했을까? 정말 숙변을 제거 해야겠다는 생각이 마구 들지 않는가?
그러나 이 광고는 사실이 아닌 말들로만 이루어져 있다. 사실이 아닌 것을 알고도 이런 광고를 했다면 나쁜 사람이고, 모르고 했다면 무식한 사람이요, 약사로서 무책임한 사람이다.
차근 차근 함 까보자.

1 우리의 소장, 대장에는... 찌꺼기가 붙어 있다

정말 미안하지만 소장에는 찌꺼기가 붙어 있지 않다. 소장은 길이가 약 6m에 이르는 긴 길이지만 음식은 대단히 빠른 속도로 통과한다. 또한 주름이 많지만 찌꺼기가 붙어 있지는 않다. 의학계에서 인정하는 찌꺼기라는 것은 대장에, 그것도 병든 대장의 일부에 있을 뿐이다. 하수구, 배수구와 인간의 장을 비슷한 것이라고 착각한 광고주의 무식이 잘 나타나 있다.

2 단식을 하면 끈적끈적한 타르같은 숙변이 나오는 것을 확인 할 수 있다

우선 독자들을 위해 이 문장을 통역해 드려야 할 것 같다. 이 문장은 풀어쓰면 다음과 같다.

"단식을 하면 먹은 것이 없으니 대변이 나오지 않아야 정상이다. 그런데 단식을 하면 대부분 약간의 변을 본다. 따라서 이것은

 문화·생활 1월 4일(월)

장에 붙어있던 찌꺼기로써 숙변이란 것이 존재한다는 증거이다."

란 뜻으로 쓴 말이다. 유감스럽게도 이 문장 역시 의학적 지식이 거의 없는 사람이 썼음을 증거할 뿐이다. 대변을 이루는 성분이 어찌 음식물을 잔류물 뿐이겠는가? 대변에는 음식물 찌꺼기 말고도 장 점막 분비물, 장내 세균, 담즙 등 굶어도 나오는 것들이 얼마든지 있다.

3 단순히 변비약을 복용한다고 해서 숙변이 제거되는 것은 아니다

이 말은 광고주의 의도가 어떠하든 맞는 말이다. 변비약은 변비를 치료하기 위해 먹는 약이지 숙변을 제거하기 위해 먹는 약이 아니다. 그러나 광고주는 그런 선의로 이 문장을 쓴 것이 아니고, 뒤에는 이런 말이 생략되어 있다.

"그러므로 아무 변비약이나 사 먹지 말고 꼭 우리 약국을 방문하여 우리가 특수 처방한 장 청소 약을 사 먹어라."

자, 그렇다면 진실을 알아보자.

4 숙변은 정말 있는가?

우선 의학적으로 숙변이란 말은 없다. 단지 변비라는 말이 있을 뿐이다. 장은 원래가 똥이 지나가는 길이다. 똥이 지나가서 배설되지 못하고 장에 오랜 기간 남아 있으면 그것 바로 변비다.

숙변은 마치 하수구에 낀 녹찌꺼기 같은 인상을 주는데, 얼핏 생각하면 장에 그런것이 있을 법도 하지만 사실은 그렇지 않다. 우리의 피부는 항상 조금씩 벗겨져 나가 '때'가 되고, 새 피부가 생긴다. 이와 꼭 같이 장도 끊임없이 점막을 탈락시키고 새 점막을 형성한다. 따라서 타르 같은 숙변은 붙어 있을 곳이 없다.

5 장청소란 무엇인가?

원조 장 청소는 똥꼬에 호스 같은 것을 꽂아 넣고 비눗물 같은 것을 넣었다 뺐다 하면서 문자 그대로 장을 청소하는 것이다. 그러던 것이 요즘은 슬그머니 변질이 되어 무슨 약이나 식품을 먹어서 설사를 하게 만드는 것도 장 청소라고 주장을 하고 있다.

따라서 요즘 광고를 하는 장 청소는 잘 보면 크게 두 가지인데, 신문 광고에 더 많이 나오는 것은 먹는 장 청소이다.

1) 원조 장청소

말한 대로 정말 똥꼬에 호스를 넣고 물을 넣었다 뺐다 하는 것이다.

이것은 원래 장 수술을 하기 전에 무균상태를 유지하기 위해 실시하던 병원용 처치였다.

똥꼬를 통해 넣는 물은 장에 대한 자극성을 약간 지니고 있으며, 비눗물과 성분이 상당히 유사하여 필자가 수련 받던 병원에서는 하이타이라고 불렀었다. 요즘 장 청소업자가 쓰는 물은 이보다는

환자는 위처럼 생긴 기계 위에 올라가 눕는다. 테이블 위에 호스처럼 생긴 것들이 보이는데 이것을 똥꼬에 집어 넣는다. 특수 제조된 영양가 높은 비눗물을 이 호스를 통해 넣었다 뺐다 한다. 그럼 장 속의 똥물이 들락날락하며 장이 싸악 청소된다. 기분 졸라 묘하다.

약간 고급스러운 것인데, 점막 보호제 같은 것이 첨가되어 있다.

그러나 절대로 절대로 아닌 것은 이 짓을 해도 변비가 씻은 듯이 없어질 수는 없다는 사실이다. 장 청소는 문자 그대로 장을 물로 씻어 주는 작업인 것이다. 원래 변비가 있었던 사람에게는 무엇이든 변

문화·생활 1월 4일(월)

비의 원인이 있었으리라. 변비의 치료란 이 원인을 제거해 주는 작업이 되어야 함은 두말할 필요가 없다. 장을 물로 한 번 헹구었다고 변비의 원인이 제거될 수는 절대로 없다. 따라서 장 청소는 변비의 치료가 될 수 없다.

장 청소로 숙변을 제거했다는 것도 어불성설이다. 업자들의 주장은 다음과 같다.

"똥을 다 누고 나서도 청소를 해 보면 똥물이 나오니 이것은 점막 사이 사이에 끼어 있던 숙변이 제거된 것이다."

한심한 지고. 장은 원래 똥이 있는 곳이고, 똥을 누었어도 장 벽에 똥이 좀 묻어 있는 것은 너무나 당연한 일이다. 그런데 이것을 물로 닦아 내놓고 숙변을 제거했다고? 좋다 백 번 양보해서 니가 숙변을 제거했다 치자. 그럼 다음에 똥 누면 또 숙변이 남을 텐데 그럼 똥을 눌 때마다 장 청소를 해야 되겠냐?

2) 먹는 장 청소
이것은 정말 뭐가 뛴다고 뭣도 뛰는 식의 정말 같쟎은 짓거리들이다. 요즘 장 청소의 효험이 있다고 주장하는 것은 천일염, 다시마, 무슨 쑥... 등등인데.

다시마나 쑥은 그나마 좀 봐줄 만 한 것이 섬유소를 함유하고 있어 변비의 개선에 도움이 될 수는 있기 때문이다. 섬유소는 실제로 변비 환자들에게 권할 만한 치료제인데, 문제는 성분도 명확하고 부작용도 없는 정품 섬유소들을 싼 값으로 약국에서 구할 수 있는데 꼭 비싼 돈 주고 다시마나 쑥을 먹어야 하느냐 하는 점이다.

하지만 천일염은 좀 얘기가 틀려진다. 필자가 하도 궁금해서 천일염 광고를 낸 회사에 전화를 해 봤다. 그랬더니 아침에 천일염 세 큰

1월 4일 (월) 문화·생활

술을 찬물에 타서 마시면 장 청소가 된다는 설명을 들을 수 있었다.

이것은 말이 안 되도 한참 안 되는 얘기다. 멀쩡한 사람도 굵은 소금을 세숫갈 찬물에 타서, 그것도 아침에 먹으면 설사를 하게 되어 있다. 왜냐하면 소금이 너무 진해 위장을 자극하기 때문이다. 또한 소금의 삼투압 때문에 장에서는 수분이 배설되는데, 이것 역시 설사의 원인이 된다.

게다가 보통 소금이 아니라 천일염이라면 마그네슘 성분이 들어 있을텐데 마그네슘 역시 강력한 설사 유발제이다. 따라서 이것은 장 청소가 아니라 명백한 설사인 것이다. 설사는 교과서에 분명히 병이라고 적혀 있다. 그런데 장 청소에 효험이 있으니 비싼 돈 내고 천일염을 사 먹으라고라고라?

요즘은 가만히 보니 먹어서 설사하는 식품들은 전부 장 청소 약이라고 광고를 하는것 같다. 개탄할 일이다. 한때 유산소 운동기가 난리를 치더니, 반창고를 다이어트 테이프라고 팔아 먹는 자가 일세를 풍미하고, 이번엔 웬 장 청소?

보건복지부, 대한의학협회, 서울시 의사회... 모두 나에게서 세금과 회비를 월급에서 공제해 갔건만, 이런 사기가 온나라를 뒤덮어도 일언반구의 언급조차 없다.

국민 건강 가지고 사기 좀 치지마라, 씨바들아!

- 엽기생활의학부 전문기자 심정섭 simjsmc@chollian.net

만물상 1월 4일(월)

HOTi의 하루

HOTi가 모 방송극 촬영을 하러 가던 중...
우연히 김갱호를 만나게 된다.

김갱호 : 어이~ 잘 지내?
강   퇴 : 뭐야? 립싱크도 못하는 게...
김갱호 : ...

방송국 정문 앞...
막 촬영을 마치고 나오는 김종셔를 만나게 된다.

김종셔 : 안녕들 하지?
문히준 : 뭐야? 춤도 못추는 게...
김종셔 : ...

방송국 출연자 대기실... 김민쫑을 만나게 된다.

김민쫑 : 하이?
터   니 : 뭐야? 표절하다 걸린 게... 우리처럼 걸리지나 말지.
김민쫑 : ...

드뎌 모든 일정을 끝내고 에수에무 기획으로 향하던 HOTi...
최고의 라이벌인 '죄키'를 만나게 된다.
딱히 꼬집어서 뭐라고 할말이 없다. (워낙 똑같은 넘들이라...)
그때... 갑자기 평소에 별루 말이 없던 죄원이 나선다.

이죄원 : 뭐야? 수마니형 꼭두각시도 아닌 게...

끝.

— IPASSION@chollian.net

정보통신·과학

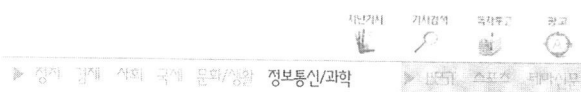

[폭로] 영화 속의 비과학적 구라들(3)·(4)
[마빡 對 마빡] 대패질한 모니터의 진상을 까발려 주마!
[경고] Y2K BUG를 알려줄 테다!

이주의 특집

[극비실험] 헌팅 실험

http://ddanji.netsgo.com

정보통신 · 과학

▶ 정치 경제 사회 국제 문화/생활 정보통신/과학　▶ BEST 스포츠 테마신문

(폭 로)

영화 속의 비과학적 구라들 (3) · (4)

이번에는 '영화 속 구라 2'에 실린 기사에 대한 질문에 답하고, 그 동안 게시판에 독자분들이 열라 올리신 '영화 속 구라'에 대해 설명 드리겠다. 넘 자상하지 않은가... 본 기자가...

본 기자가 모하는 넘인지에 대해 궁금해 하시는 넘논 분들이 계신데 본 기자는 항공우주공학을 탐구하는 사람이다. 더 알려고는 하지 마시라...

(마빡 對 마빡)

대패질한 모니터의 진상을 까발려 주마!

지난 여름, 국내 엘쥐전자에서 아주 신기한 모니터를 내놨다. 이름하여 완전평면 '쁠래뜨론'... 이에 맞서 국내 모니터 시장을 주도해가던 삼승... '다이나쁠랫'이란 희한한 놈을 내놨다.

이 둘을 비교한다.

경고
Y2K BUG를 알려줄 테다!

흔히 1차원적인 넘논들은 Y2K 버그가 IBM PC의 시간칩 에러라고 단순하게 말한다. 그렇다면 시간칩을 안 쓰는 컴시스템들은 에러가 안 난다는 이야기인데 이 말은 21세기 명랑과학입국에 절대로 용서할 수 없는 망언이며 명랑사회 이룩에 졸라 장애가 되는 말이다. 이 기회에 딴지가 Y2K에 대해 사정없이 알려줄란다.

딴지가 아니면 어서 알려주리오...

극비실험
헌팅 실험

이제 우리도 체계적이고 과학적인 애정행각의 지침서가 시급히 마련되야 할 시점에 와 있다.

어그래씨브하고 진보된 애정행각의 한 형태인 헌팅과 관련한 세계 최초의 엽기보고서에 이어, 그 세부기술에 관한 매뉴얼이 본지의 엽기과학부 애정행각 파트의 기자 '이드니아 콘체른' 과 그 실험재료들에 의해 드뎌 완성되었다.

똥꼬털 무스 발라 가리마 타고 경건한 마음으로 뜨거운 격려를 보내는 바이다. 이제 함 보시라. 무엇이 선진 애정행각인지.

정보통신 · 과학 11월 23일(월)

[폭로] 영화 속의 비과학적 구라들(3)

이번에는 '영화 속 구라 2'에 실린 기사에 대한 질문에 답하고, 그 동안 게시판에 독자분들이 열라 울리신 '영화 속 구라'에 대해 설명 드리겠다. 넘 자상하지 않은가... 본 기자가...

본 기자가 모하는 넘인지에 대해 궁금해 하시는 넘논분들이 계신데 본 기자는 항공우주공학을 탐구하는 사람이다. 더 알려고는 하지 마시라...

【 지난 기사에 대한 독자분의 질문들 】

1. 백야 3.98

Q1. 기자가 제시한 스크램젯 엔진은 이미 개발이 되었다. 그러나 경제적 이유로 사용 못하는 것 뿐이다. 또 이러한 엔진을 사용한 마하 3 이상 나는 비행기도 존재한다.

Ans. 간단히 말씀드리면 공식적으로는 개발되지 않았다. 그러나 실험실에서는 스크램젯을 이용하여 많은 실험을 하고 있다. 본 기자 역시 많은 세미나에서 연구결과를 보았다. 또 마하 3 이상 나는 비행기는 비공식적으로는 존재가 가능할 수 있으나 공식적으로 확인된 적은 없다. 왜? 군사기밀이니까.

Q2. SR-71은 공식 속도는 마하 3.3이지만 마하 4도 가능하다.

Ans. 본 기자가 언급한 마하 3.3은 순항속도를 의미한다. 마하 4의 속도는 고공에서 저공으로 열라 꼬라박을 때 비로소 얻어지는 하강속도이다. 따라서 마하 4는 정상적인 순항속도가 아닌 중력에 의

한 하강속도로 공식속도라고 할 수 없겠다.

참고로 '소설 백야 3.98'에서 나오는 얼티밋이란 비행기도 무장을 하지 않은 채 고공에서 저공으로 열라 꼬라박는 방법으로 3.98의 속도를 얻었다 한다.

2. 터뷸런스

SR-71 BlackBird

Q. 여객기도 360도 돌 수 있다. 에어쇼에서 봤다.

Ans. 우선 영화 속의 설정을 상기해 주시기 바란다. 태풍에 의해 여객기가 발라당하고 360도 뒤집어진다. 에어쇼에서 보신 그런 상황하고는 엄연히 다르다. 에어쇼에서 보여준 회전은 조종사가 한 번 아주 조심스럽게 돌아본 것이다.(이 상황을 보고 있던 제작사 관계자들은 간담이 서늘했다고 한다.) 하지만 태풍에 의해 날개가 히떡 뒤집히는데 그 긴 날개가 무사하겠는가...

3. 인디펜던스데이

Q1. 지구 전체를 커버하는 정지궤도위성수는 3개가 아니라 4개다. 정지궤도 높이나 아냐? 또 36개의 외계 비행체가 있으니까 지구 뒤쪽까지 통신이 가능하다고 했는데 지면에 그렇게 낮게 떠 있기 때문에 반대편과의 교신은 불가능하다.

Ans. 단순히 기하학적인 입장에서 보면 4개가 맞다. 왜냐하면 사면체의 꼭지점의 수는 4개니까. 그 안에 구가 들어갈 수 있으므로 4개가 맞는 이야기이나 지구에서 인구가 밀집된 곳은 어디인가. 대략 남, 북위 60도 사이 아닌가. 정지궤도위성 3개면 인구밀집 범위를 다 커버한다. 4개가 필요하다는 것은 극지방까지의 통신을 고려한

정보통신·과학 11월 23일 (월)

것이다.

그리고 정지궤도는 36,000km이다. 정지궤도라는 것은 그 궤도에 있는 위성은 지구에서 볼 때 항상 정지해있는 것처럼 보여서 이름 붙인 것이다.

마지막 질문은 영화의 설정을 잘 이해하셔야 한다. 모선에서 지구 공격을 위해 출격한 36개의 비행체들이 지구의 중요도시 위에 왔을 때 교신을 시작한 것이 아니다.

모선에서 쪼개져 나올 때부터 교신을 하여 공격신호가 떨어지자 동시에 공격했다. 그래서 지구의 통신위성에 그 신호가 잡힌 것이고... 그리고 모선은 뭣다 모하는가... 반대편 교신 때 써먹으면 되지...

Q2. 지구의 인공위성을 이용하여 공격신호를 서로 교신한 것이 아니라 교신 내용이 인공위성에 잡힌 것이다.

Ans. 이 부분에 대해 영화는 애매모호하다. 왜냐하면 처음 MIT 박사가 위성신호를 해독했을 때는 질문하신 내용으로 설정을 했다가, 대통령 앞에서 설명을 할 때는 지구의 인공위성을 이용한 것처럼 설명을 한다. 본 기자도 이 부분이 애매하여 여러 번 보았지만 해결이 안 된다. 그래서 대통령 앞에서 한 설명을 기준으로 기사를 작성했다.

Q3. 맥은 두 개 이상의 OS를 창으로 띄울 수 있다!
Ans. 당근이다. 여러 개의 OS를 띄울 수 있다. 본 기자가 인디펜던스데이 기사 중 마지막 기사를 쓴 의도는 미지의 OS를 어깨 옆 창으로 띄우냐는 의미이다.

답변이 되셨나 몰겠다. 안 됨 할 수 엄꼬... 그럼 이제 게시판에 독자 분들이 올리신 영화 속 구라들을 살펴보기로 하자.

1. 무궁화 꽃이 피었습니다 (이제형:venus74@netian.com)

Q1. 마지막 한일 전쟁 상황에서 우리 나라에서 쏜 핵미슬을 일본에서 폭격기라고 오인한다. 말이 되냐?

Ans. 미슬을 폭격기로 오인하는 경우는 없다. 레이더가 탐지하여 '요놈은 어떤 비행기다' 라고 판단할 수 있는 근거는 비행기의 날개길이를 가지고 판단한다. 그래서 스파이들이 목숨을 걸고 적국에 들어가 신형 비행기 날개길이를 재오는 것이다.

Q2. 또 한국과 북한이 합작하여 만든 최신예 미슬이라 요격이 불가능하냐?

Ans. 요격의 경우 본 기자의 견해론 미국의 SDI(미슬 요격 시스템. 인공위성을 이용하여 적의 미슬 발사 직후의 가속 단계에서 요격) 쯤이면 모를까 지상에서 발사하는 형태의 요격은, 그 가능성이 거의 희박하다고 생각한다.

왜냐하면 SDI 경우 미슬이 상승할 때(이때는 미슬 속도가 느리다), 분리되기 전에 레이저로 연료탱크를 쏴서 맞추기 때문에 시간상, 속도상, 확률상 요격 가능성이 높지만 지상에서의 요격은 미슬이 떨어질 때를 요격하는 것이기 때문에 탄두 진입속도가 마하 20이 넘고 또 그 크기도 작아(이 영화처럼 다탄두 미슬이면 가능성은 더 줄어든다) 요격은 거의 불가능하다. (떨어질 때 적의 레이더를 교란하기 위해 알루미늄 가루인 채프를 뿌리는 놈도 있다.)

Q3. 그리고 남북이 합작해서 만든 핵폭탄의 위력이 겨우 히로시마 원자탄의 5배밖에 안 되냐?

Ans. 히로시마에 떨어진 핵폭탄(Mk1, Little Boy)의 위력은 TNT 화약으로 환산하여 12~14kt의 폭발력을 가지고 있으므로 5배면 약 60~70kt이겠다. 본 기자가 각국의 미슬 데이터에서 찾아보니 단일 탄두로 이 정도의 위력을 가진 미슬은 딱 하나 있다. 미국의 퍼싱II 미슬로 위력이 50kt이다.

그러나 단일 탄두인 경우 보통 적어도 위력이 550kt은 넘는다(요 두 놈 사이의 미슬은 데이터 상으로는 존재하지 않는다). 또 다탄두의 경우 제일 작은 위력을 가진 놈이 미국의 포세이돈 C3로 50kt짜리 10개로 이루어져 있다. 보통 다탄두인 경우, 개당 최소한 100kt에서 1Mt정도는 된다. 이러한 데이터를 봐서 〈무궁화 꽃이 피었습니다〉에서 나오는 미슬의 위력은 단일 탄두로는 가능하나 다탄두로써는 문제가 있는 설정이다.

2. 네트 (김성희:seongheek@mail.lgis.co.kr)

Q. 산드라 블록이 나오는 이 영화의 마지막 장면에서 자신의 신상정보를 엉망으로 만든 발신지의 IP address를 컴퓨터 전시회에 나와 있는 컴으로 트래킹을 통해 밝히는데 4자리 IP address 중 마지막 숫자가 300이 넘는 숫자가 나오더라. 말이 되냐?

Ans. 십진수 255까지 가능하다. 본 기자 기억이 가물가물해서 보신 분들은 영화에서 나오는 정확한 IP address를 알려주시기 바란다. 별게 다 속썩인다. 씨바.

3. 헬리콥터 360도 회전 (꽤 많은 분들)

Q. 헬리콥터도 360회전 가능하다. TV나 에어쇼에서 봤다

Ans. 순수한 헬리콥터의 추진구조라면 불가능하다. 그러나 기계적으로 보완을 하면 가능할 수 있다.

블루썬더라는 영화를 보신 분은 알겠으나 마지막에 적 헬리콥터를 따돌리기 위해 블루썬더가 360도 회전을 한다. 본 기자가 알기로는 카메라 조작이 아니고 실제로 돌았다는데, 이것은 헬리콥터 양쪽에 보조추력을 발생시키는 터보제트 엔진 같은 것을 장착했기에 가능한 것이다.

이처럼 보조추진 장치를 하면 진행방향으로의 추력이 발생하므로 메인로터에서 발생하는 추력과 합치면 두 힘의 '평행사변형' 법칙으로 360도 회전이 가능하다. (평행사변형 법칙에 대해서는 더 이상 묻지 마시라. 중학교 1학년 2학기에 다 나오는 내용이다. 모눈종이로 두 힘의 합력을 그렸던 기억이 나시는가...)

4. 다이하드 2 제보 (개구리)

Q. 도입부에 브루스 윌리스가 테러리스트에 의해 수송기에 갇혀 있다가 조종석 안으로 수류탄 비스므레한 게 들어오니 수송기 조종석에 앉아 전투기처럼 사출시스템으로 탈출한다. 요거 구라이다.

Ans. 요 장면은 아마 예고편에도 나왔던 장면으로 기억된다. 말씀하신 대로 구라다. 수송기의 경우 그냥 낙하산 짊어지고 문 열고 뛰어내리면 그걸로 끝이다. 수송기는 덩치가 크기 때문에 천천히 추

정보통신 · 과학 11월 23일 (월)

락해서 가능하다.

왜 수송기는 전투기처럼 사출 시스템이 안 되냐? 혹 유심히 관찰하신 분들이라면 수송기의 경우(여객기도 마찬가지) 조종사 머리 위에 많은 조종장치들이 있었다는 것을 아실 것이다. 요걸 깨고 나가야 하니까... 안 된다. 그러나 조종석 전체가 사출되는 시스템의 경우는 존재한다.

5. 터미네이터 2 (앗... 누구더라)

Q1. 마지막 장면에서 용광로에 잠기는 터미네이터를 보고 두 모자가 환송한다. 그 뜨거운 용광로를 어케 쳐다보냐?

Ans. 참으로 예리한 지적이다. 짝짝.

용광로 안의 쇳물이 공기와 만나는 지점의 온도가 매우 높다. 대류뿐만 아니라 고온이라서 복사에 의한 열전달도 일어나기 때문에 그 위는 허벌 뜨거울 것이다. 두 모자도 얼굴만 터미네이터면 몰라도, 기냥 익는다. 이거 구라다.

Q2. (본 기자) 마지막 부분에서 액체 터미네이터가 액체 질소에 얼었다가 아놀드가 쏜 총에 맞고 산산조각이 났는데 용광로의 열로 다시 원래대로 돌아오는 장면이 있다. 이거 가능하냐?

Ans. 본 기자가 제기한 이 의문에 대해 본 독자 중 스스로 열역학을 잘한다고 생각하거나 한 물리 하는 분들은 이 가능성에 대해 본 기자에게 냅다 메일을 보내주시면 감사하겠다.

예로 컵이 깨졌다고 열을 가하면 원상태로 돌아 가냐? 뭐 이런 식으로 가능한 이유에 대한 고찰과 불가능하다는 이유

11월 23일 (월) 정보통신·과학

에 대한 분석 중 잘된 놈으로 담 호에 게재하도록 하겠다.

6. 인디펜던스데이 외전 (기억 안 남)

Q1. 외계인에게 겁탈 당했다는 술주정뱅이 비행사가 외계인 우주선의 광선 속으로 나이스하게 부서지지도 녹지도 않고 잘도 들어가는데 F-18 전투기가 그리도 튼튼하냐?

Ans. 본 기자도 처음에 그런 의심을 했다. 이유는 작은 외계비행선이 쏘는 광선과 반경 15km짜리 거대 우주선이 쏘는 광선의 색이 같아서 같은 광선으로 판단했다.

하지만 그 외에 위에 말한 광선의 열이 고온이라거나 파괴력을 지녔다는 증거를 영화에서 볼 수 없었다.

만일 고온이라면 순식간에 뜨거워진 주변 공기로 인해 팽창이 일어나며 '꽝' 하는 소리가 들릴텐데 그런 것도 없고 파괴력을 지녔다면 광선이 발사되는 순간부터 파괴가 일어나야 하는데 영화를 보면 그렇지는 않다. 시간 지연을 두고 파괴시킨다.

Q2. 영부인은 외계광선의 폭발로 인한 전자기파로 인해 헬리콥터가 작동을 멈춰 추락했다. 그래서 폭발 반경을 벗어났어도 추락한 것이다.

Ans. 위 제보는 맞을 수도 틀릴 수도 있는 상황이다. 틀릴 수도 있는 이유는 백악관에서 대통령이 전용기로 탈출하는 장면이 나오는데 만일 위 지적이 맞다면 대통령도 탈출하다 추락, 영화가 끝나야 한다. 영화 줄거리상 주인공이 죽지 않았기 때문에 아마 외계광선의 전자기파로 인한 기계고장은 아니라고 볼 수 있다. 그러나 위 제보가

정보통신·과학 11월 23일(월)

맞다면 영부인 추락은 구라가 아니고 대통령이 나이스하게 탈출하는 것을 구라라 보면 되겠다.

7. 아마게돈 (나그네 외 많은 분)

Q. 보통 인간이 12일 훈련을 마치고 어케 우주로 가냐? 게다가 발사할 때의 10G의 가속도를 어케 이기냐? 구라다.

Ans. 우선 발사 시의 10G에 대해 말씀드리면 쉽게 말해 출발할 때 자기 체중이 10배가 불어나는 것과 마찬가지다. 자기 배 위에 자기하고 똑같은 놈들이 9명 올라타고 있다고 보면 된다.

그러나 우주왕복선의 경우 설계상의 이유로 발사 시 탑승자가 느끼는 가속도는 3G 정도를 느낀다. 기존의 우주발사체하고는 이런 점에서 다르다. 그래서 특별한 훈련을 받지 않았어도 신체 건강한 사람이라면 발사 시 가속을 견딜 수 있어 여성을 포함하여 과학자, 기술자들이 비교적 손쉽게 우주를 다녀올 수 있다.

참고로 정식 우주 비행사는 박사학위를 소지해야 한다. 이런 이유로 인디펜던스데이의 윌 스미스는 계속 나사에서 물먹은 것이 아닐까?

위에서 파헤친 구라 이외 다른 구라를 알고 계신 분들은 투고 바란다. 담 호에도 나머지 게시판 내용과 아마게돈, 딥 임팩트 그리고 고질라를 야그해 보겠다. 기대하시라.

– 딴지 과학부기자 이재진 pooh@kkucc.konkuk.ac.kr

[폭로] 영화 속의 비과학적 구라들(4)

꾸벅.

약속드린 대로 고질라, 딥 임팩트, 아마게돈과 10호에서 문제를 낸 '터미네이터 2의 T-1000 복원되는 것이 말이 되는가'에 대한 심사결과와 라이언 일병 구하기에 대해 함 꽉 디비보기로 하겠다.

먼저 지난 호에서 낸 문제에 대한 답

Q. 터미네이터에서 마지막 부분에서 액체터미네이터, T-1000이 액체질소에 얼었다가 아놀드가 쏜 총에 맞고 산산조각이 났는데 용광로의 열로 다시 원래대로 돌아오는 장면이 있다. 이거 가능하나?

1) 가능하다. 왜?
원래 그런 놈이다. (shkim)
참으로 엽기적인 답이다. 이 메일을 받고 본 기자 은퇴도 심각하게 고려했다. 많은 분들이 여러 가지 이유로 가능하다고 했지만 이 이론을 따라갈 이론은 없었다.

2) 불가능하다. 왜?
위의 이론처럼 엽기적인 이유가 나오지 않은 관계로 좀더 기다려 보겠다. 분발해주시기 바란다 다들...

12. 라이언 일병 구하기(원제 : Saving Private Ryan)

이 영화에 대해서 딴지 게시판에 어느 분이 이런 지적을 했다.

도입부의 상륙작전을 짠 넘은 열나 멍청이다. 무식하게 인해전술로 밀어부치지 말고 함포지원사격과 전폭기의 폭격으로 적의 벙커를 무참히 까부순 다음 상륙해야 인명 피해가 적을 것이 아니냐? 좃선일보에게 걸리면 중공군의 인해전술을 쓴다고 사상시비로 말려들 것이 뻔하다. 너 조심해 임마.

머 이런 식의 항거였다. 좃선일보 부분은 매우 날카로운 지적이나 이 영화의 도입부에 나온 〈노르망디 오마하 비치 상륙작전〉은 실제 상황이었음을 알려드린다.

물론 작전상으론 연합군의 폭격기들이 해변의 독일군 진지들을 파괴하고 수륙양용 탱크들이 독일군 포대를 무력화시킨다고 세워져 있었지만, 1944년 6월 6일 D데이 새벽 프랑스 북부 오마하 비치의 상황은 최악이었다.

폭격기들은 벙커를 까부수지도 못하고 수륙양용 탱크는 대부분 침몰했다. 가까스로 상륙한 병사들은 응사를 하고 싶어도 M1소총에 모래가 들어차서 응사도 제대로 못하고 디비져 죽었다. 이 날 노르망디 전투의 연합군 사상자는 미국, 영국, 캐나다를 합쳐 10,549명이었다고 한다.

또 라이언 일병 구하기의 라이언이 실제 인물이냐 확인해 달라는 메일을 받고 조사해본 결과 실존인물은 아니나, 형제가 여러 명 전사한 경우는 많았다. (옆 넘이 라이언)

수필버그의 이 영화에 가장 근접한 실제 경우는 미군 101공정대 소속인 프리츠 닐슨. 그는 1944년 6월 한 주 동안 3명의 형제를 잃었다.

2명은 D데이 노르망디에서 전사했고 1명은 중국-버마 전사에서 전사했다. 닐랜드의 엄마는 영화처럼 같은 날 3통의 전사통보서를 받았다고 한다. 이로 인해 미 육군당국은 종군신부를 동원하여 닐랜드를 귀국시켰다고... 이해 오케바리?

13. 고질라 (원제 : Godzilla)

본 기자 이 영화를 비디오로 보고 한동안 허탈했다. "내가 왜 과학을 공부할까?"라는 자괴감이 밀려들었다. 이 영화도 구라가 넘 많은 관계로 인디펜던스 데이처럼 번호를 붙혀서 까발려 보겠다. 본 기자 영화 속의 구라 파헤치기 작업에 착수한 이래로 가장 많은 구라가 발견된 영화다. 지면 관계상 다 까진 못하고 그 중에 몇 개만 까보자.

독자 분 중 혹 "씨바 핵으로 인한 돌연변이기 때문에 다 말돼, 새꺄."라고 고개를 젓는 거, 이거 21세기 과학입국에 졸라 장애물이다. 이런 자세 버려야 한다. 조또 끝까지 추적해 영화는 영화대로 즐기고 구라는 구라대로 밝혀내야 한다.

1) 프렌치 폴리네시아에서 프랑스의 핵실험으로 탄생한 고질라란 넘이 남태평양에서 조업중인 일본 원양어선을 냅다 후려치고 뉴욕으로 간다. 그런데 이상하게 이 난파한 배는 대서양, 다시 말해 미국 동남부에 위치한 아이티란 섬에서 발견된다.

정보통신·과학 12월 7일(월)

머가 구라냐고? 남북 아메리카는 서쪽엔 태평양이 동쪽엔 대서양이 있다. 배가 다닐 수 있게 이 둘을 연결해 주는 것은 파나마 운하밖에 없다. 난파한 배가 지 혼자 파나마 운하를 거쳐 갔나, 아니면 고질라가 영화출연할라고 난파한 배를 끌고 미국을 횡단해 눈에 잘 띄는데 갖다났나?

씨바~ 시나리오 작가는 지도 한 번 안 보나.

2) 영화 속 설정의 고질라의 크기는 121m다. 아가리 크기는 5m. 이런 크기의 육상 생명체가 존재할까?

지구상에 존재했던 육상 동물 중 젤 컸던 넘이 티라노사우루스 렉스로 크기가 17m이고 몸무게가 7톤이다. 실제적으로 이 크기가 한계라고 보면 딱 맞다.

이 정도 크기면 두 발에 가해지는 체중 자체를 견뎌내기가 대빵 힘들며 설사 이겨낸다 해도 이동속도도 느릴 수밖에 엄따.(키 큰 운동선수들을 생각해보시기 바람. 현대 배구단 207cm의 제희경. NBA의 232cm 게오르그 무레산, 북한의 235cm 리명훈 등 제대로 뛰지도 못한다. 풀타임으로 운동하기도 힘들다.) 그러니 그 체격으로는 괴기를 못 잡아 풀만 먹어야 하는데 이거 먹고 몸 유지가 되나.

3) 크기만 아니라 고질라의 운동속도는 상상을 초월한다. AH-64 조종사가 사이드 와인더로 고질라를 때려부수려다 실패한 후 하는 말 "씨바...주행 속도가 80노트(시속 148km)가 넘어".

고질라가 치타냐?

마지막 뉴욕 앞바다에서 뛰어난 수영 솜씨로 40노트(시속 74km)

가 넘는 어뢰를 피하고 다닌다. 고질라가 갈치냐…

4) 뉴욕 시내를 어슬렁거리는 고질라를 족치기 위해 AH-64가 떼거지로 모여든다. 위 3)처럼 고질라를 향해 열추적 미슬인 사이드 와인더 미슬을 발사한다. 그러나 고질라가 미슬들을 나이스하게 피하고 애꿎은 건물만 부수고 만다. 조종사 왈 "냉혈동물이라 조준은 되는데 추적이 안 돼"

천인공노할 구라다. 조준이 되면 추적이 가능해야 하고 아니면 조준이 되지 않아야 말이 된다. 사이드 와인더 미슬은 사람의 움직임까지 잡아낸다. 그러므로 충분히 사이드 와인더 미슬로 추적이 가능하다. 고질라 시나리오 작가! 넌 냉혈동물이면 열추적 미슬이 피해갈 줄 알았지? 아놔마~

5) 많은 분들이 제보를 주신 내용이며 고질라의 구라의 백미라고 꼽을 수 있는 장면. 바로 사람의 임신진단 키트로 고질라의 임신 유무를 가려내는 부분. 본 기자 여기서 까무라치는 줄 알았다.

이름만 박사인 지렁이 박사가 고질라가 흘린 피를 채취하여 임신 유무를 확인한다. 이거 올해의 구라 대상감!

임신진단 키트는 대부분 HCG에 반응하는 antibody로 되어 있다. 졸라 어려운 단어다. HCG란 무엇인가? Human Chorionic Gonadotropin의 약자로서 인가 융모성성선자극호르몬이 되겠다. 임신한 사람의 소변 또는 임신한 말의 혈청에서 얻어지는 것으로 '태반'의 영양막 세포층에서 만들어진다.

여기서 키워드는 태반에 있다. 고질라는 이구아나나 같은 파충류에서 유전적 돌연변이를 일으킨 것으로 되어 있었고 고질라가 낳은 것은 새끼가 아니라 알이었다. 태반은 포유동물이 새끼를 자궁내에 착상시키고 나서 발생하는 구조물로서 절대 알을 낳는 놈들에게는

정보통신·과학 12월 7일(월)

발생하지 않는다.

고질라는 파충류다. 그놈은 태반이 엄따. 따라서 HCG를 만들어 낼 수 없으며 그것의 항체를 가지고는 알을 가지고 있는지 없는지 도대체 알 수가 없다.(서로솔귀 〈StaRac@medidas.co.kr〉 님께서 도움을 주셨다. 꾸벅.)

6) 뉴욕의 메디슨 스퀘어 가든에 200여 개의 고질라의 알을 깨부수기 위해 3대의 F/A-18이 출동한다.

여기까진 좋다. 그러나... 메디슨 스퀘어 가든을 향해 발사한 미슬이 다름아닌 하푼미슬이었다. 넘 황당하여 6번을 돌려 봤다. (옆의 미슬이 하푼)

본 기자가 황당해 하는 이유는 하푼미슬은 대함미슬이다. 쉽게 말해 배를 까부수는 데 쓰는 미슬이라 이거다. 걸프전에 위력을 보인 레이져 유도 미슬도 아니고 다탄두 폭탄도 아닌 하푼이라니... 이거 영화지만 너무하지 않나.

7) 고질라 광고를 때릴 때 Size Does Matter를 강조한 나머지 배우들의 연기력을 너무 소홀히 한 점. 가장 압권이었던 부분은 마지막에 메디슨 스퀘어 가든에서 명청한 박사, 여자 리포터, 장르노(레옹)가 도망치는 장면이다. 특히 명청한 박사의 긴박감 없는 도망치는 연기는 거의 코미디급이다. 생사를 넘나드는 순간에도 사탕자판기를 쓰러뜨려 따라오는 고질라 새끼들이 미끄러지게 하여 자빠뜨리는 장면은 본 기자로 하여금 이 영화가 코미디가 아닐까... 하는 강한 의구심까지 심어주었다.

전개상 또 하나 고질라가 왜 하필 그 먼 길을 와서 사람 많은 뉴욕을 산란의 장소로 택했는지에 대한 필연성이 부족했다. 보통 동물은 사람 손이 안 닿는 곳에 알을 낳는다. 쩝... 사람을 별로 안 거야? 씨바 본 기자 엉성한 영화 한 편 땜에 영화 평론까지 하고 있다...

8) 핵으로 인한 돌연변이로 변종은 불가능하다(예를 들어 양서류가 파충류로 조류가 포유류로 바뀌는 것). 그런데도 불구하고 멍청한 박사(영화 속에선 지렁이 박사... 넌 지렁이나 만져)는 진지한 톤으로 고질라는 '변종'이라고 얘기한다. 너 박사 맞어?

9) 고질라가 유연하게 미슬을 피하는 장면, 아파치 헬기를 우걱우걱 씹어먹는 장면, 그 큰 덩치로 현수교를 뛰어다니는데 아스팔트가 멀쩡한 장면, 변종되면 부화속도가 빠르다는 박사의 주장 등은 더이상 파헤칠 가치가 없기 땜에 고질라는 여기까지만 하기로 하겠다.

14. 딥 임팩트와 아마게돈 Part 1

올 여름 아마게돈과 함께 지구 가까이 오는 소천체인 NEO(Near Earth Object)의 충돌로 인한 지구 종말을 그린 영화가 딥 임팩트다. 이 두 영화가 개봉한 후 혜성 또는 소행성의 지구 충돌에 관해서 많은 글들이 매체에 실렸으나 이제 그런 거 보지 마시라. 딴지가 다루는 이상 이제 다른 건 볼 필요엄따.

이번 호엔 전반적인 부분을 다루고 Part 2에서는 각 영화에 대한 내용을 잘근잘근 씹어드리겠다.

정보통신·과학 12월 7일(월)

1) 딥 임팩트에서는 혜성(comet)이고, 아마게돈은 소행성(astroid)이다.

혜성은 헬리혜성을 생각하시면 된다. 혜성의 구조를 쉽게 이해하기 위해서 얼음덩어리를 땅에 굴려보시라. 그럼 일단 졸라 표면이 더러워지는데, 이처럼 내부엔 얼음이 외부엔 돌들이 붙어 있는 넘을 혜성이라 한다.

딥 임팩트의 혜성처럼 지름 7mile(11.2km)이고 5,000억 톤 정도(밀도 $0.68g/cm^3$)면 혜비급이며 이런 크기 자체가 희귀하다. 아마도 6,500만 년 전 지구에 충돌해서 공룡을 멸망시켰다고 주장하는 혜성을 모델로 한 것 같다. 따라서 이 크기와 설정은 끄덕일 만하다. 그러나 밀도가 넘 작다. $3g/cm^3$는 돼야 하는데... 질량이 넘 작다. 이래가지고 지구를 멸망시킬 수 있을지 의문이다.

소행성은 화성과 목성사이에 띠(belt) 형태로 존재한다.

행성을 (혹성탈출... 혹성 이거 일본말. 행성이 맞다. 그러므로 행성탈출이 맞다.) 이루지 못한 찌꺼기라고 보시면 된다.

아마게돈에서는 충돌할 소행성이 텍사스 주 만하다는데 대략적으로 보니 지름이 약 900km 정도다. 이 정도 크기의 소행성은 태양계 내에서는 세레스(지름 910km)라는 넘밖에 없는데 이 넘은 힘이 쎈 목성 인력권에 붙어 있어서 궤도를 이탈하여 지구로 오는 것은 불가능하다.

아마 구라...

2) 지구로 충돌하는 넘을 최소 언제 발견이 가능한가?

아마게돈은 충돌 18일 전에 발견된다. 이건 구라다. 적어도 2달 전엔 발견이 가능하다. 소행성이 발견이 어려운 이유는 크기가 작고 어두운 넘이라서 그렇다. 또 그 궤도가 태양 방향에서 온다면 태양빛에 가려서 안 보이기 때문에 발견은 더 힘들다. 그러나 2달 전엔 발견 가능하다.

그에 비해 딥 임팩트는 충돌 2년 전에 발견한다는 설정이다. 또 충돌 10개월 전에 우주 왕복선을 통해 막으려고 하는데 그럴싸한 설정이다.

3) 충돌을 막기 위해 꼭 가서 파서 심어야 하나?

두 영화 모두 가서 폭탄을 심어 파괴하려는 방법을 사용하는데 그것밖에 없는 건 아니다.

충돌을 막기 위해 머리 좋은 넘들이 생각하는 방법이 대체적으로 2가지가 있는데 하나는 궤도를 바꾸는 것이고 또 하나는 부수는 것이다.

궤도를 바꾸는 경우, 당구를 쳐보신 분들은 아시겠지만 두 공이 멀리 떨어져 있으면 있을수록 치는 공의 각도가 조금만 빗나가도 맞지 않는다는 사실을 경험론에 입각하여 아실 것이다.

이런 원리로 충돌하기 한참 전에(딥 임팩트처럼 1년 정도) 진행방향과 다른 엉뚱한 각도로 폭탄을 이용해 중심부로 힘을 가해주면 방향은 틀어진다. 궤도가 1cm만 바귀어도 지구와는 충돌하지 않는다. 이 방법은 이런 넘을 빨리 발견하면 할수록 유리하다.

까부수는 경우는 최악의 상황에서만 택하는 경우다. 왜냐하면 폭발 뒤의 상황을 예측하기가 거의 불가능해서 그렇다. 어느 모양으로 쪼개질지 어떤 궤도로 올지 모르기 때문이다. 쪼개진 후 지구 대기권

정보통신·과학 12월 7일(월)

으로 파편이 들어와도 지구에게 피해를 주지 않는 범위는 지름이 10m이하...

4) 지구의 핵탄두를 모두 동원하면 혜성이나 소행성을 아작낼 수 있을까?

1Mton급의 핵탄두는 지름 750m의 구를 아작낼 수가 있다. 부피(길이의 3승)에 따라 탄두의 크기가 변하기 때문에 7km를 까부수기 위해서는 1,000Mton의 핵탄두가 필요하다.(이 자료 대빵 희귀함)

딥 임팩트의 경우 5Mton짜리 8개를 가지고 갔다. 대략 2.6km의 혜성을 아작낼 수 있다는 결론이 나온다. 산술적인 계산으로는 3,375Mton짜리를 가져가야 지름 7mile(11.2km)부술 수 있다. 요 부분은 과학적 무지에서 나온 구라다.

아마게돈의 경우 탄두 한 개로 나이스하게 소행성 반을 가르는데 이건 똥꼬발랄한 구라다. 인류가 개발한 단일 탄두 중 가장 큰 넘이 구소련이 61년 개발한 58Mton급이다. 그 후론 필요성을 느끼지 못하고 대략 1Mton급의 탄두개발에 주력했다. 58Mton급이면 소행성의 경우 백 번 죽었다 깨어나도 못 까부순다. 혜성의 경우는 가능하지만...

참고로 지구상의 모든 핵탄두를 써도 아마게돈의 소행성은 못 까부순다. 지금의 탄두의 1,000배는 있어야 한다.

5) ICBM으로 요격은 못하나?

딥 임팩트의 경우 지구로 오는 지름이 각각 1.5mile, 6mile인 2개의 혜성을 요격하기 위해 ICMB을 쏜다. 실패했다고 나오는데... 현 지구의 기술로는 작은 넘은 요격 가능하지만 큰 넘은 불가능할 것이란 것이 본 기자의 생각이다.

작은 넘은 28Mton짜리, 큰 넘은 2,197M짜리면 산술적으로 부수는 것은 가능하나 큰 넘은 미국이 가진 ICBM의 총 탄두 크기로는 역부족이다. 러시아와 몇 개의 나라를 합치면 가능하나 많은 탄두가 동일한 시간에(그래야 한 번에 아작 남) 맞추기가 쉽지가 않다. 해서 큰 넘은 불가능하다는 판단이다.

6) 딥 임팩트의 경우 만일 큰 넘이 떨어진다면...?

한마디로 인류멸망이다. 대략적으로 수백만 개의 수소폭탄이 터지는 효과가 발생한다. 산성비가 내리며 하늘에는 혜성이 대기권을 들어올 때 생긴 여파로 오존 구멍이 생겨 난리난다.

하늘을 둘러싼 바닷물의 양보다 많은 먼지로 햇빛을 차단하게 되어 광합성은 이루어지지 않고 먹이사슬이 파괴되어 생태계는 거의 전멸한다. 다시 원래대로 돌아오는 데 걸리는 시간은 누구도 장담 못한다. 최소 몇백만 년은 걸릴 거다.

그런데도 딥 임팩트 영화에서는 100만 명이 2년간 생존할 공간을 만들어 대피한다고 난리다. 2년... 그 후에 나와도 다 죽는다.

본 기자 이 글을 쓰다 갑자기 인류 종말을 예고한 노스트라다무스의 예언이 생각이 났다.

> 1999년의 해, 일곱의 달
> 하늘에서 공포의 대왕이 내려온다.
> 앙골모아의 대왕을 부활시키려고
> 그 전후의 기간 마르스는 행복의 이름으로 지배하려 들리라.

쩝...내년이 1999년이다. 많은 이단들이 종말이 온다고 쌩난리 부르스를 칠 텐데... 만일 이 예언처럼 1999년 9월에 지구 종말이 온다면(노스트라다무스 시대는 태음력을 썼으므로 지금 시대로 보면 9월이 맞다) 또 공포의 대왕이 혜성이나 소행성이라면 적어도 충돌 2달 전에

정보통신·과학 12월 7일(월)

발견이 가능하다고 했으니 내년 7월까지 충돌에 관한 얘기가 없으면 우린 다 살 수 있지 않을까?

위에서 파헤친 구라 이외 다른 구라를 알고 계신 분들은 투고 바란다. 담 호에서도 영화 속 구라는 어김없이 여러분을 찾아간다.

빠빠이 ~

— 딴지 과학부기자 이재진 pooh@kkucc.konkuk.ac.kr

[마빡 對 마빡] 대패질한 모니터의 진상을 까발려 주마!

　낙하산 임명된 본 기자 앞으로 국내외 전자제품들을 마빡 대 마빡으로 정밀비교하고 그 문제점들을 차근차근 까발려, 소비자가 진정으로 왕이 되는 명랑전자시대를 여는 데 작은 힘이나마 보태기 위해 혼신의 노력을 다 할 것을 특히 여성 독자들 앞에서 굳게 맹세함다. 본 기자 총각임. 꾸벅.

　미리 밝혀두지만 앞으로 본 기사는 결코 특정기업에 대한 개인감정이나 이런 거 전혀 개입되지 않은 체 순전히 본 기자의 양심에 따라 쓸 것이다. 혹 그런 걸로 시비 걸지 마시라. 내용의 옳고 그름을 따지는 거야 언제든 환영. 오늘은 그 첫 번째, 바로 지금 여러분들이 덜따보고 있을 모니터... 그 모니터에 관한 것.

　지난 여름, 국내 엘쥐전자에서 아주 신기한 모니터를 내놨다. 이름하여 완전평면 '뽈래프론'... 이에 맞서 국내 모니터 시장을 주도해 가던 삼승... '다이나뽤랫' 이란 희한한 놈을 내놨다.

　이 둘을 비교한다.

　국내 모니터 시장을 양분하고 있는 삼승과 엘쥐, 삼승은 삼투론이라는 예전 14인치 시절 모니터의 명성에 힘입어 모니터 껍디기하고 모델명만 바꾸면서 소비자를 울궈왔다. 씨바!! 졸라 욕나오는 부분이다. 보시라! 94년의 씽끄마수타 7X와 그 이후의 17GLsi, 700p등을... 이거... 똑같다. 껍디기만 다르다.

　반면 엘쥐, 딸리는 시장점유율을 따라잡기 위해 졸라... 노력한 흔적이 역력했다. 삼승과 같은 급의 모니터면 2~3만원 싸게, 그러면서도 BNC 케이블(다섯 가닥 나오는 모니터 케이블이다. 비싼 모니터 뒤에는 뚱그런 단자 다섯 개가 붙어 있다. 궁금하면 니가 찾아보시라.)까지 끼워줬

정보통신·과학 1월 4일(월)

다. 이거 케이블 주제에 졸라 비싼 넘이다. 세종대왕 세 분과 맞먹는다.

이러다가 사건이 터진다.

엘쥐가 자기네 기술로 졸라 평평한 모니터를 내놓은 거시다. 이거, 까놓고 말하면 순수 엘쥐 기술은 아니다. 미국의 페니스라는 회사가 개발한 기술이다. 이쉑들, 기술은 좋아서 졸라 평평한 모니터 만들어놓긴 했는데, 뒷심이 부족해서 마지막에 일을 못 치르고 코피 쏟고 자빠져뿟다.

엘쥐가 이거보고, 얘 데려다가 졸라 잘 먹여서 뒷심 키운 담에 일 벌인 게 쁠래뜨론이다. 이거... 히트쳤다. 날로 평평해져 가기 위해 졸라 쩝만 쓰던 모니터/브라운관 시장에 스트레이트를 날린 것이다. 그것도 카운터블로로... 곡률 80얼마... 90얼마를 달리던 와중에, 100%를 떡하니 내놓은 것이다. 이제, 삼승도 뭔가를 해야겠다고 생각을 한다.

근데, 생각만 하믄 뭐하나? 기술이 조또 없는데. 삼승은 기술에 부을 돈 다 자동차에 부었다. 모니터 시장은 엘쥐 쪽으로 기울고 있는데, 삼승은 해놓은 게 없다. 이제 삼승, 졸라 급해졌다. 평면에는 평면갖고 개겨야 한다. 평면에 공갖고 개기다가는 디비 맞고 코피쏟게 될 거니까...

근데, 모니터 면상을 대패로 민듯 평평하게 만드는 게 어디 뉘집 대패이름인가? 삼승이 모니터는 그동안 직싸게 만들었지만 기술은 93~4년 기술 그대로이기에 한 큐에 만들어낼 수는 없었다. 이를 우짤꼬.

기억하시는가? 쁠래뜨론 첨 나올 때 그 광고... 뚱그런 모니터에 이쁘장한 넘(자칫하면 논으로 본다. 조심하시라) 얼굴 있는데, 뚱그런 모니터 면상과 함께 그넘 면상까지 대패질하듯 도려내버리는 졸라 엽기적인 광고를...

여기서 삼숭은 모니터를 정말 대패질하듯 도려낼 생각을 한다.

그래서 나온 것이 삼숭의 다이나쁠랫.

이거 신문에 광고때릴 때 인체공학적 평면이라고 주장했고, 17인치 모델의 가격이 다른 회사의 19인치 모니터 가격이었다. 근데, 이거... 졸라 구라다. 곰곰히 생각하면서 졸라 씹어보자. 광고에는 이래 씨부려놨다.

'기존 평면모니터의 오목해보이는 단점을 보완한 인체공학적 평면' 이라고...

자기네거 광고하면서 남으거 대놓고 씹었다. 뭐 자신 있음 씹어도 된다. 오히려 자신있음 서로들 정면으로 씹어줘서 소비자가 이득보면 더 좋지. 어쨌든... 오목해 보인다라... 실제로 그렇기는 하다.

지금부터 기술적인 면을 가지고 같이 생각을 싸보자.

우선 엘쥐 평면모니터가 진짜 평평하게 들어간그냐, 하믄 그건 아니다. 만날 공 같은 모니터 쳐다보던 눈깔들이 평면인거 디비 보면 우찌되겠는가? 당연히 들어가보일 것 아닌가? 엘쥐 디자이너들의 실수도 있다. 빙신같이 평면 모니터 앞에다가 볼록한 장식을 했다. 씨바 당연히 더 들어가보이지...

(여담이지만, 모니터 디자인은 모니터를 아는 사람이 해야 한다. 케이스 디자인은 케이스 아는 사람이 해야 하고, 컴퓨터 디자인은 당연히 컴퓨터 아는 사람이 해야 한다. 모니터에 대해서 조또 모르는기 디자인하니까 그따구 디자인이 나오지. 또, 디자인 심사하는 넘들도 조또 모르고 심사해서 그기다가 대상 줬다. 한심하다. 이래서는 디자인 강국 안 된다. 통꼬 뒤집고 반성해야 한다.)

근데, 쁠래뜨론 1주일만 써보시라. 그럼 느낀다. 정말 평면이고 이넘... 눈 정말 편하다고. 이래 놓고 딴 모니터 디비 보면 이건 완전히

정보통신·과학 1월 4일(월)

공이다, 공. 왜 들어가 보이고 왜 나중에는 멀쩡히 보이는가... 이거 얘기 할려면 시차각 얘기해야 하고 복잡하다. 넘어가자.

어쨋든... 삼승꺼 보자. 이거 웃긴다. 수평피치 0.20mm이라고 했다. 그리고서는 수직 피치는 0.25mm인거는 광고문구 어디에도 안 나와 있다. 씨방새들. 삼승이 개발한 기술도 아니다. 광고에는 삼승 기술로 수평피치 0.20mm를 이루었다고 씨부리는데, 방구 뀔 소리다. 이거 일본넘 히다찌 모니터다. 95년 히다찌 모니터 카다록 보시라. 그럼 수평피치 0.20, 수직피치 0.25인 넘들 수두룩하다. 심지어 21인치도 있다.

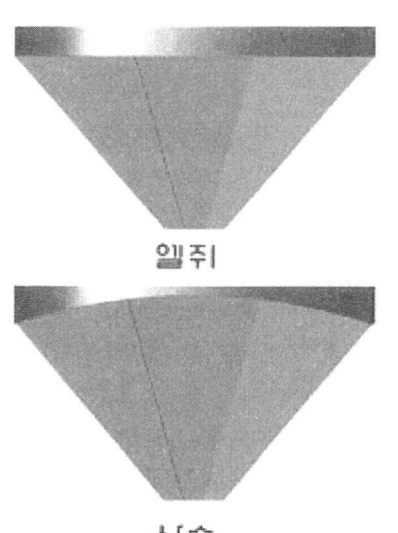

엘쥐

삼승

삼승이 한 거는 그 CRT 갖다가 대패로 밀듯 디비 밀어서 겉 유리만 평평하게 깎은기다. 이래 놓으니 모니터 꺼놓으면 평평해 보이는데, 모니터 키면... 뚱그런 면이 보인다. 우짜겠는가, CRT 내부에 손꾸락하고 대패 집어넣어서 밀어댈수가 없는데.

어쨋든 이렇게 되어서, 처음보는 사람들에게는 평평해 보이기는 한다. 유리부분이 평면이라서 들어가 보이는 걸 안쪽에 뽈록한 화면이 완충해주니까.

근데, 이거 오래 봐봐라. 쁠래뜨론 오래보면 점차 평평해지는데, 임마는 오래보면 볼수록 뚱그래진다. 깬다, 정말. 이래놓고 인체공학적 평면이라고 광고쌔린다. 씨방새들. 눈가리고 아웅인기다.

문제가 여기서 끝나냐 하믄 것두 아니다. 뚱그런 모니터를 대패질 해놓다 보니 주변부위하고 가운데 부위하고 유리 두께가 다르다. 생각해보시라. 뚱그런 모니터 대패질하면 어떻게 될까... 이래 놓으니

화면왜곡이 생긴다.

뿔래뜨론도 겉 유리 두꺼워서(보안경을 대체할 목적이었다고 한다. 효과는 있었다. 보인경 대놓은 것처럼 화면 잘 나오니까...) 화면이 좀 멀리 있는 느낌이 났다. 그래도 이건 통짜 판유리니까 왜곡은 없었다. 삼승꺼...이거... 화면 부분부분 두께가 다르다. 그렇다. 이건 렌즈인기라...

두께가 다르니 열팽창에는 우찌 대처해야하는가 라는 문제도 생기뿐다. 결정적으로, 가장 힘을 많이 받는 부분인 중심부의 유리가 가장 얇다. 웃기지 않는가? 이에 따르는 문제는... 알아서 상상하시라.

이기... 정말 눈가리고 아웅이지 않는가? 근데 이기 첫 번째가 아닌기라. 첨에는 모니터 껍디만 디비 바꾸고 모양새 달라졌답시고 모델명 바꾸고 가격 올리면서 울궈먹더니, 좀 후에는 와이드 모니터를 만든다. 삼승 컴 나오면서 종종 따라나오는 딥따 큰 와이드 모니터 직접 보신 적 있는가? 이거 겉보기엔 화려한데, 실상, 최대해상도가 800*600이다.

눈치빠르신 분들은 아셨겠지만 이거 텔레비전이다. 텔레비전 브라운관 갖다놓고 모니터라 그런 거다. 29인치 모니터 쓰는 겜방 가보신 분 알겠지만 이걸루 일반적인 컴퓨터 작업 한 시간만 하면 눈 빠진다. 눈 졸라 아픈기다. 이거 갖구 컴퓨터 쓰면 눈 정말 금방 버린다. 모니터의 특성상 도트 피치 작아야 하고 주파수 높아야 하는데, 그 와이드모니터(의 탈을 쓴 텔레비전)는 영 아니었다.

그런데, 이제는 그 전장이 텔레비전까지 넓혀졌다. 엘쥐는 뿔라톤, 삼승은 맹품 +F 완전평면... 이거... 우리 나라에서는 어떤지 몰라도 우리 나라 사람들보다 꼼꼼한 (여기 토달지 마시라. 우리 나라에는 메이커에 환장하는 사람들 너무 많다. 특히 삼승이 만들면 진짜 다른 줄 아는 인간 너무 많다.) 일본넘들이 사는 거 보면 어떤 게 좋은 건지 안다.

http://ddanji.netsgo.com

정보통신·과학 1월 4일(월)

일본넘들이 뿔라돈에는 졸라 놀라면서 환장점프를 했다. 그래서 뿔라돈 일본에서 히트쳤다. 티비에도 나왔다. 근데, 맹품은 아직 아무 소식 없다. 그렇다. 조진기다.

똑같은 급이면 네임 밸류 때문에 삼승 모니터 사는 사람들 많았다. (물론 국내에서만 그렇다. 외국에서는 싼 맛에 샀다. 우리 나라에서는 젤루 비싼기... 씨바...) 하지만 기술에서 차이가 나는 지금 소비자들은 최소한 그렇게 허무하게 속지는 않는다. 정신차려라 삼승.

물론 삼승이 더 잘하는 것도 있고 엘쥐가 더 못하는 것도 있고 그렇다. 그러나 오랫동안 모니터 하면 삼성으로 알고 있던 수많은 소비자를 이따구로 대충 속이고 넘어가려 했다면 그것은 그동안 삼승이란 이름을 믿고 물건을 구입해도 된다고 소비자들을 세뇌시켜 왔던 것이 완전 사기를 치려했던 것이고 또 그래서 결국 삼승 제품을 구입한 수많은 소비자에 대해서는 커다란 배신을 때린 것에 다름아닙니다.

소비자 이제 눈 좋아졌다. 구라는 언젠가는 드러나기 마련이다. 계속해서 그따구로 소비자 봉으로 알고 장사해먹으믄 언젠가는 망할기다. 이상.

— 딴지 엽기 가전부 기자 鐵人 muphy@netsgo.com

[경고] Y2K BUG를 알려줄 테다!

1. Y2K Bug란 무엇인가?

흔히 1차원적인 넘논들은 Y2K 버그가 IBM PC의 시간칩 에러라고 단순하게 말한다. 그렇다면 시간칩을 안 쓰는 컴시스템들은 에러가 안 난다는 이야기인데 이 말은 21세기 명랑과학입국에 절대로 용서할 수 없는 망언이며 명랑사회 이룩에 졸라 장애가 되는 말이다. 이 기회에 딴지가 Y2K에 대해 사정없이 알려줄란다. 딴지가 아니면 어서 알려주리오...

2. 필연

퍼스널 컴퓨터의 시초는 77년 애플 I이다.

이 때 시스템의 램은 4K였다. 그후에 16K로 32K로 계속 업그레이드가 되지만 처음 만들어낸 시스템의 램은 4096 byte인 4K였다.

이 때는 램이 무지하게 비싼 시절이었다. 퍼스널 컴퓨터가 이 정도였고 메인프레임으로 불렸던 IBM의 졸라 덩치 큰 컴퓨

집체만 했던 최초의 컴퓨터 〈에니아악~〉

정보통신 · 과학 1월 4일(월)

터들은 그나마 조금 사정이 나았으나 그래도 지금의 개인 컴퓨터보다 훨씬 못했다.

그 이전에는 어떠하였나. 이 당시에는 램 1K가 말 그대로 금값이었다. 만들기도 힘들지만 만드는 곳도 별로 없던 그런 시절이었다. 이것은 프로그램이 최대한 크기에 최적화되어야 한다는 것을 의미한다. 그러니까 무조건 작게 만들어야 했다 이거다.

참고로 인공지능을 연구하여 이름을 날렸던 튜링(Alan Turing : 1912-1954)이라는 학자가 한 말을 적어본다.

> 우리가 2K의 메모리를 확보할 수 있다면 인공지능을 구현하는 데에 아무런 장애가 없을 것이다.

지금 시점에서 보면 졸라 우습지 않은가?

이러한 이유로 어떻게 하든지 프로그램과 데이터의 크기를 줄여야 될 필요가 있었던 것이다. 그러나 이러한 하드웨어의 열악한 상황에서도 소프트웨어의 기본적 이론은 계속적으로 발전하였다.

자, 무엇이 필연인지 알려줄 때가 되었다.

이렇게 메모리가 비싼 상황에서, 연도를 2자리로 표기하는 것 즉, 1960년을 60으로 표기하는 것은 메모리를 절약하기 위한 테크닉이었던 것이다. 원고지 한 장 사다가 1960이라고 써보고 60이라고도 써보라. 1960년은 4칸 차지하고 60은 2칸 차지한다. 무언가 깨달은 바가 있으신가. 1K의 램이(200자 원고지 5장 분량!!!!) 아쉬웠던 시절 컴퓨터 소프트웨어의 선구자들은 2000년은 무척 멀게 느껴졌고 반면에 램 값은 무척 비쌌던 이유로 연도 뒤의 2자리만 사용하기로 자연스럽게 마음을 먹었다.

이러한 분위기가 Y2K 에러를 만들어 내게 된다. 선배를 열라 본받던 똘마니들도 아무런 생각없이 2자리만 쓰게 되었다. 소프트웨어만 그랬을까? 아니다. 그 후로 나오는 시간칩들도 마찬가지로 영향을 받았다. 적어도 칩이 지원한다고 하더라도 BIOS나 OS에서 2000년을 무시한 것이다.

3. 악습

그 이후로도 2자리로 표기하는 것이 당연시된 것이 문제였다. 그러던 중 시골에서 공부에만 전념하던 언 촌 교수가 우연히 2000년이 되면 수많은 소프트웨어들이 에러를 내게 된다는 점을 발견해 내게 된다.

도대체 그 교수가 문제를 지적하기 전까지 다른 프로그래머들은 발견해 내지 못했다는 것인가? 그렇다. 공식적으로는 그렇다. Y2K는 그 문제가 가져올 결과만 연구대상이 아니라 사실은 문제의 발생, 악습의 유지, 발견에 이르는 과정 자체가 사회학적인 연구 대상이 될 필요가 있다.

어떤 넘놈들은 엔지니어들은 알고 있었으나 무엇에 홀린 듯이 2자리를 계속 고집하였다고 이야기 하는데 그넘이 그넘이다. 그러므로 이 문제가 공식화되기 이전의 시스템은 99%의 순도로서 에러를 가지고 있다고 생각하면 된다. 문제가 밝혀진 이후에도 에러가 계속 만들어졌다.

4. 그리고 파국(카타스트로피)의 발생

예를 보도록 하자. 언 넘이 1991년 1월부터 2000년 12월까지 한 달에 10만원씩 적금을 부었다. 원금을 계산하라.

졸라 쉬운 문제가 아닐 수 없다. 10년 동안 매월 10만원씩 집어넣었다. 필자는 복리, 연리 같은거 계산 못 하므로 수준에 맞는 문제를 골랐다.

정보통신·과학 1월 4일(월)

$$10 \times 12 \times 100{,}000 = 12{,}000{,}000$$

여기서 10이 문제가 된다.

이는 적금을 시작한 년도 − 적금을 끝낸 년도 + 1로 계산하면 된다는 것을 여러 논넘들은 알고 있을 것이다.

$$2000 - 1991 + 1 = 10$$

그러나 Y2K bug는 여기서 골 잡는 결과를 가져오게 한다.

$$00 - 91 + 1 = -90$$

연도의 뒷자리 두개를 가지고 계산을 하다보니까 엉뚱한 결과가 나오게 되는 것이다. −90이 적금을 부은 햇수로 계산되다 보니까 위의 원금 계산을 다시 하면 다음과 같은 결과가 나오게 된다.

$$-90 \times 12 \times 100{,}000 = -108{,}000{,}000$$

돈은 열심히 부어 넣었는데 빚만 늘은 결과를 낳는다. 다시 한 번 이 계산은 실제 상황이 아니라 연습 문제임을 알린다.

2000년이 되면 버그가 수정되지 않은 시스템들이 급격하게 상태가 변하게 된다. 어제까지 잘 돌아가던 시스템이 2000년 1월 1일 계산이 틀려지면서 예금이 빚으로 바뀔 수도 있으며 이자율이 완벽히 틀려질 수도 있다. 이렇게 작은 변화에 의한 급격한 상태의 전환을 카타스트로피라고 한다.

여기서 말하는 카타스트로피라는 용어는 Catastrophe Theory에서 사용하는 개념으로서 Rene Thom이라는 프랑스의 잘난 수학자가 연구해낸 수학적인 모델이다. 두 가지 상태 즉, 안정과 불안정한 상태에서 급격한 변이를 의미하는 것으로서 관심 있는 사람은 다음의 링크에 접속해 보시기기 바란다. [Catastrophe Theory]

5. 어떤 기기들이 에러를 낼 수 있는가?

일단 집에 있는 퍼스널 컴퓨터부터 의심하는 게 순서다. OS가 완벽하게 Y2K 문제를 수정하지 못했다면 그 위에 돌아가는 application들도 당근 안전할 수가 없다.

만일 Windows 95/98/NT를 사용하고 있다면 M$(Micro$oft)에 목숨이 걸려 있다 하겠다. 이 넘들이 얍삽하게 Windows 2000이라는 다음 버전을 준비하고 있는데 그 아래 버전은 어떻게 지원하나 두고 보겠다. 도스용 프로그램들은 당연히 Y2K 버그가 있다고 생각하시기 바란다.

다음으로 '컴퓨터'라고 불릴 만한 시스템은 모두 의심하기 바란다. 수정되지 않은 시스템들은 모두 의심의 대상이라고 생각하는 것이 옳다. 메인프레임, 워크스테이션 등등이다.

전자 손목시계 스케쥴러들 많이 가지고 있을 것이다. 그거 Y2K 문제가 수정되었는지 확인해 보는 것이 신상에 좋을 것이다.

엘리베이터도 날짜를 체크하는 시스템이 있다는 보고가 있다. 본 기자 같으면 1999. 12. 31 오후 11시에서 2000년 1월 1일 오전 1시까지(이하 요주 시간대로 약칭)는 엘리베이터를 안 타겠다. 앞에 타는 눈 넘이 안전하게 내려갔는지 확인하고 타는 것이 순서일 것이다. 먼저 탄 눈넘이 골로 가시면 명복이나 빌어주고...

또 비행기가 떨어지는 데에는 비행기만이 문제가 아니라는 사실을 우리는 알고 있다. 괌에서 떨어진 KAL기 같은 경우에는 관제탑에서 제대로 경보만 보내 주었어도 여럿 눈넘 살릴 수 있었을 것이라고들 이야기한다. 그때의 시스템 에러는 소프트웨어 에러의 일종으로 알려져 있는데 Y2K Bug가 더 황당하면 황당했지 덜하지는 않을 것이다. 본 기자 같으면 요주 시간대에 비행을 해야 한다면 하루 이틀 미루겠다. 요주 시간대에 그 복잡한 시스템들이 어떻게 문제를 일으킬지 아무도 장담하지 못한다.

정보통신·과학 1월 4일(월)

핵발전소는 예로써 우크라이나에서 대처하는 방식을 보면 참으로 가공할 만하다. Y2K Bug 발견하는 데는 성공했으나 수정할 돈이 없으므로 1999년 12월 마지막 날에 핵발전소를 끄겠다는 방법을 밝혔다. 졸라 확실한 방법이라고 생각한다. 괜히 터뜨려서 여러 놈넘 죽이기 보다는 어둠 속에서 몇 개월이고 견디는 방법을 택했다. 존경할 만하다.

이에 반해 우리 나라의 핵발전소는 어떠한 대책을 수립했는지 모르겠다. 하기야 웃자리에 있는 아자씨들은 문제에 대해서 쉽게 생각하는 경향이 많다. 엔지니어들이 죽어도 위험하다고 갈궈도 윗대가리들은 인생을 어렵게 살지 말라고 항상 부드럽게 이야기하곤 한다.

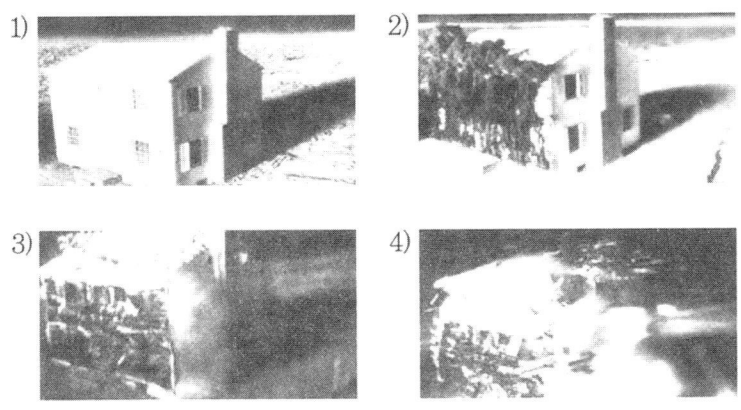

핵이 터지면 우리가 사는 집은 어케 될 것인가... 이렇게 된다...

발전소 역시 요주의 대상이다. 핵발전소 만큼은 안 위험하겠지만 유럽 등지에서 가장 걱정하는 문제는 발전소의 시스템에 이상이 생겨서 전력공급이 끊어지는 사태이다. 요즘에 전기로 안 돌아가는 장비가 없다. 끊어지고 나서 비상발전으로 해결하고 그 사이에 문제를 해결하면 된다는 생각은 하지 말기 바란다. 하루 이틀에 문제가 해결이 안 된다. 특히 독일 아해들이 방방뜨고 있는데 그건 러시아에서 전력을 많이 수입해 오고 있기 때문이란다. 전력 끊어지면 공장 문닫고 실업율 올라가고... 이건 장난이 아닌 문제다.

지하철 역시 요주 시간대에 안 타는게 좋다. 우리 나라 지랄철 중 가장 많은 문제를 일으키는 지하철 2호선만 보더라도 문제를 해결했는지 안 했는지 잘 모르겠다. 했으면 방법이 문제인데 모든 시스템을 2000년으로 세팅해놓고 운행을 해보았는지 모르겠다. 이러한 리허설을 행하지 않은 시스템은 일단 의심하는 것이 좋다. 괜히 통조림 찌그러지듯이 맛이 가는 것은 인생에 큰 아픔이 될 것이다.

미슬의 경우 발사 스케쥴 때문에 시스템에 시간 칩이 들어가 있을 것이다.(적어도 미슬 내에 없더라도 그놈을 발사하는 발사대에는 들어가 있을 것이다.) 그놈이 예측 불허의 결과를 낳을 수 있다. 미국 넘들은 자신의 잠재적인 위험을 가지고 있는 장비, 설비들은 정비되어가고 있다고 자신하고 러시아, 중국의 미슬과 핵발전소를 걱정하고 있다. 우리 나라에는 사용 연한이 넘은 미슬이 약 200기 정도 있다. 확인해 보지 않으면 좆된다. 결국 인천에서 개발된 지 40년 지난 나이키-허큘리스 미슬(미국, 58년 개발)이 오발사고를 일으키지 않았던가?

FA(Factory Automation) 장비들도 의심해볼 만하다. 특히 1990년대에 FA용 컨트롤 보드로 IBM PC가 많이 들어갔다. 다른 PC와 다른 점은 이넘은 PC처럼 보이지 않는다는 데에 있다. 보통 PC와는 전혀 다른 케이스에 싸여 있을 것이다. 일하다

정보통신·과학 1월 4일(월)

가 치어 죽지 않으려면 1월 1일에 잘 쉬고 돌아와서 일하기 전에 시스템 키는 데에 주의하기 바란다. 본 기자가 알기로는 NC 선반에도 IBM PC가 들어 가는 것을 본 적이 있다.

집에 있는 VCR에 예약 녹화기능이 있을 것이다. 그놈이 2000년 이후에 어떻게 되는지 제조회사에 문의하기 바란다. 터지는 놈은 아니지만 즐거운 인생에 장애가 될 수 있다.

6. 어떤 파국(카타스트로피)을 맞이하게 되는가?

현재 예측은 엄청나게 많으며 가능성은 무궁무진하다. 연도를 계산할 수 있는 모든 시스템을 의심하고 있는 상황이다. 위의 상황을 토대로 한 최악의 시나리오는 다음과 같다.

1) 미슬이 자동으로 발사되며 이로 인해 국가간 국지전 또는 전면전이 시작될 수 있다. 또 핵발전소는 과열로 인해 녹아내려 방사능 물질이 유출된다.
2) 철도 운행 시스템의 마비로 인한 교통 대란이 일어나며, 비행기의 계속적인 추락으로 인해 대규모의 인명사고가 발생한다.
3) 발전소의 송전은 멈추게 되고 도시는 암흑에 싸이며 공포상태가 발생, 곳곳에 약탈범들이 들끓고 치안부재 상태에 이른다.
4) 미국넘들 은행은 Y2K의 버그를 잡았다고 자신하고 있었으나 국외의 가난한 나라들이 보내온 자료들은 그렇지 못하다. 2000년이 1900으로 표기되어 보내진 데이터는 국제금융 시스템을 급격히 붕괴시키며 모든 거래를 수작업으로 하기 시작한다.
5) 곡물 거래 시스템 역시 마비되어 국지적으로 폭등, 폭락, 부족, 누적 사태를 빚어내어 결국 기아와 파산으로 이어지는 결과를 낳는다.

7. 그 외에도 여러 가지가 있을 수 있겠다

　　Y2K 버그는 낮은 확율의 예측할 수 없는 결과의 문제가 아니다. 충분히 높은 확율의 골 때리는 결과의 문제이므로 주의하지 않으면 '좆선일보'의 첫 글자가 된다.

　　아마게돈을 부르짖는 사람 혹은 문제를 부정적으로 생각하지 말라는 사람들이 있다. 하지만 본 기자의 생각으로는 Y2K 버그는 충분히 주의해야 한다.

　　미국넘들은 일본넘들이 충분히 대처하지 못하고 있다고 나불거리고 있는 상황에서 우리 나라야 더 말할 필요도 엄따. 참고로 미국에서 현재 예상하고 있는 비용은 3좃 딸러 정도다. 우리 나라에서 10년을 수출해바라 그 정도가 되나. 울나라 언넘은 우리 나라 시스템은 상대적으로 신기종이 많으므로 비용이 적게 들 것이라고 나불거린다.

　　똥꼬에 무좀이 걸릴 발언이다. 모든 시스템을 테스트하기 전에는 그따우 이야기를 하는 것이 아니다. 나중에 서로 책임을 미루는 사태가 또 일어나기 전에 결벽증 걸린 넘모양 시스템을 체크해 보아야 할 필요가 있다. 기계는 인간성이 엄따. 인생을 어렵게 살지 말라고 컴퓨터에게 충고해 보아야 소용엄따. 컴퓨터는 컴퓨터답게 다루어야 한다.

8. 다음 이야기는...

　　여러분이 좀더 많은 데이터를 원한다면 전문가들의 조언을 좀더 모아보겠다. 이 글은 Y2K 버그에 대한 경각심을 일깨우고자 쓴 글이다. 조심해서 문제를 넘어서고 나면 아무 일도 없게 된다. 그런데 우리는 조용함을 싫어하는 것처럼 보인다. 꼭 문제를 일으키고 난리를

정보통신 · 과학 1월 4일 (월)

쳐야 사는 맛이 나는 모양이다.

　그 외에 생각할 수 있는 Y2K 버그에 의한 문제점들이 생각나시는 분들은 바로 바로 게시판에 한 줄 땡겨 주시기 바란다. 이거 중지를 모아 모든 가능성에 대처해야 하는 일이다.

- 서로솔귀 / 딴지 과학부 자문 위원

[극비실험] 헌팅 실험

어그래씨브하고 진보된 애정행각의 한 형태인 헌팅에 관련한 엽기보고서와 그 세부기술에 관한 매뉴얼에 이어, 이제는 독자들이 직접 참여하는 헌팅실험을 세계 최초로 본격 시행한다. 이러한 과학적인 헌팅실험은 이전에는 없었고 앞으로도 본지 이외에는 할 수 있는곳이 이 지구상에는 엄따. 선진애정행각 구현을 위해 본 실험에 적극 참여해준 독자 재료들께 뜨거운 박수를 보내며, 이제는 본지를 통해 공인이 되었음을 항상 기억하고 겸손하고 자중하는 명랑애정행각에 힘싸주시길 바라마지 않는다. 들리는가. 21세기가 졸라 달려오는 소리가…

지난 10호 기사에서 본 기자는 직접 독자분들에게 헌팅실험의 기회를 주고자 엽기연애부 꼬붕을 모집한 바 있다. 그 결과 12월 12일 현재까정 무려 넘자 302명, 뇨자 58명이라는 상상치도 못했던 많은 수의 독자분들이 지원서를 때려주셨다. 바야흐로 그토록 바라던 명랑사회가 눈앞에 다가왔음을 느끼며 본 기자는 세찬 감격에 부르르 온몸을 떨어야만 했다. 지원해주신 모든 분들께 목뼈가 부러지도록 고개숙여 감사드린다. 꾸바닥~. 일단 선정기준이 따로 없었기 땜시 맘대로 선착순 선별하여 축하 멜을 날려보낸 본 기자는 다가올 실험날만을 고대하며 밤잠을 설쳤다. 그리고 드뎌 그날이 왔다.

1 재료소개

본지의 실험에 참가해준 재료들의 모든 것을 가차없이 까발린다. 사진까정 올릴줄은 몰랐다는 재료들의 거센 반발을 쌩까고 맘대로 사진찍은 본 기자. 불만있음 배째라. 하지만 일말의 양심은 남아 있기에 "차라리 맞아 죽을지언정 사진은 절대 못 올린다."는 분들에 한

정보통신·과학 1월 4일(월)

해 약간의 수정을 가하였다. 얘네가 숫기가 엄써 그러는것이니 독자분들의 많은 양해 부탁드린다.

■ 1차 7번재료
- 이름 : 김수봉 (가명)
- 생년월일 : 1975년 9월 11일 (24세)
- 직업 : 직딩. 회사이름 밝히면 책상 뺀다고 애원하여 안 밝힌다.

- E-멜주소 : suekim@elim.net
- 지원동기 : "맨날 당하기만 하는 헌팅! 나도 함 해보자!"라는 취지에서 지원했다고 강력히 주장하나 본 기자와 넘자 재료들은 그 진위여부를 약간 의심할 수밖에 없었다. 암튼 많은 기대를 모았던 재료중 하나로서 왕킹카를 물어 유유히 떠났다.

■ 2차 5번재료
- 이름 : 오정환
- 생년월일 : 1973년 2월 21일 (25세)
- 직업 : NAS 정보기술 근무
- E-멜주소 : erich@nas.co.kr
- 지원동기 : 솔직히 불라고 다그치자 아주 당당하게 "헌팅보다는 즉석팅에 관심이 있어서"라고 지원동기를 밝혔다. 바뜨...여성 지원자분들이 하나둘씩 성공해서 빠져나가는 바람에 즉석팅의 가능성이 사라지자 다급해진 그는 박순제

씨와 더블팅을 시도, 퀸카를 물어 떠났다. 안도의 한숨과 함께...

■ 3차 2번재료
- 이름 : 박병규
- 생년월일 : 1979년 10월 1일 (20세)
- 직업 : Y대 N과 98학번 (2차 실험의 신라면 군과 동기다)
- E-멜주소 : dandyp@nownuri.net
- 지원동기 : 역시 신라면 군과 함께 실험 통합 최연소 지원자가 되겠다. 실험 처음에는 말도 못 붙이고 주저주저하며 시간만 때웠으나 결국 막바지에 성공. 근데 한번 성공하자 자신감이 너무 넘친 나머지 하나도 아니고 둘씩이나 후려버린 대단히 엽기적인 넘이다. 아마 시간만 좀더

있었다믄 대여섯 후렸을지도 모른다. 내가 그를 잘못된길로 인도해버린 것은 아닐까...

실험내용

- 1998년 12월 5일 토요일 오후 4시 30분. 홍대 정문 근처 놀이터

담날 재료들과의 접선시각이 다 되어 디지털 카메라를 메고 놀이터로 나간 본 기자. 역쉬 예상대로 먼저 와 있는 논넘이 아무도 없었다. 씨바... 전야제 때도 그러더니... 1차 재료들은 하나같이 생업이 졸라 바쁜가보다. 암튼 10분여를 기다리자 하나둘씩 슬슬 재료들이 모여들기 시작했다. 모두들 나름대로 최대한 외모에 신경쓴 흔적이 역력했다. 가증스러븐 넘들... 일단 이들에게 실험방법과 주의사항을 알려준 후 본 기자와 일행은 실험장소를 향해 이동했다.

정보통신·과학 1월 4일 (월)

3 실험방법

1. 실험 개시시각은 17시로 한다. 장소는 당근 홍대에서 가장 많은 유동 인구수를 자랑하는 먹자골목 사거리로 한다. 실험종료는 3시간후인 20시로 한다.
2. 일단 실험이 시작되면 재료들은 기자의 가시범위를 벗어나지 않는 한도 내에서 원하는 위치를 선정하여 산개한다. 그러다 맘에 드는 상대가 나타나면 잽싸게 기자에게 시도할 것을 보고한 후 헌팅에 투입한다. 이때 타재료들은 이를 관찰하며 사정없이 비판한다.
3. 헌팅에 성공하면 그대로 떠난다. 그후 빠른 시일내에 자신의 기사를 기자에게 송고한다.
4. 시도기회는 무제한으로 준다. 바뜨 아무리해도 되지 않을 경우 재료들과 작전회의를 열어 적당한 방법을 찾아 재시도 한다. 이래도 실패하믄 어쩔수 엄따. 대기한다.
5. 상황이 여의치 않을 경우 커플팅을 시도한다. 2 : 2 까지만 허용한다.
6. 실험종료 후 실패자들이 남을 경우 그 자리에서 재료간 즉석팅을 개최하여 짝지워 보낸다.
7. 즉석팅에서도 상대를 못 만난 경우... 쫑파티 한다.

4 실험개시

드뎌 실험이 시작되었다. 처음엔 날씨가 춥다는등 물이 안 좋다는등 이리저리 핑계만 대던 재료들이었으나 한차례 혹독한 정신교육을 마치자 다들 정신차린 듯했다. 이들의 엽기 헌팅행각을 눈여겨 보시라.

1월 4일(월) 정보통신·과학

(1) 김수봉 양의 이야기

명랑사회 앞당기려면 개인의 사소한 희생쯤은 감수해야 한다. 직장이 분당, 집은 잠실, 전야제 장소는 홍대.

이런 삼각구도로 움직이다가는 명랑사회 길바닥에 패대기 쳐진다. 할 쑤 없이 전야제가 있는 금요일 날 휴가를 내기로 결심했다. 비록 우리 회사 나 없으면 안 돌아가지만, 명랑사회 실현을 위해서라면 하루정도 희생은 겸허한 자세로 수용해야 한다. 바뜨 결심은 위대했으나 휴가 뺀찌 먹었다. 씨바. 할 쑤 없이 차를몰고 늦게 전야제 장소에 도착했다. 홍대앞 인파를 뚫고 울타리 들이 받으며 파킹했다. 약속장소에 떡 들어가니 보기에도 엽기적인 인간들 약 6명 정도가 모여앉아 있었다. 묻지 않아도 그들의 머리위를 떠도는 엽기의 기운이 이 무더기가 그 무더기임을 말해 주었다. 졸라 어색할 줄 알았던 분위기는 화기애애 그 자체였다. 생각해 보시라, 이런 엽기적인 헌팅 실험에 자원하는 사람들이 얼마나 패기발랄할 수밖에 없는지를. 그날 전야제에서 있었던 엽기적인 사건들은 더이상 언급하지 않겠다. 명랑사회 근처까지 접근 했었다. 의기 충천, 용기 백배 한 우리들은 내일의 명랑 실험을 기약하며 해산했다.

다음날이 되었다.

졸라 두 시까지 자고 부은 얼굴로 모임 장소에 나갔다. 그러나 예상과는 달리 막상 실험이 시작되자 재료들의 망설임이 도를 넘어서기 시작했다. 이드니아는 슬금슬금 화가 나기 시작한 것 같았다. 씨바, 전야제 때는 뭔가 될 것처럼 하던 재료들이 다같이 수줍음만 졸

정보통신·과학 1월 4일(월)

라 타고있는 거시다!! 더군다나 한 팀만 되는 것을 보고 가시겠다던 총수님, 한 시간 십 분 기둘리시다가 졸라 실망한 표정으로 가버리셨다. 뚜껑 열린 이드니아, 정신교육을 해야 한다며 근처 커피숍으로 재료들을 몰아넣었다. 이드니아가 졸라 불쌍한 표정으로 거의 협박에 가까운 교육을 했기 때문에 효과는 확실했다. 우리는 새로이 맘을 다잡았다. 그러다 나의 시야에 들어온 두 넘! 둘 다 180은 족히 넘어 보였다! 달려나갔다....

나　　　: 다다다다... 저기여...
두 넘들중 쫌 더 큰 넘 : 에..??
나　　　: 지금 바뿌세여??
두 넘들 : (졸라 황당한 표정으로 서로를 쳐다본다...)
더 큰 넘 : 어...바뿌진 않은데여.....왜 그러세여...??
나　　　: (이거 되겠다 시퍼. 가까이서 보니 캡 귀여버따.) 네, 사실은 제가 오늘 미팅을 하기로 하고 머얼리서 왔는데 두 시간 정도 기둘렸거덩여...근데 바람맞은 거 가터여... 그냥 들어가기 너무 허무해서...
두 넘들 : (더 황당한 표정으로 서로를 쳐다본다.)
더 큰 넘 : 근데여...저희 시간만 있거덩여...
나　　　: (캬캬... 오케바리다...) 그러세여??? 그럼 제가 커피 사 드릴께여... 비싼건 못 사드리구여... 요 앞 버거킹이라도...
두 넘들 : 그러죠 머.....

커피를 사가지고 자리를 잡았다. 밝은데서 보니 더욱 귀여분 거시였다. 아니나 다를까 98학번이었다. 나보고 몇 살이냐고 묻는데 차마 진실을 말할 쑤가 엄썼다. 그래서 자꾸만 맞춰 보라고 귀여운 척

1월 4일(월) 정보통신·과학

을 하고 있었다.

나   : 몇살처럼 보여여?? (캡 귀여분 목소리로)
두 넘들 : 3학년..?? 4학년??
나   : (씨바 커피 한 잔 사 주었더니 당장 2년이 젊어지는구나...)
더 큰 넘 : (갑자기) 어, XX대학교 다니세여??
나   : (깜짝) 어케 아랐어여??
더 큰 넘 : 반지가...

아, 씨바, 이런 실쑤가...
졸업 반지를 끼고 있었던 거시다... 웬만한 쎈쓰가 있는 넘들은 다 알것이다. 학교 반지는 주로 졸업 후에 낀다는 것을... 그래서 난 이제 다 뽀록 났구나 생각하고 있었다. 근데 가만히 생각해 보니, 'XX대학 나오셨어여??' 가 아니라 'XX대학 다니세여??' 라고 물어본 거시였다. 캬캬...순진한 넘들..이 넘들이 학교 반지의 깊은 뜻을 아직 모르는구나...

나 : 에...사실은여, 제가 지금 졸업반이라서 시험 다 끝나고 미팅 하러 온 거거덩여...

지금 시험기간인 거 다 안다. 근데 3학년이구여, 미팅하러 왔어여~~하면 얼마나 한심한 눈들로 볼 것인가. 짧은 순간에 덩말 많은 생각을 했다. 식은땀의 순간이 지나고 화기애애한 분위기가 이어졌다. 버거킹 같은 곳에서 이런 분위기 만들기도 힘들다. 더 큰 넘은 186, 덜 큰 넘은 185였다. 귀여운 아가들을 잘 달래서 연락처도 받았다. 헌팅 성공!!! 이 넘들 졸라 문명에서 소외된 인간들이라서 E-메일 절대 없다고 하니 이 기사가 나도 당분간 모를 것이다. 자기들이 재료

정보통신·과학 1월 4일(월)

들의 재료들이 되었던 것을...
  하지만 정말 내 나이 두 살만 어렸어도 어케 해봤을 정도로 아주 성실하고 귀여운 청년들이었다. 일 학년인데도 불구하고 도서관에 밤 새러 왔다는 말에 정말 이넘들 진국이구나 시펐다. 더군다나 이야기 해 본 결과 요즘 아이들같이 까지지도 않았고. 거참, 나이가 이러케 서러울 쑤가 엄썼다...어흑흑

  그래도 어쨌든 성공...그것도 킹카. 호호호~ 난 아직 할 수 있다니깐.

  (2) 오정환 씨 편
  정신교육까지의 과정은 생략. 왜냐하면 꽤 많은 논들이 맘에 있었지만 본 재료 감히 용기가 없었다. 2주 전 보스의 합격통지를 받고부터 그렇게 생각해오던 수많은 엽기 후리기가 하나도 생각이 나지 않

고 똥꼬는 계속해서 오그라들었다. 당근 정신 재무장이 필요한 시점에 보스는 시기 적절한 정신 교육으로 단단한 각오와 함께 스스로의 절박함을 일깨워 주셨다. 참으로 고마운 보스였다. 당연빠 따로 본 재료 용기 백배 얻었고 이후 1차 시도에 나서게 된다. 일명 '파스붙인 싸나이'

오정환 씨 : 저...혹시 이마에 반창꼬 붙인 사람 봤어여??? (타 재료에게 반창꼬를 빌렸다.)
1차 목표뇨 : 니예?

오정환 씨 : 요기 이마에 이렇게 반창꼬 붙인 사람을 찾는데여...

헉!!! 여기서 본 재료 중대한 실수를 범하고 말았다. 손에 꼬옥 들고 있던 반창꼬를 그만 목표뇨에게 보여주고 말았던 거시다. 이래선 안 되는 건데... 일단 목표뇨를 보내주고 나서 잠시 후 그 반창꼬를 이마에 붙이고 다시 나타나서 '혹시 저를 찾는 사람 보셨나요...?' 이래야 시나리오가 성립이 되는건데... 정신교육의 충격이 채 가시지 않았는지 그만 넘 서둘러 버린 것이었다. 하지만 본 재료 여기서 얼굴을 붉히거나 물러서면 안 된다는거, 딴지를 많이 봐서 알고 있다. 잽싸게 말을 돌려버렸다.

오정환 씨 : 이런 반창꼬 붙인 사람 보면 연락을 주실 수 있나여... 제 전화번호 갈쳐 드릴 께여... (땀 뻘뻘)
1차 목표뇨 : 네... 그러죠... 모

첨부터 이상한 사람 취급하듯 심한 경계감으로 대하던 목표뇨는 이 때부터 표정이 풀리기 시작했다. 글구 본격적인 후리기로 들어가야겠다고 생각했을 찰나 이 목표녀 서서히 말걸음을 떼는것이 아닌가! 아직 본격적인 후리기도 안 했는데 약속이 있다면서 성급히 올라가는 목표뇨를 씁쓸한 미소로 보내주고 말았다. 이때까지는 아직 여유가 있었다. 왜? 아직 시간이 있으니깐. 글구 이제 말을 붙일 수 있다는 자신감이 생겼으니깐. 하지만 2시간 후 이제는 남아 있는 힘이 없었다. 꼬추는 풀이 죽어 축 늘어졌다. 추워서 말도 안 나왔다. 이제 포기해야겠다는 생각이 들었다. 하지만 본 실험의 결과를 기다리고 있는 4백만 딴지 독자를 생각하니 포기할 수는 없었다. 보스가 말했다. 그들을 실망시키지 말자고 (진짜루 정신교육 때 그렇게 말했다.) 이미 실험 종료시간이 훨 지난 시간... 남아 있는 실패자 한 명과 함께

정보통신·과학 1월 4일(월)

더블팅을 시도하기로 했다. 액세서리 가게에서 한참을 서성이다가 나온 5차 목표뇨들...따라갔다. 그리구 마지막으로 보스가 알려준 아주 평범한 방법으로 접근했다.

    재료들   : 저... 잠깐 시간 좀 내주세여...
    5차 목표뇨들 : 네? (항상 똑 같다)
    재료들   : 저희가여... 약속이 깨졌걸랑요... 그래서 그런데여... 저희랑 술 한잔 하실래여...? (보스가 갈켜준 방법이다.)
    5차 목표뇨들 : 아니여...

역시... 보스는 믿으면 안 된다. 또 실패다. 잔인한 복수를 꿈꾸며 다시 따라 붙었다.

    재료들   : 그게 아니구여... 저희는 딴지일보에서 나온 실험 재료들인데여... 지금 인터뷰를 하고 있거덩요... 근데 그대들을 취재 안 하면 총수님이 쥐긴다고 해서여... 저희 좀 살려주세여... 안 그럼 저희 주거여... 제...제발... 딱 30분만... 아니... 20분만... 15분만... (더 이상은 깍을 수 없었다.)
    5차 목표뇨들 : 스윽... (멈칫거리며 서는 모습의 의태어)

일단 멈추어 서게 하는데 성공. 역시 보스의 생각과 반대로 가면 성공한다.

티격태격 끝에 15분만 시간을 내게 하는 데 성공하고 가장 가까웠던 꼬꼬스로 들어갔다. 커피를 한 잔씩 시키고 나서 어케 썰을 풀어야 할지 고민하다가 일단 인터뷰를 하는 척했다.

    재료들   : 이름은?
    5차 목표뇨 1 : 구모양이예요.
    5차 목표뇨 2 : 오모양... (이논은 첨부터 계속 말이 짧았다. 씨바... 내
                       가 더 나이 많은데...)
    재료들   : 나이는 ?
    5차 목표뇨들 : 24살이여.
    재료들   : 직업은?
    5차 목표뇨 1 : 지금은 인테리어 디자이너구여 쫌 있으면 디스플
                       레이 디자이너가 될 거예여.
    5차 목표뇨 2 : 디스플레이 디자이너. (젤로 긴 말이다)
    재료들   : 연락처를 좀... 이건 기사에 안 나가여...
    5차 목표뇨 1 : 머...나가도 상관없는데...(가증) 제가 적을께여
                       (017-344-17XX)
    5차 목표뇨 2 : 니가 내꺼까정 적어 (게으른 것 같다) (011-313-
                       99XX)
    재료들   : 젤 중요한 거...앤은?
    5차 목표뇨들 : 있어여... (아우아악!!)
    5차 목표뇨 1 : 지금 군대에...말년 병장이에여.
    5차 목표뇨 2 : ... (인생 참 편하게 산다.)
    재료들   : 크리스마스 계획은?
    5차 목표뇨 1 : 교회에 갔다가 친구하구...
    5차 목표뇨 2 : 일 (계속 짧다.)

이제는 인터뷰 구라를 접고 직접 후리기로 들어가려는 순간 5차 목표뇨 1의 핸드폰이 울렸다. 군대에 있는 앤이었다. 맘 놓고 사회생

정보통신·과학 1월 4일(월)

활 하기가 어렵다는 생각을 했다. 요즘 군대 참 편해졌다는 생각도 했다. 잠시동안 쫄아 있다가 어렵게 말을 이었다.

재료들 : 저... (본 재료는 항상 이렇게 말을 꺼낸다. 습관이다. 토달지 말기 바란다.) 지금까정은 그냥 핑계였구여 사실은 헌팅을 한거거덩요. 그대들이 넘 맘에 들어서여...개인적으로 연락을 해도 될까여?
5차 목표뇨 1 : 네, 안 될 거 없죠.
본 재료 : 허걱! 화들짝! (꼬추 깨어나는 모습의 의태어)

보스! 기뻐해주... 드뎌 성공... 목표뇨는 황수정을 닮았다. 이쁜 만큼 맘도 고왔다. 이미 시간은 15분을 지나 30분을 향해가고 있었다. 근데 안 일어나고 있었다. 확실한 성공이었다. 밥 먹은 게 하나도 안 아까웠다. 4백만 독자분들의 얼굴이 하나씩 눈 앞에 어른 거렸다. (쬐끔 뻥이다.)

실험을 끝내고 기지로 돌아왔을 때 보스는 이미 없었다. 사진은 찍었는지 모르겠다. 계속 엉뚱한 것만 찍었는데... 이번엔 아무래도 안 찍었을 것 같다. 보스는 원래 그래왔다. 걱정이 되어서 삐삐를 쳤는데 연락이 안 온다. 보스가 맞는지 궁금했다.(본 기자는 그날 삐삐를 집에 두고 안 챙겨갔었음. 여하튼 죄송함 - 기자주) 여하튼 뿌듯한 가슴을 안고 기냥 집으로 왔다. 혹시 모르는 사태를 대비해서 내복을 벗고 나간 관계로 (가증스러븐 넘) 무척 추웠지만 마음은 따뜻했다. 명랑사회는 꼭 내가 이룰거다. 꾸바닥. 끝.

(3) 박병규 군 편
홍대는 사람이 역시 많이 다녔었다. 나와 우리 재료덜, 글구 기자분은 홍대 퍼퍼이수 근처에서 실험을 시작하였다. 열라 긴장한 나머

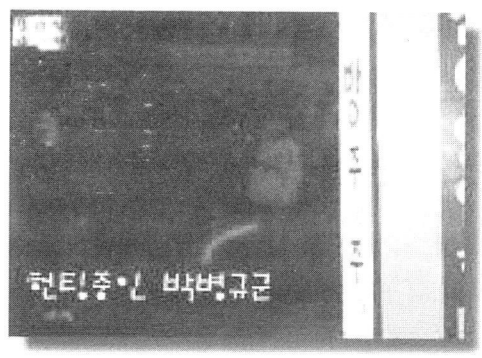

지 나와 다른 재료분들은 마땅한 타겟을 잡지 못하구 있었다. 그것두 그렇지만 혼자 다니는 여자들이 그리 많지가 않았구 또 나는 나이가 어리기 때문에 나에게 맞는 목표물을 찾기도 그리 쉬운일은 아니었다. 결국 이럭저럭 시간이 지나고 첫번째 목표를 잡았다.

일행의 환송을 받으며 나는 여자에게 다가갔다. 그리구 나서는... 스머프 노래를... 불렀다. (딴지 지난호 기사를 참고하시라...) 물론 여자는 이상하게 쳐다보았다. 난 그런 여자분에게 한번 미소를 보내면서 계속 노래 불렀다. 하지만 일은 쉽지가 않았다. 대부분 그렇게 이상하게 쳐다본 뒤 그냥 갔다. 아니면 두려움에 떨면서 막 도망가던지... 난 결국 제대로 말도 해보지 못한 것이다. 그때 비로소 느낀거지만... 기자분의 능력이 얼마나 대단한 것인지 새삼 실감했다.

실험이 제대루 되지 않자 우리는 몸을 녹일겸 실내로 들어갔다. 난 그때까지 3타수 무안타였다. 점점 위기감은 찾아오고 결국 회의 끝에 작전을 바꿔보기로 하였다. 아무래도 스머프는 그냥 노래부르면서 관심가져주기를 바라는 것이므로 그냥 쌩까고 지나갈 우려가 크다. 그래서 우선은 여자를 잡고 보아야한다는 생각에 기자님이 "2차 실험 때 한 분이 써먹었던 방법"이라며 알려준 졸라 엽기적인 방법을 사용해보기로 하였다.

다시 실험재개한 우리는 또다른 목표를 찾구있었다. 조금 지나고 다시 타겟이 잡혔다. 난 다시 환송을 받으며 그 여자 앞을 가로막으며 섰다. 당황해하며 이상하게 나를 보는 그여자... 그리고 작전 개시!!!

박병규 군 : 저어... 제 눈이 이상한가요?
타겟뇨 : (경계하며) 아닌데요...
박병규 군 : 그럼 제 코가 이상한가요?
타겟뇨 : 헉! 아닌데요...
박병규 군 : 그럼 입은요? 괜찮아요?
타겟뇨 : (머 이런사람이 있냐는 표정으루...) 괜찮은데요...
박병규 군 : (드디어 본론 시작되다) 음... 그런데 왜 전 아직두 여자친구가 없을까요? 사실 제가 얼마전에 좋아하던 여자한테 버림받아서... 물론 짝사랑이었지만요... 어쨋든 전 그쪽이 맘에 드네요. (도대체 왜 갑자기 짝사랑 얘기를 꺼냈는지는 알 수 없다.) 시간되시면 저와 차라두 한잔 하실 수 있으세요?
타겟뇨 : (순간 잠깐 웃으며 망설인다) 저어... 안 되는데...
박병규 군 : 왜요? 급한 일이 있나요?
타겟뇨 : 네. 친구만나러... 남자친구요...(이말도 여전히 망설이며 말한다.)
박병규 군 : 네... 글쿤요... 근데 그게 무슨 상관이죠? (독자분들! 이걸 보시라! 바로 이 끈질긴 집념이 헌팅의 필수조건이다!! 남자 친구 있다고 꾸벅 인사하고 물러나면 지는 거다!! - 기자주)
타겟뇨 : 그래두....
박병규 군 : 전 그쪽 도저히 그냥은 못 보내겠네요...지금 차라두 한잔 하시던지...아니면 그냥 이렇게 보내드릴수 없으니 연락처라두 받아야겠네요...(여전히 미소를 띠며 말했다) 거기다가 그쪽이 제가 여전에 좋아했던 여자를 많이 닮았어요. (이땐 약간 우울한 표정을...)
타겟뇨 : 음... 음... (상당히 망설이는 여자분...)

1월 4일(월) 정보통신·과학

박병규 군 : 어떻게 하실래요? 둘중에 고르세요. (여유있게...)
타겟뇨　　 : (망설이더니 가방을 열고 종이와 펜을 꺼낸다) 저... 여기 요... (연락처를 준다!! 빠샤!!) 근데... 나이가...?
박병규 군 : 뜨끔! 아, 나이요? (순간 당황했다. 아무래두 77이나 78년 생 같아서 대충 둘러대기루 했다.) 전 78년생입니다.
타겟뇨　　 : 푸후... 그럼 나보다두 어린데...
박병규 군 : 네. 그렇죠. 하지만 그런건 별 상관없다구 생각하는데 요. (이런 멋진넘...이 정도로 철판을 깔수 있다니...) 그럼 일 잘 보시구요... 제가 나중에 연락드리겠습니다.
타겟뇨　　 : 네에...

이렇게 해서 작전 바꾼 후로 첫 성공을 거두었다. 기쁨을 감추지 못했던 본인, 자신감에 또 도전하기루 했다. 잠시후, 다시 타겟이 잡혔고... 다가갔다.

박병규 군 : (앞을 막으며) 저기요... 머 좀 물어볼께요.
타겟 2　　 : (당당하게) 네! 물어보세요!
박병규 군 : (헉...순간 느꼈다. 이 여자는 보통과는 다르다! 하지만 갑자 기 그냥 빠져나올 수는 없었다.) 네... 저어 제 눈이 이상 한가요?
타겟 2　　 : (유심히 살피더니) 왼쪽눈이 오른쪽보다 조금 작은거 같네요.
박병규 군 : (허걱!! 씨바...왠만하믄 괜찮다구 할일인데...역시 보통과는 다름을 다시 한 번 느꼈다) 아, 그래요? 그렇다면 제 눈 이 다른 사람에게 엽기적으루 보일 정돈가요?
타겟 2　　 : 아뇨. 그건 아녜요.
박병규 군 : 네... 그럼 코나 입은 어떤가요? 이상한가요?

타겟 2 　　　: 별루요...(여전히 당당)
박병규 군 : 글쿤여... 근데 왜 전 여자친구가 없죠?
타겟 2 　　　: 후훗...(웃는다)
박병규 군 : 저 그쪽이 맘에 드는데 잠깐 차라두 하실 수 있으세요? 도저히 그냥은 못 보내겠네요.
타겟 2 　　　: (웃으며) 그래요? 그럼 저 지금 약속있는데 같이 가실래요?
박병규 군 : (순간 황당했다. 약속을 같이 가자니...) 음... 그래두... 여러 친구분들 만나는 거 같은데 제가 끼면 괜히 방해가 될 거 같은데요.
타겟2 　　　: 그래요? 그렇담 하는 수 없구요.
박병규 군 : 아뇨...그래두 연락처 알려주심 나중에 연락드리죠.
타겟2 　　　: 음... 그럼 연락처 알려주세요. 제가 연락드리죠. (그러면서 자기 피쎄쑤에 연락처를 넣었다.)
박병규 군 : 네 그럼 친구들 잘 만나시구여. 담에 뵙죠. 그럼 잘 가세요.

　　이로써 두 번째두 성공했다. 작전 바꾸고 연속 2안타라... 역시 바꾸길 잘했다는 생각이 들었다. 기자분께 감사드리면서 앞으로도 명랑애정행각을 위해 좀더 힘써주시길 바람다. 그럼 잘 지내시길...

　　아자! 이렇게 해서 드뎌 독자참여 헌팅체험이 대장정의 막을 내렸다. 무려 한 달 동안이나 진행된 이 실험을 취재하면서 본 기자는 다시 한 번 "헌팅은 절대로 외적인 요소들이 성공여부를 좌우할 수는 없다."는 것과 "무조건적인 철판과 끈질긴 집념만이 성공의 열쇠."라는것을 똥꼬를 지나 대장 깊숙히까지 느껴 버렸다. 독자 여러분들도 이젠 깨달으셨을 것이라 믿는다.

헌팅... 지금껏 일부 개망나니 같은 넘들이나 부유층들만이 누릴 수있는 특권 정도로만 여겨져 무시당해왔던 우리의 소중한 비주류 문화. 씨바. 이제 다시 살려야 한다. 길거리에서 정말 맘에 드는 상대를 만났는데 그냥 스쳐보내고 그날밤 잠자리에서 이불 뒤집어쓰고 낑낑대는 것과 말 한마디라도 걸어보고 반반의 확률을 기대하는 것, 어떻게 더 삶의 질을 윤탁하게 만들겠는가? 함 잘들 생각해보기 바란다.

그간 정말 열심히 실험에 참여해주신 1, 2, 3차 모든 명랑전사들과 물질적 지원을 상당히 아껴주셨던 총수님, 그리고 관심있게 기사를 봐주셨던 독자분들께 진따루 충실한 멍멍이가 된 심정으로 고개숙여 감사의 말씀을 드린다. 아무쪼록 새해에는 더욱더 색기발랄한 여러분들이 되시기를 충심으로 빈다. 새해 복 많이 받으시라! 이상!!

- 딴지 엽기과학부

스포츠·레저

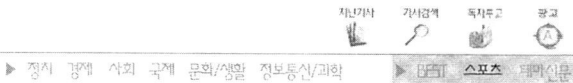

그대 예루살렘을 아는가

[기행문] 일본 여인의 북한 방문기(1)

http://ddanji.netsgo.com

(레 저)

그대 예루살렘을 아는가...

사람들마다 틀릴 것이다. '예루살렘' 하면 제일 먼저 떠오르는 것이 무엇인지는. 본 기자는 기관총이다.

그것도 흙 묻고 기스 나서 전쟁터에서 제법 총알을 토해냈을 것 같은 놈말고 반짝반짝 하도록 때 빼고 광낸, 세계 최강이라는 '우찌' 기관총.

왜?

저녁 늦게 도착한지라 숙소 찾아 이리저리 헤매다보니 예루살렘 도착 첫날은 숙소 안에만 있다가 이튿날 아침 일찍 예루살렘 신시가지 중심가인 야포거리(Jaffa Road)로 나섰다.

(기행문)
일본 여인의 북한 여행기(1)

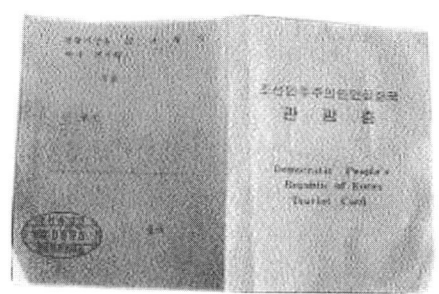

여기 '하나코 고야마' 라는 한 평범한 일본여인의 짧은 북한여행기를 싣는다. 사실 이 여인은 한국말도 모르고 북한에 머문 시간이 며칠 되지도 않고 보여주는 것만 보고 사진 몇 장 찍고 돌아왔을 뿐 어떤 기준으로도 심층취재를 한 것도 아니고 놀라운 사실이 들어 있는 것은 더욱 아니다.

그럼에도 불구하고 이 글을 싣는 이유는 가장 가까이 살고 같은 민족임에도 불구하고 이 정도의 상식적인 여행도 우리는 못하기 때문이고, 그래서 우리가 북한을 이해하는 수준은 사실 이런 피상적이고 가벼운 여행기만도 못하기 때문이다.

스포츠・레저 11월 23일(월)

[레저] 그대 예루살렘을 아는가

본지는 앞으로 우리에게 잘 알려지지 않은 곳들을 싸돌아 댕기며 그곳에서 살아가는 잉간들을 만나보려 한다. 21세기 명랑사회는 그저 조또 쪼매한 울나라 안에서 이러쿵 저러쿵 한다고 구현되는 것이 아니기 때문이다. 이제 세계인이 되어야 할 때다. 이번 호에서는 그 세 번째편. 예루살렘 여행 편.

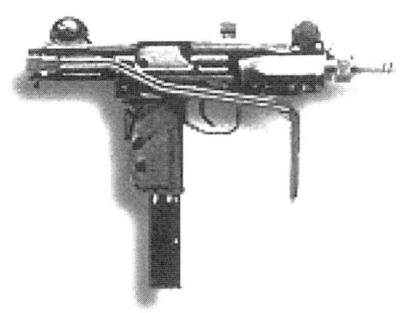

사람들마다 틀릴 것이다. '예루살렘' 하면 제일 먼저 떠오르는 것이 무엇인지는. 본 기자는 기관총이다. 그것도 흙 묻고 기스 나서 전쟁터에서 제법 총알을 토해냈을 것 같은 놈말고 반짝반짝하도록 때 빼고 광낸, 세계 최강이라는 '우찌' 기관총. 왜?

저녁 늦게 도착한지라 숙소 찾아 이리저리 헤매다보니 예루살렘 도착 첫날은 숙소 안에만 있다가 이튿날 아침 일찍 예루살렘 신시가지 중심가인 야포거리(Jaffa Road)로 나섰다.

숙소가 있는 구시가지를 뒤로 하고, 건널목을 몇 개 지나지 않아 백화점이랑 상점이 늘어선 번화가가 펼쳐졌다. 그런데 상상했던 것과는 다르게 모든 것이 '정상'이었다. 몇십 년을 끊임없이 국가의 생존 자체를 걸고 싸워 온 나라의 중심은, 그리고 그 중심이 지난 이천 년 가까이 공존할 수 없는 서로 다른 종교들의 공통 성지일 경우 더욱이, 뭐가 달라도 다를 것이라 기대했던 터라 그냥 카페에서 한가롭게 커피를 마시고 있는 사람도 한 번 더 쳐다보게 되었다.

וְנָתַתִּי לָהֶם בְּבֵיתִי וּבְחוֹמֹתַי יָד וָשֵׁם... אֲשֶׁר לֹא יִכָּרֵת׃
ישעיה נ״ו, 5.

'음 맨날 팔레스타인이니 테러니 해서 길거리 어디에나 전운이 감돌줄 알았더니 그냥 여느 도시하고 별 다른 점도 없구나, 사람들 표정에 특별한 긴장감이 있어 보이는 것도 아니고...'

그렇게 어슬렁 사람 구경을 하다 늘씬하게 미니스커트를 차려 입은 미녀가 지나가길래 나도 모르게 고개가 따라갔다. 우짜겠는가. 자동빵인데...

화들짝. 정말 화들짝 놀랐다. 미니스커트를 입고 붉은 립스틱을 짙게 칠한 선글라스의 그녀 어깨엔 핸드백과 나란히 번쩍이는 기관총이 메어져 있었던 것이다. 혹시 잘

못본 게 아닌가 해 일부러 몇 걸음 따라가며 자세히 봤더니 역시나 탄창까지 채워진 기관총.

반질 반질 윤이 나게 잘 손질된, 그래서 무기라기보단 하나의 악세사리 같아진 기관총. 결코 악세사리가 될 수 없는 그 물건이 그녀의 어깨 위에서 오늘의 예루살렘을 그렇게 역설하고 있었다.

예루살렘에서 가장 많은 인구와 면적을 차지하고 있는 곳이 바로 Muslem Quarter이다. 그도 그럴 것이 유태인들이 이 지역을 2,000여 년만에 탈환하기 바로 직전까지 가장 오랫동안 이 지역을 지배하고 있던 사람들이 바로 무슬림이었다.

이 지역의 특징은 뭐니 뭐니해도 왁자지껄한

사람들이다. 아랍계통 사람들 자체가 항상 생동감 넘치는 족속일 뿐 아니라 잘 정리된 쇼핑센터 정도가 있을 뿐인 다른 Quarter하고는 다르게 아예 전통 시장(수크)이 예루살렘 내부에 자리하고 있으니 이 Quarter가 항상 시끌벅적한 건 당연한 건지도 모르겠다.

그러나 겉으로 보기엔 시끌벅적, 와자지껄한 이 Quarter가 예루살렘 전체에 만들어내고 있는 보이지 않는 긴장은, 이 지역 사정에 조금이라도 관심이 있는 사람이라면 여행자라도 괜히 침을 삼키게 할 정도다.

이 지구를 거닐다보면 골목 요지에 이스라엘 군인들이 의자까지 갖다 놓고 예의 그 '우찌' 기관총을 들고 24시간 보초를 서고 있다. 바로 앞에선 아랍계 상점 주인들이 아무 일 없다는 듯 물건을 팔고 있고. 군인들과 상점 주인들이 서로들 농담을 주고 받기도 하는 것을 보면 정말 아무 일도 없는 것처럼 보인다.

그러나 조금만 더 가까이 가서 들여다 보면 그런 것만은 아니다.

시장을 감시하고 있는 이스라엘 군인들

숙소가 이 지구에 있는터라 며칠 동안 왔다 갔다 하는 사이 숙소 앞 골목에서 보초를 서는 군인들이랑 친해지게 되었다. 억하심정 있을 리 없는 동양인 여행자인데다 마냥 똑같은 사람들만 쳐다 보고 있는 것이 심심했던지 콜라 한 캔에 통성명하고 그들이 앉아 있던 의자까지 차지하게 되었다.

우선 그들의 나이가 20세도 안 될 정도로 어리다는 데 놀랐고 그 나이에 이미 겪었다는 전투의 다양함에 다시 한 번 놀랐다. 먹을 것을 갖다 준다며 접근했던 팔레스타인 처녀가 휘두른 칼에 찔렸다는 팔의 상처를 자랑스럽게 흔들어 내보이며 이런 저런 전투담을 들려준다. 생명없는 표적에 총 몇 번 쏴 본 게 다인 본 기자는 숙소로 돌아오기 직전 물었다.

"그런데 그 처녀는?"

당연하단 표정과 함께 되돌아온 한 마디. "물론 죽였지."

아무 일 없는 곳이 아니었다...

예루살렘을 여행하게 되면 두 가지를 항상 염두에 두어야 한다. 종교와 정치다.

이 두 가지를 어느 정도 이해하지 않고서는 볼거리를 볼거리로 파악하지 못해 헛 여행하는 것일 수 있다는 데서 출발해, 그들 나름의 룰을 이해해서 '불편' 하지 않게 여행하고, 나아가 '안전' 하게 여행하자면 그들 방식과 상황을 조금은 알아야 하는데 그들 '방식' 의 근간은 종교요 그들 '상황' 의 뿌리는 정치이기에 하는 말이다.

그러한 것들이 일상 생활에서 예루살렘의 삶을 어떻게 제어하고 있고 그래서 여행자인 우리는 불편하지 않기 위해선 무엇을 알아야 하는지에 초점을 맞춰 fact 몇 개를 다뤄보자.

1 안전하게 여행하기
2 도대체 문 언제 여는 거야?

1 안전하게 여행하기

뉴스와 신문으로 접하는 예루살렘은 위험하기 짝이 없는 곳이다.

도심에서 폭탄이 터지고 버스가 폭발하고 시위에서 사람들이 죽고 부상당하고 총리가 암살당하고... 무서운 뉴스가 심심찮게 국제면을 장식하게 하는 곳인지라 이곳에 대한 일반적 인식은 '현재 진행형

스포츠·레저 11월 23일 (월)

폭탄 테러로 터진 시장의 수박들... 아~ 수박들.

의 준전쟁터' 쯤 될 것이다.

  그러나 몇 년 전 대규모 시민 집회와 학생 시위가 끊이지 않을 적 우리 나라도 외국 신문과 방송만을 통해서 외국인들이 바라보기엔 위험하기 짝이 없는 나라였다. 최루탄 맞아 사람이 다치고 심지어 죽기까지 하고 도로를 완전히 점거해 전쟁처럼 대치하고 뭔가가 불타고...

  그렇다고 실제로 우리 나라가 여행하기 위험하기 짝이 없는 나라였던가? 우리는 알고 있다, 분명 그렇지 않음을. 그렇지만 그런 모습만 TV에서 본 외국인들은 그렇게 느낄 수밖에 없었겠지.

  예루살렘도 마찬가지다. 여행자들에겐 특히 동양인들에겐 전혀 감정없는 그들이기에(유태인이던 아랍인이던) 총이 연필처럼 흔한 곳이지만 우리한테 총 들이대고 살래 죽을래 하는 경우는 없다.(오히려 미국에 가면 이런 일이 있겠지.)

  더구나 국제 여론에 항상 신경을 곤두세우는 이들인지라(양쪽 다) 최대한 관광객에 해를 입히지 않으려 한다. 또한 치안 상태 역시 세계 최고 수준을 자랑해서 일반 범죄의 발생율은 극히 미미하다. 이곳을 위험하다고 한다면 런던이나 뉴욕은 지옥이다.

  그럼에도 불구하고 분명 예루살렘은 주의해야 할 것들이 있다. 주의하지 않으면 아주 혼구멍이 나는 것들이 분명히 있는 곳이다. 긴장하고 신경 써야 할 것들이 있는 도시임에는 틀림없는 것이다.

  예를 들어 얼마 전 한국과 일본이 월드컵 진출을 놓고 도쿄 국립경기장에서 경기를 했을 때의 서울역이었다 치자. 대합실 TV를 보며 실수로 선제골을 먹은 걸 땅을 치며 안타까워 하고 있는 사람들 틈에서 어떤 백인이 그 실수를 보고 "우하하 병신."이라고 했다 치자. 그 친구 제대로 집에 갔겠는가.

11월 23일 (월) 스포츠·레저

또는 역전골을 먹고 기절까지 했다는 일본 관중들 틈에서 역전골이 터지는 장면을 보고 "우하하 쌤통."이다 했다치자. 그 친군 집에 갔겠는가.

우리와 프랑스였다면 브라질과 일본이었다면 그런 친구들은 그저 눈총이나 받았겠지. 그러나 우리와 일본은 단순한 공차기

놀이를 하고 있었던 것이 아니라, 민족의 기를 겨루고 있었기에 그런 친구들은 목발 장만해야 했을 게다.

그리고 우린 척 보면 안다. 전경들이 지하철 입구에 괜히 늘어서 있고 '닭장차'가 길가에 쭈욱 주차해 있으면 그 동네에서 그날 뭔가 벌어질 거란 사실을. 그리곤 되도록이면 일찌감치 그 동네를 떠나는 게 상책이란 걸 우린 척 보면 안다. 그러나 외국인들은? 알 수가 없겠지.

예루살렘의 경우 어떤 때가 이런 경우에 해당하는지 그걸 알아보자.

❶ 어떠한, 어떠한 경우에도 그들 종교에 모독적인 언행을 삼가할 것

이스라엘은 유태인들이 '약속의 땅'이란 성경 구절 하나에 수천 년을 건너뛰어 다시 뭉쳐 만든 나라다. 종교가 신앙이 만들어 낸 작품인 게다, 이스라엘은.

종교와 떼어 놓고 생각할 수 없는 이스라엘은 기본적으로 법에 의해 종교의 자유가 보장된 곳이다. 외무부, 국무성처럼 종교성이란 곳이 있어 각각의 종교 성지는 각자 관리하도록 재정 보조를 하고, 각 종교의 행사일을 법적으로 보장, 공휴일

"Terre Promise"
과거 프랑스에서 약속의 땅으로 돌아가자며 붙였던 포스터

화하는 것은 물론 각 종교의 종교 재판부까지 허용하고 있다.

그러나 법적으로 종교 자체를 공평하게 다룬다고 그걸 믿는 사람들까지 공평해지는 건 아니다. 이스라엘 국민의 80% 정도를 자치하는 유태인들은 남녀불문하고 18세 이상이면 군복무가 의무이나 14% 정도를 차지하는 아랍계는 군 입대가 불가능하다.

"군대 안 가는 게, 그게 좋은 거 아녀?" 하시는 분들이 있을지 모르겠으나 의무과 평등하지 않으면 권리도 평등하지 않은 법. 단적으로 이 하나의 사실만 가지고도 아랍계가 평등하게 대우받지 못하고 있다는 것을 유추하기란 어렵지 않다. 더구나 자신들이 2,000여 년을 토박이 행세했던 곳, 바로 그곳에서 객으로 대접받고 힘으로도 어쩌지 못하고 있다. 한마디로 그 두 민족 사이에 보이지 않는 긴장이 상존하는 건 당연할 것이다.

그런 그들이 이 지역을 미련없이 버리지 않는 건 여러 이유가 있겠으나 종교적 이유도 상당한 듯하다. 유태인들은 유대교를 통해 확연히 다른 민족과 구분된다. 마찬가지로 아랍계는 이슬람교로 확연히 구분된다. 그런데 그들의 종교적 회귀점이요, 신앙의 연고지가 예루살렘으로 겹치는 것이다.

힘 모자라 땅 뺏긴 것도 억울한데 그들 신앙까지 '건들면', 거기서 그들은 폭발한다. 현재와 같은 상황에선 이런 폭발이 완전히 사라지기는 힘들 것이다. 양쪽의 정통주의자들이 상대방의 성지를 통째로 폭파하려는 시도를 하는 것도 그래서일 것이다. 아예 한 번에 끝장을 보고 '무찔러' 버리려고. 그러므로 종교를 화제에 올리는 것까지는 상관없으나(외국인과의 이런 토론을 오히려 흥미로워 한다.) 비난하거나 우습게 여기는 말을 절대, 절대 하지 말 것. 이 부분 자극하면 외국인이라도 목발 장만이 가시권에 든다.

또한 그들의 성전인 모스크나 시나고그에 들어가면 (방문 자체는 환영해준다.) 그들의 룰을 철저히 따를 것. 즉 시나고그나 통곡의 벽에 간다면 남자는 반드시 '키파'라고 하는 모자를 쓸 것이며(빌려 줌) 모스크나 Temple Mount에 간다면 여자는 반드시 천으로 머리를 가리고(이 역시 빌려 줌) 남자는 긴바지 여자는 긴치마를 입을 것.

종교 복장을 하고 있는 사람들에게 카메라를 들이대지 말 것이며 전통 복장을 하고 있는 사람들을 촬영하고 싶을 땐 반드시 허락을 받을 것. 그냥 찍어대다간 혼구멍 난다. 다시 한 번 강조하지만 그들의 종교, 이거 '건들지' 말 것.

❷ **사람들이 많이 모이는 곳은 되도록이면 피할 것**

"아니 사람들이 많이 모이는 곳을 가지 말라니, 보고 싶은 것들은 유명한 것들이고 그런 곳들은 사람이 많기 마련인데?" 물론 그렇다. 그러나 그런 곳, 유명해서 관광객들이 항상 득실대는 곳, 그런 곳을 말하는 것이 아니다.

그렇게 관광객들이 많이 모인 곳은 으레 종교적 성지이고 종교적 성지에서는 신문에서 보는 폭탄 테러니 하는 것들이 거의 없다고 봐도 좋다. 물론 과거 그런

통곡의 벽

시도가 일부 과격주의자들에 의해 기도되었던 적이 있었으나 이런 곳일수록 경비도 삼엄하여 확률이 아주 낮고 관광객도 많기 때문에 시도 자체가 거의 없다. 성공한 적이 한 번도 없다.(관광객들에게 해를 입히는 건 싫어한다. 국제 여론에도 불리하고...)

반면 현지인들이 많은 저녁의 술집(관광객들이 많은 호텔 바 같은 곳에선 그런 적이 없다.), 현지인들이 잘 가는 시장, 출퇴근 버스(특히 요

즘에는 이 버스에 대한 폭탄 테러가 빈발한다.) 이런 곳들. 우리로 치면 강남 일대 유흥가, 남대문 시장, 아침 출근 버스 이런 곳. 이런 곳이 대상이 된다.

우리 나라 경우를 보더라도 외국인이 우리 나라 출근 만원 버스에 탈 확률도 낮고 우리 나라 사람들이 잘 가는 곳이랑 외국인들이 잘 가는 곳도 틀리기 마련이지 않던가. 거기도 마찬가지여서 관광객인 우리가 다칠 확률은 아주 낮다. 그러므로 이런 정도의 기준으로 사람이 많이 모인 곳을 피하라는 것이다. 아니 사람이 많이 '모이면' 피하라가 더 맞는 말인 것 같다.

물론 그런 곳이라고 항상 위험이 있는 건 아니지만 여하간 최근까지의 테러 경향을 보면 그렇다는 말이다. 주변에 사람이 너무 많이 모인다 싶으면 그 자리는 피하는 게 위험할 확률을 제로화하는 길. 그러나 만약 현지인들이 항상 그런 위험에 시달린다면 어느 누가 길거리로 나오겠는가. 길거리가 텅텅 비어야지. 실제 그들 길거리는 언제나 활기가 넘친다. 상식적 수준의 그러니까 전경 많으면 '어 빨리 뜨자...' 이런 정도의 주의만 하면 된다.

다만 폭탄 테러니 하는 것들이 분명 있긴 있기에 이런 주의사항을 읊지만 이런 주의에 너무 움츠려 아예 예루살렘 여행을 포기할까봐 그게 걱정이다.

사실 교통 사고율 세계 1위 우리 나라에서 교통 사고로 다칠 확율이 훨씬 높은 데 말이다.

❸ 그외 주의사항 몇 가지
  🌑 히치하이킹 하지 말 것

과거 이스라엘을 여행할 때는 이 히치하이킹이 여행자에겐 무척 유용한 이동 수단이었다고 한다. 나라 역사가 짧고 여러 신경 쓸 일이 많아서 그랬겠지만 이스라엘은 철도나 도로 같은 사회 간접 자본이 그리 발달하지 못했다. 기차가 다니긴 하지만 철로망 자체가 짧고 버스보다 오히려 느리다. 버스 역시 도로가 사방 팔방으로 뻗어 있지 못하니 노선도 그리 많지 않다.

그래서 가보고 싶어도 버스로 갈 수 없는 곳이거나 버스편이 자주 없는 곳이면 아예 처음부터 히치하이킹을 계획하는 여행자가 많았나 부다.

그러나 요즘 외국인 여행자들의 사고 케이스 1위는 걱정하는 테러에 의한 것이 아니라 히치하이킹 중에 일어나는 사고라고 한다. 가볍게는 목적지에 도착해 내려 가방을 트렁크에서 꺼내려 하면 그대로 달아나는 경우부터 강도로 돌변 돈까지 뺏기는 경우, 심지어는 살인사건까지 일어난다고 한다. 절대 히치하이킹 하지 말자.

물통을 차자

이스라엘은 사막이 많다. 그러나 이 사막이 일반적 사막의 기후랑은 좀 차이가 있다. 사막이라 하면 보통은 고온 건조아니던가. 그래서 아무리 더워도 그늘에 들어가면 서늘하게 마련이다. 그런데 이 동네는, 아마도 사해 때문이겠지만, 고온이면서도 습도가 높다.

그늘에 앉아 있어도 땀이 주르륵 흐르는 게 멈추지 않을 뿐 아니라 불쾌지수도 상당하다. 물론 예루살렘 시내에서는 그렇지가 않지만 Masada라던지 기타 사막에 연해 있는 볼거리를 보러 갔을 땐 주의해야 한다. 일사병 걸리기 최적의 환경이다.

그늘에서 버스를 기다리다 쓰러지는 관광객을 보면 더욱 그런 생각이 든다. 그러므로 이 지역을 갈 땐 물통, 물통을 차자.

출입국 심사와 여권

이스라엘의 출입국 심사는 전세계에서 가장 까다롭기로 유명하다. 조금이라도 의심이 가면 아주 지겨울 정도로 이것 저것 물어보는 데 질색할 정도다. 그네들 상황으로보면 이해가 가기도 하지만 여하간 대단하다.

예를 들어 조그마한 칼을 하나 샀다치자. 그 크기로 보아 협박의 도구로 결코 쓰일 수 없을 만한 것이라 해도 끊임없는 질문의 대상이 된다. 조그마한 건전지도 필요 이상으로 많이 소지하고 있다 싶으면 재까닥 조사 대상. 폭탄의 부품일 수 있다는 거겠지.

또 공항에서 이 비행기 안까지 이 짐좀 들어 주겠느냐는 부탁도 주의해야 한다. 그런식으로 무기가 드나들 수가 있단다. 여하간 이스라엘 공항에선 말썽의 소지가 있는 것은 아예 하지도 말고 가지고 다니지도 않는 것이 좋다.

또한 이스라엘 곳곳엔 군인들이 검문 검색을 하는 곳이 제법 많다. 이곳에서 우리 여행자가 신분을 증명할 유일한 방법은 여권. 그러므로 숙소에서 가까운 곳에 버스를 타고 간다고 해도 항상 여권을 소지하고 다니는 것이 좋다. 물론 여권이 없다고 잡아가지는 않지만 아주 귀찮아지는 수가 생긴다.

❓ 도대체 문 언제 여는 거야...

우리네 고정관념으론 아침이 하루의 시작이고 밤이 하루의 끝이며 월요일이 일주일의 시작이고 일요일이 일주일의 끝이다. 그리고 월요일부터 금요일까지가 '일' 하는 기간이고, 토요일이 반휴일 또는 휴일 그리고 일요일이 '쉬는' 날이라는 데에 별다른 이견을 달 사람이 없을 것이다.

물론 일부 특수 직업을 가진 이들에겐 밤이 낮이고 일요일이 월요일일 수 있겠지만, 그건 어디까지나 그들이 하는 일이 그런 예외적 생활을 요구하는 것이지 하루와 일주일에 대한 그들의 인식 자체가 범인들이랑 틀려서 그런 것은 분명 아니다. (일부 특수 직업 – 도둑, 경찰 그 외 음... Netsgo 사람들...)

"해 뜨면 하루 시작이지", 뭐 '판단' 자체가 필요없이 당연하다 여기는 이런 것들이 당연하지가 않은 동네가 바로 예루살렘이다. 여기선 전혀 당연하지 않은 소리들이다. 무슨 소리냐.

먼저 유태인, 그네들의 기준을 알아보자.

우선 그네들 하루의 기준은 우리랑 전혀 다르다. 해가 떠서 다음 해가 뜰 때까지가 아니고 해가 진 후부터 다음 해가 질 때까지. 해가 지는 것이 하루의 시작인 것이다. 참...이상타.

왜 그럴까?

유태인들의 종교는 유대교이고, 유대교의 경전은 토라이며, 토라의 기본은 성경 중 모세가 썼다는 모세 5경. 그 5경 중 첫 번째인 창세기 첫 장을 보면 이런 말이 나온다.

"저녁이 되며 아침이 되니."

신의 창조 활동을 묘사한 후 '저녁'이 먼저 등장한다. 여기 근거해 그들의 하루는 해가 지는 저녁이 기준이 되는 것이다. 그래서 유태인들의 하루는 우리가 보기에는 이틀에 걸쳐 있다. 재미있다.

그렇게 따져서 토요일 저녁부터 일요일 저녁까지를 일주일의 첫째 날로 삼고 금요일 저녁부터 토요일 저녁을 일주일의 마지막 날로 친다. 이 마지

Shabbat을 보러 간다...

막 날, 그러니까 금요일 오후부터 토요일 해질 때까지가 우리로 치면 일요일인 그들의 안식일이다. 이 날은 그들의 예배인 Shabbat을 보

러 가는 날.

유대교 정통주의자건 개량주의자건 이 날은 아주 철저하게 지킨다. 그래서 유태인들이 운영하는 상점이나 대중 교통 수단은 금요일 오후부터 일요일까지 all stop이다. 일부 상점은 토요일 해가 지고 나서부터 다시 영업을 하기도 한다. 일요일은 대부분 정상 영업.

크리스마스 이브(eve)라는 것도 사실 이네들 관습에서 유래했다. 그네들 식으로 하면 바로 전날 오후부터가 '당일'이니까. 그래서 그네들 모든 공휴일은 eve가 있다.

반면 이슬람은 어떤가. 그들은 모하메트가 설법을 시작한 날을 기준으로 하는 히즈라 달력에 따라 요일을 다루는데, 이렇게 따지면 금요일이 일요일이요, 주일이요, 안식일이 된다. 그래서 이들이 운영하는 상점이나 아랍계 버스, 택시는 금요일 날 all stop. 그리고 일요일은 정상 영업.

그리고 마지막으로 우리가 익숙한 일요일날 쉬고 월요일부터 다시 일하는 기독교인들의 기준이 있다.

이들은 달력도 각각 다르다. 종교에 따라 3개의 달력과 3개의 공휴일과 3개의 시간 개념이 혼재하는 것이다. 이런 사정을 잘 모르는 여행자들은 잘못하다간 황당한 경우를 당하는 수가 있다. 토요일 날 오전에 버스타고 공항에 가야 하는데 아무리 기다리고 기다려도 기다리는 버스는 오지 않는다거나 금요일날 저녁에 황당하게 문이 닫힌 음식점 창문틀을 부여잡고 몸부림치는 경우도 심심찮게 생길 수 있는 게다.

여비가 넉넉한 여행자라면야 비행기 놓쳐도 다시 표를 구입하고, 국제 수준의 호텔 같은 곳에 가서 배를 채울 수 있겠지만 그렇지 않을 경우 이런 사태가 발생하면 정말 황당하고 서~럽다.

"비행기를 놓쳐 여비 떨어지고 굶고 있음. 적선 바람."

이런 푯말 들고 번화가를 서성거리며 먹는 사람들 멍하니 쳐다보고 싶지 않걸랑, 예루살렘을 여행할 때는 예루살렘식 Business hour를 항상 염두에 둘 것.

- 딴지 레저부 기자

스포츠・레저 1월 4일 (월)

[기행문]

일본 여인의 북한 여행기(1)

여기 '하나코 고야마'라는 한 평범한 일본 여인의 짧은 북한 여행기를 싣는다. 사실 이 여인은 한국말도 모르고 북한에 머문 시간이 며칠 되지도 않고 보여주는 것만 보고 사진 몇 장 찍고 돌아왔을 뿐 어떤 기준으로도 심층취재를 한 것도 아니고 놀라운 사실이 들어 있는 것은 더욱 아니다.

그럼에도 불구하고 이 글을 싣는 이유는 가장 가까이 살고 같은 민족임에도 불구하고 이 정도의 상식적인 여행도 우리는 못하기 때문이고, 그래서 우리가 북한을 이해하는 수준은 사실 이런 피상적이고 가벼운 여행기만도 못하기 때문이다.

이 글을 읽는다고 결코 북한을 이해할 수 있게 되지는 않을 것이다. 하지만 안기부 공작원도 아니고 특별취재요원도 아닌 우리 평범한 사람들이 북한에 조금이라도 다가갈 수 있는 방법은 이런 것 말고는 없는 것 같다. 이거라도 보자는 말이다...

앞으로 이런 외국인의 북한 여행기가 인터넷에 뜰 때마다 찾아내서 소개하기로 하겠다. 일본어를 잘 하는 독자들은 이 일본 여인의 홈페이지를 직접 방문보시던지.

【 출 발 】

■ 첫 번째 날 8월 4일 월요일

　일본 나리타 공항에서 북경으로 출발. 평양엘 가는데 왜 북경으로 향하냐구요? 일반적으로 일본인이 북한에 입국하려면, 북경에 있는 북한대사관에서 비자를 받지 않으면 안 됩니다. 단, 최근, 나고야에서 직항(평양 직항)이 생겼다고 하더군요.

■ 두 번째 날 8월 5일 화요일

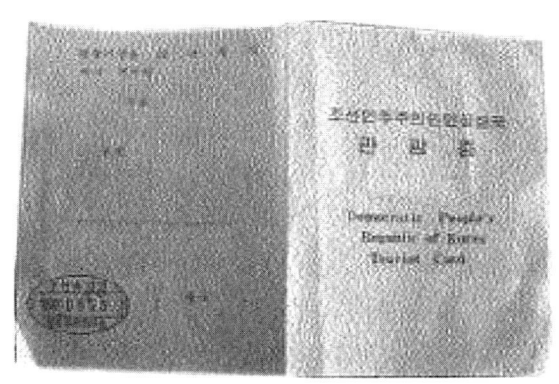

　오전 중국 주재 북한대사관에, 비자를 받았습니다. 비자는 요렇게 생겼더군요.
　이렇게, 종이장처럼 하늘하늘거려, 반으로 접어서 여권속에 끼어 놓으면 이내 도장이 지워져서 큰 일이 나죠.
　이걸 모르는 사람들도 많더군요. 대사관에는 오랜만에 북한을 방문하는 듯한 북한 남자가 (노인) 있었는데, 그분은 기차로 북한에 들어간다고 하더군요.

・열차에 관해서
　중국에서 북한까지 가는 데에는, 비행기 편이나 기차 두 가지 방법이 있습니다. 단, 여행사로부터 들은 말에 따르면, "기차로 가는 경우엔 시간도 많이 걸리고, 화물에 대한 검사도 엄격해서 초행인 경우엔 별로 권하고 싶지 않다."라고 하더군요.

사실, 기차편이 국경 부근의 전원풍경 등을 볼 수 있어, 일반 서민들의 생활을 느껴 볼 수 있다는(말이 안 통한다는 점이 조금 무섭기는 하지만여) 것이 좋아 보이긴 했지만, 전 초보여행자라서 비행기편으로 들어가기로 했습니다. 해서 Air Korea(조선항공)편으로 평양으로 출발했습니다.

기내에서 태어나 처음으로 북한 여성-스튜어디스-을 보았습니다. 비행시간이 그리 길지 않아 오래동안 그녀를 보진 못했지만 그냥 평범하게 생겼다 하는 게 저의 의견입니다.

처음에는 기내 냉방이 안 되어 마치 목욕탕 같았지만, 이륙을 한 후부터는 냉방이 되어서 승객들은 모두 얇은 옷차림으로 비행을 즐겼죠. 그리고나서, 둘러보니, 백인들도 많이 탔다는 걸 알 수 있었습니다.

"북한에는 지금 기아가 극성을 부린다."는 말을 들은 저로서는 기내식에 정말 놀라지 않을 수 없었습니다. 맛있는 스프와 스튜가 기내식으로 나왔거든요.

한 시간 반 정도 지났을까? 드디어 평양 공항에 도착했습니다. 평양 공항의 건물의 위엔 김일성 주석(이하 주석 생략)의 상반신 사진이 걸려 있었습니다.

물론 예상은 한 일이지만, 조금 당황스러웠습니다.

■ 세 번째 날 8월 6일 수요일

• 김일성 대학의 컴퓨터 실, 북한 정보화의 실상

김일성 종합대학에도, 당연히 학생들을 위한 컴퓨터실이 있었습니다.

학생들이 모여서(전부 남자), 모두 컴퓨터를 또각또각 두드리고 있었습니다. 좀 아쉬운 점이 있었다면, 전 컴퓨터를 그리 잘 알지 못해서, 그곳에 있는 컴퓨터가 어떤 회사 제품인지 모르겠더라구요.

혹시 아시는 분은, 여기 밑에 제가 사진을 올려 놓을 테니 가르쳐 주시지 않을래요?

북한 최고의 대학, 김일성 종합대학의 정보화 진상은!?

열심히 스크린을 바라보고 있는 청년, 내가 다가서자 긴장해서 굳어버리고 말았다... 미안...

컴퓨터의 뒷부분

솔직히 말해, 잘 모르겠습니다. 그래도 내가 본 바로는, 물론 사진에서처럼 전부 DOS만 쓰더군요. 기대했던 윈도우나, 매킨토시는 전혀 보이지 않더구라요.

학생들이 베이직인가 뭔가를 하고 있길래, 제가 가이드한테 물어봤더니 "학생들은 컴퓨터 연습을 하고 있습니다."라고만 얘기해줘서, 정확히 뭘하는지 알 수가 없었습니다.

그래도, 모니터를 뚫어지게 바라보고 있는 이 학생들을 보고 있으니, 군사국가 북한이라는 이미지와는 전혀 어울리지 않는다는 느낌을 받았습니다.

■ 네 번째 날 8월 7일 목요일

• 볼링장엘 가다...
우리 일행은 평양 시내에 있는 볼링장엘 갔습니다. 근데 입구를 들어서자 마자. 돌연 보이는건 바로 이거!!

이게 바로, 주석이 이 볼링장을 방문해서 사용한 공이라고 하더군요. 해서 유리에 넣어서 아주 소중하게 보관을 하고 있었습니다.

그리고 주의깊게 보니, 볼링공이 핀의 중앙에 오도록 놓여 있더군요. 즉, '주석은 언제나 스트라이크...' 라는 메세지를 전달하는 듯했습니다.

그리고 볼링장 한쪽에 빨간 글씨로 무언가 써 있길래, 가이드에게 물어 보니 "1994년4월 2일 김일성 주석의 시찰...등으로 시작해서, 스포츠를 일반화 대중화 하자."라고 쓰여 있다고 하더군요.

스포츠를 일반화 대중화 하자?

저같은 경우에 이런 글을 보면 운동하고싶다가도 하기 싫어지는데 하지만, 여기 사람들은 "김일석 주석의 위대한 마음..." 하며 감동을 하겠죠?

사실, 이 볼링장은 아주 이쁘고, 깨끗하게 정돈되어 있었습니다. 스코어도 기계로 할 수 있게 되어 있어, 조금 감동했었드랬습니다. 여길 올 수있는 사람이라면 당연히 소수의 특권층들이겠죠.

• 지하철을 타다...

다음은 북한이 자랑한다는 지하철을 타러 갔습니다. 뭐 물론 지하철을 탔다고는 하지만 한 정거장밖에 타지 않았지만 말이죠.

그래도, 일반 평양시민들이 많이 보여서, '야 정말로 내가 북한에 있구나.' 하는 실감이 나더라구요.

지하철역에 있는 사람들이 전부 조용히 조용히 걷기만 하더군요. 승강장도 물론 너무 조용해 엄숙한 분위기 마저 감돌더라구요.

지하철을 타본 솔직한 소감은... '좀 놀라웠다' 라는 겁니다. 전차 그리고 역이 아주 화려하다는 인상을 받았습니다.

휴지 하나 떨어져 있지 않았었구. 물론 휴지통이라고는 보이지도 않았습니다.

사람들은 전부 한마디도

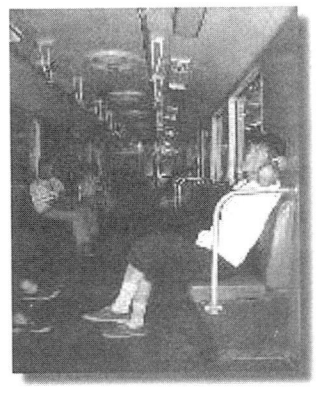

하지 않는 것이 어째 무기력해 보이기도 했습니다.

"아름답지만, 아름다움이 도가 넘친다고 할까요? 잘 정돈 되어 있지만, 그 정돈됨의 정도가 너무 과장 되었다고나 할까요?"

뭐 이런 기분들이 들었습니다.

열차는 "구...구 ..." 하는 소리는 내면서 달리고, "끼익"하는 소리를 내면서 정지하면, 사람들이 빠른 걸음으로 타고 내립니다. 그리고 또 끼이익 하는 소리와 함께 출발하고, 마치 장난감 같다는 생각이 들기도 했고 또 헝가리의 전철과도 똑 같다는 생각도 들었습니다.

단지, 한 가지 다른 것이 있다면 북한의 지하철역엔 주석과 인민들에 관한 그림들로 가득 메워져 있다는 거죠.(물론 제가 헝가리를 가 보았을 때는 이미 공산주의 체제가 붕괴되고난 후라서 그런 그림들이 사라졌을 수도 있죠.)

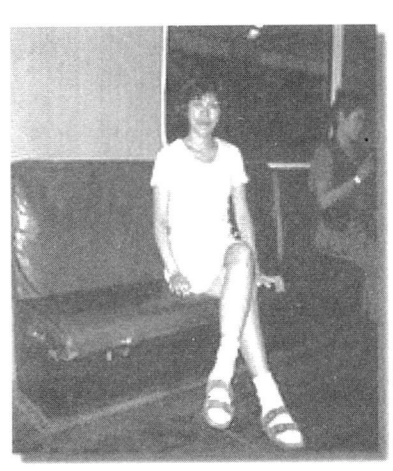

지하철 통로에서, 생활에 찌들린 듯한 한 여인을 볼 수가 있었습니다.

등에 어린 아이를 업고, 양손에 무거운 물건을 들고 가는 광경은 "아...옛날 일본 여성들도 아마 저랬겠지."하는 느낌을 가지게 만들었습니다.

평양 사람들은 우리 일행을 유심히, 그리고 다소 놀란 눈빛으로 쳐다 보곤 했습니다. 자신들이 살고 있는 생활 공간, 일상공간에 외국인들이 불쑥 걸어 들어와 사진을 찍어 대고 해서, 조금은 놀란 것 같아 보였습니다.

    지금 생각해 보면, 그때 그런 가벼운 행동들이 미안하다는 생각도 드네요.

— 글쓴이 : Hanako koyama(koyama@koyamahanako.com)

옮긴이 : 딴지 레저부